무에서 유를 창조하는 통찰력

제갈량처럼
앞서가라

무에서 유를 창조하는 통찰력
제갈량처럼 앞서가라

초 판 1쇄 2016년 08월 01일

지은이 신동준
펴낸이 류종렬

펴낸곳 미다스북스
등록 2001년 3월 21일 제313-201-40호
주소 서울시 마포구 서교동 486 서교푸르지오 101동 209호
전화 02) 322-7802~3
팩스 02) 333-7804
홈페이지 http://www.midasbooks.net
블로그 http://blog.naver.com/midasbooks
트위터 http://twitter.com/@midas_books
전자주소 midasbooks@hanmail.net

ⓒ 신동준, 미다스북스 2016, *Printed in Korea*.

미다스북스는 다음세대에게 필요한 지혜와 교양을 생각합니다.

인문고전에서 새롭게 배운다
AHEAD · STRATEGY · MIND

무에서 유를 창조하는 통찰력

제갈량처럼 앞서가라

신동준
21세기 정경연구소 소장

미다스북스

지혜의 신 제갈량의 리더십
왜 다시 새롭게 제갈량인가?

지혜의 신 제갈량이 태어나던 때

죽은 지 1700여년이 지난 지금까지도 시대를 초월하고 남녀노소에 상관없이 사람들로부터 지혜의 신으로 추앙받고 있는 제갈량은 181년에 태어나서 234년에 죽었다. 그가 태어난 시기는 유방이 세운 한나라 말기였다.

한고조 유방은 역사상 첫 평민 출신 황제였을 뿐만 아니라 그가 세운 한나라는 전한과 후한을 합쳐 총 400년 동안 유지됐다. 진시황의 천하통일 이후 역대 왕조 가운데 가장 긴 왕조에 해당한다. 그러나 후한 말기에 이르러 환제와 영제 등의 무능하고 부패한 황제가 잇달아 등장한 가운데 환관들이 권력을 좌지우지하면서 각지에서 농민봉기가 일어났다. 그러다 제갈량이 4살 되던 해인 184년 마침내 대규모의 '황건적의 난'이 폭발하였고, 중국 전역이 혼란에 휩싸이게 되었다. 이후 사마염이 사상 세 번째 통일을 이루기까지 약 100

년 동안 혼란기가 이어졌다. 이 시기를 통상 삼국시대라고 한다. 춘추전국시대에 버금할 정도로 전례 없이 혼란스런 시기였다.

당시 뛰어난 지략을 지닌 문사와 출중한 능력을 지닌 무사들이 각지에 할거한 군웅 곁으로 몰려들었다. 위·촉·오로 상징되는 삼국의 정립에 결정적인 공헌을 한 조조와 유비, 손권 등은 바로 이런 인재들을 적소에 배치해 활용할 줄 아는 능력을 가진 인물이었다. 오랫동안 많은 사람들이 이들의 치도治道와 치술治術을 비교 분석하며 삼국시대를 파악하고 있는 이유다. 치도와 치술은 현대의 리더십 이론에 적용하면 전략(목적)과 전술(방법)에 해당한다.

리더십과 지혜의 영원한 보고 − 춘추전국시대와 삼국시대
현대의 리더십 이론에서는 통상 군도君道를 1인자의 리더십, 신도臣道를 2인자의 리더십으로 해석한다. 고금동서를 막론하고 본래 1인자의 리더십은 2인자의 리더십이 뒷받침되지 않는 한 빛을 발할 수 없고, 2인자의 리더십은 1인자의 리더십이 지지하지 않는 한 존재근거를 상실한다. 『논어』와 『춘추좌전』을 비롯한 동양의 모든 고전은 온통 '군도'와 '신도'에 관한 이야기로 점철되어 있다.

이는 통치리더십을 '군도'와 '신도'로 나눠서 관찰하는 동양 전래의 리더십 이론에서 비롯된 것이다. 군주와 신하의 역할이 다르다는 이른바 군신지의君臣之義, 천하는 군신이 함께 다스린다는 군신공치君臣共治 이념이 이론적 배경이다. 공자가 『논어』에서 "군주는 군주답고, 신하는 신하다워야 한다."며 '군군신신君君臣臣'을 역설한 것은 바로 이 때문이다.

사실 신하가 주군의 리더십을 발휘하면 이는 모반으로 오해받을 수밖에 없다. 창업이 이루어질 때마다 거의 예외 없이 큰 공을 세운 공신들이 토사구팽을 당하는 참사가 빚어진 이유가 여기에 있다. 군주를 위협하는 위험한 대상으로 여겨진 결과다.

춘추전국시대는 군도와 신도를 포함해 치도와 치술의 모든 것을 가장 심도 있게 연구하고 실천한 시기였다. 당시 제자백가는 가장 바람직한 군도와 신도를 찾아내기 위해 백가쟁명의 이론투쟁을 펼쳤다. 그 결과로 나타난 것이 바로 덕치에 초점을 맞춘 왕도王道와 무력이나 법치에 무게를 둔 패도覇道다. 무위無爲를 역설한 도가는 왕도보다 한 단계 높은 제도帝道를 주장하며 왕도와 패도를 폄하했고, 겸애兼愛를 강조한 묵가 또한 제도에 준하는 왕도를 역설하며 패도를 무시했다. 전국시대 말기에 이르러 맹자는 묵가의 이런 주장에 편승해 왕도와 패도를 엄격히 분리한 뒤 오직 왕도만이 치도에 해당한다고 역설했다.

이에 반해 순자는 왕도가 가장 바람직하나 현실적으로 불가피할 때는 패도를 적극 구사할 필요가 있다며 둘의 결합을 추구했다. 난세에는 패도가 훨씬 적절함은 말할 것도 없다. 전국시대 말기에 진시황이 막강한 무력과 법가사상에 기초해 사상 최초로 천하를 통일해 황제를 칭한 사실이 이를 뒷받침한다.

신도는 실천 주체에 따라, 왕도와 밀접한 관계를 맺고 있는 문관 위주의 문도文道, 패도와 불가분의 관계를 맺고 있는 무인 위주의 무도武道로 크게 나눌 수 있다. 난세의 시기에는 예외 없이 수많은 책사와 장수가 각자의 지모와 용맹을 무기로 천하통일의 대업에 뛰어들었다. 이들이 발휘한 서로 다른 재능과 지략의 수준에 따라 군도와 신도 사이에 수많은 조합관계가 이루어지면서 성패가 엇갈렸다.

　주목할 점은 왕도만을 내세운 자들은 모두 하나같이 실패한 점이다. 유비는 『삼국연의』에서 왕도의 대변자로 묘사되어 있으나 사실은 패도의 전형이다. 유비의 책사로 활약한 제갈량 본연의 모습이 바로 그렇다. 난세의 시기에 왕도로는 결코 대업을 이룰 수 없다는 사실이 춘추전국시대에 이어 또다시 명확히 입증된 셈이다. 당시 이를 가장 잘 실천한 인물은 사실상 조조였다. 그의 휘하에 기라성 같은 수많은 책사와 장수가 운집한 사실이 이를 말해 준다.
　당과 같은 권력조직에서 벌어지는 권력투쟁이나 대통령선거를 위시한 각종 선거전과 세계 시장이나 국내 시장의 석권을 겨냥한 조직이나 기업 간의 치열한 경쟁도 춘추전국시대나 삼국시대의 경쟁 양상과 그리 다를 게 없다. 성패의 요체는 얼마나 많은 인재를 조직으로 끌어들여 적재적소에 배치하느냐에 달려 있다. 군웅이 천하의 패권을 놓고 한 치의 양보도 없는 각축전을 펼친 삼국시대는 리더십의 보고에 해당한다.

　현재 많은 위정자와 기업 최고경영자들이 삼국시대에 활약한 여러 인물 속에서 그들의 리더십을 깊이 파악하려 하는 것도 이 때문일 것이다. 시중에는 이미 삼국시대의 영웅호걸에 대한 다양한 유형의 리더십 관련서가 나와 있다. 천하경영과 국가경영, 기업경영의 지침서로 활용하려는 수요가 그만큼 많다는 증거이기도 하다.

2천년 역사 속에서 별처럼 반짝이는 제갈량의 명성

삼국시대 인물 가운데 오랜 시간에 걸쳐 제갈량처럼 숭배된 인물은 거의 없다. 지금도 마찬가지다. 그렇다면 수많은 당대의 영웅들이 뜬구름처럼 사라져가버린 반면에 제갈량의 명성은 왜 2천년이 다 되도록 지워지지 않고 역사 속에서 살아남아 별처럼 반짝이고 있는 것인가?

첫 번째 이유는 그가 최적의 파트너와 함께 평생 아름다운 조화를 이루었기 때문이다.

제갈량은 삼고초려를 한 유비와 융중의 초가집에서 만난 뒤부터 평생 유비 조직의 2인자로 활약했다. 유비 생전에도 마찬가지지만, 유비가 죽고난 뒤 촉한에서는 사실상의 1인자였다. 그러나 제갈량은 자신을 발탁하고 자신을 알아준 최상이자 최적의 파트너였던 유비와의 인간적 신의를 평생동안 지켰다. 때문에 유비가 살았을 때나 죽었을 때나 조직에 자신의 인간적 도리를 다해 충성했다.

두 번째 이유는 제갈량이 2인자로서 언제나 많은 이들의 의견을 경청하면서 조직을 잘 관리했다는 점이다.

제갈량은 한 사람의 식견은 유한할 수밖에 없어, 여러 사람의 계책을 널리 받아들여야 나라를 제대로 다스릴 수 있다고 판단했다. 제갈량은 말로만 다른 사람의 의견을 들은 것이 아니라, 타당하다고 판단되면 반드시 이를 실행에 옮겼다.

유비가 한중을 정벌할 때 군대를 보낼 것인지를 놓고 고민하다, 양홍의 의견을 받아들여 급히 지원병을 파견했다. 유선이 보위에 올랐을 때는 등지의 건의를 좇아 오나라에 사신을 보내 우호관계를 회복했다. 남방 정벌에 나섰을 때는 마속의 심리전을 채택해 승리를 이끌어냈다. 그는 자신과 상반되는 부하의 주장을 과감히 받아들일 줄 알았다. [여참군연속교與參軍掾屬教]를 하달해 자신과 끊임없이 논쟁을 벌였던 동화를 크게 칭송하며 모두 그를 본받도록 한 게 그 증거다. 그가 추진한 일이 대부분 성공을 거둔 근본배경이다.

세 번째 이유는 그가 언제나 솔선수범하는 부지런한 지도자였다는 점이다.

제갈량은 아침에 가장 먼저 일어나고, 밤에는 모두 잠이 든 후 잠자리에 들면서 각종 문서를 직접 처리했다. 민생과 관련된 사안은 더욱 자세히 살폈다. 그와 관련된 '제갈정諸葛井'과 '공명천孔明泉' 등의 유적들이 지금까지 남아 있는 이유이다. 이는 시간이 지나면서 제갈량이 신격화된 사실과 무관하지 않다. 당시 관우도 신격화되기는 했으나 이는 정치적인 고려에 따른 것으로, 제갈량의 경우와는 차원이 다르다.

네 번째 이유는 제갈량의 근검절약하며 청렴한 면모다.

그는 촉한의 기반을 튼튼히 다지는 과정에서 목숨을 걸고 온몸을 바치는 수고를 아끼지 않았으면서도 이를 이유로 개인적 이익을 추구하지 않았다. 살아 있을 때나 죽으면서도 청렴을 강조했음은 물론 결정적으로 구석九錫을 받아 왕이 될 것을 권했을 때 이를 단호히 거절한 사실이 이를 증명한다. 당시 그는 이엄에게 이런 내용의 서신을 보냈다.

"귀하와 나는 오랜 지기로 서로 잘 알고 있소. 나는 본래 동방의 이름 없는 서생일 뿐이나, 외람되이 선제의 중용을 얻어 감당하기 힘든 높은 자리에 오르고, 수많은 봉록과 상까지 하사받았소. 지금 적을 토벌하는 대업을 완수하지 못해 선제의 은혜를 갚지 못한 상황에서, 귀하가 나를 춘추시대의 패자인 제환공과 진문공에 비교하는 것은 참으로 도의에 부합하지 않는 것이오. 위나라를 멸한 뒤 천자를 다시 낙양으로 모신 뒤라면 '구석'이 아닌 '십석'이라도 마다하지 않을 것이오."

제갈량은 사사로운 이익을 멀리한 채 오로지 최적의 파트너와 함께 의로운 명분과 신의를 위해 평생 인간적 도리를 다한 것이다.

마지막으로 제갈량은 그 누구도 따라올 수 없는 통찰력을 지니고 있었다.

제갈량이 융중의 초가집에서 '천하삼분지계의 대책'을 제시한 것은 겨우 27세 때의 일이다. 청렴한 선비의 피가 흐르던 제갈량은 황건적의 난이 휩쓸고 있던 세상을 바라보며 어릴 때부터 천하를 평정하고 평화로운 세상을 만들려는 꿈을 키워나갔다. 때문에 당대의 인재와 명사들과 교류하며 시대를 통찰하기 위한 공부와 노력을 한시도 게을리 하지 않았다. 그리고 기회가 오자 세상으로 나가 삼국 정립의 기초를 만들고 결국 촉한을 건국하며 자신의 이상을 실현한 것이다.

이상의 이유로 지금도 중국에서 많은 사람들이 제갈량을 지혜의 신으로 모시며 추앙하고 있다. 우리나라를 비롯한 아시아권에서도 삼국시대 수많은 영웅들 속에서 제갈량의 명성은 유독 두드러진다. 이 책에서는 「삼국연의」를 통해 포장된 제갈량의 역사 속 진짜 모습을 하나하나 살펴보고자 했다. 독자들은 결국 인간적 도리를 다하면서도 자신의 이상을 실현해갔던 제갈량의 참모습을 발견해갈 수 있을 것이다. 세계화와 정보화로 인해 초단위로 변해가는 현대 경제전쟁의 시대에 제갈량의 통찰력과 인간적 면모를 보는 것은 커다란 즐거움이자 무기가 될 수 있을 것이라 확신한다.

TO THE CORE

2장
핵심을 간파하고 요체를 잡아라

MAKE A DECISION

3장
나아갈 때와 물러날 때를 판단하라

BE FAIR

6장
진정한 통찰력은 공평무사에서 비롯된다

저자의 말

부록 _ 제갈량 연표

통찰이란 예리한 관찰력으로 사물이나 시대의 흐름을 꿰뚫어 보는 것을 뜻
한다. 통찰이 가능하기 위해서는 자신을 둘러싼 주위의 상황을 새로운 관점
에서 종합적으로 새롭게 보는 것이 필요하다.

아일랜드에서 태어나 영국의 식민정책으로 수탈당하는 조국 아일랜드에 깊
은 관심과 함께 현실 참여를 했던 『걸리버 여행기』의 작가 조나단 스위프트
는 이렇게 말했다.

"통찰력이란 아직은 보이지 않는 것을 보는 기술이다."

이 장에서는 중국을 비롯한 아시아권에서 지혜의 신으로 추앙받는 제갈량
의 통찰력의 기본적인 토대를 살펴본다.

한발 앞서 통찰하라

1

01 '롤모델'로 좌표를 설정하라

 제갈현이 죽자 제갈량이 직접 밭에 가서 농사를 지으며 「양보음」을 즐겨 불렀다. 그는 키가 8척으로, 매번 자신을 춘추시대 중엽 제환공을 도와 첫 패업을 이룬 관중이나 전국시대 말기 연나라의 중흥을 이룬 악의에 비유하곤 했다.

_ 「삼국지」「촉서, 제갈량전」

지혜의 화신 청렴의 표본 제갈량

 1) 오래된 명문가의 후예
 2) 관중과 악의를 롤모델로 삼은 준비된 청년 인재

제갈량은 지혜의 화신이자 청렴의 표본으로 죽은 지 1700여 년이 지난 지금까지 많은 사람들에게 존경받고 있다. 제갈량은 자신이 온몸을 다해 충성했던 1인자 유비를 능가했을 뿐만 아니라 당대 삼국의 실권자 조조마저도 초월했다. 그는 유비와 그 아들 유선까지 대를 이어 충성을 다하며 능력을 발휘했으며 인간적인 신의와 덕, 그리고 아름다운 언행에서 당대 최고의 수준에 도달했다.

 제갈량(자는 공명孔明)은 지금의 산동성 양도현 출신으로 전한 말기 한원제 때 사예교위를 지낸 제갈풍의 후예다. 사예교위는 우리나라의 서울시장에 해당하는 직책이므로 명문가 출신이다. 제갈량의 아버지 제갈규는 후한 말기 태산군의 군승郡丞을 지냈는데, 군청의 서기에 해당한다. 제갈량의 어린 시절은 매우 고단했다. 8살에 부친을 여의었고, 동생 제갈균과 함께 숙부 제갈현 밑으로 가서 지내야했다. 게다가 숙부 제갈현은 제갈량이 17세 되던 때 사망했기 때문이다.

180센티미터가 넘는 준수한 용모에 큰 포부

제갈량은 어렸을 때부터 포부가 크고 자부심이 강했다. 키가 8척에 달했고, 매번 자신을 춘추시대 중엽 제환공을 도와 첫 패업을 이룬 관중管仲이나 전국시대 말기 연나라의 중흥을 이룬 악의樂毅에 비유하곤 했다.

관중은 제자백가諸子百家의 효시에 해당하는 인물로, '만세의 사표'로 추앙받는 공자의 사상적 스승이다. 그의 저서 『관자』에는 제자백가의 모든 사상이 녹아 있다. 그의 사상을 관통하는 핵심어는 바로 부민부국이다. 이는 부민부국을 치국평천하의 요체로 삼는 이른바 상가商家 이론의 핵심에 해당한다.

춘추시대에 관한 최고의 사서인 『춘추좌전』은 사상 첫 패업을 이룬 제환공이 관중을 재상으로 맞아들인 이후 남방의 강국 초나라를 제압하며 천하를 호령한 일련의 패업 행보를 상세히 기록해 놓았다.

모두 관중의 헌신적인 보필 덕분이다. 대표적인 예로 주왕실을 받들고 사방의 오랑캐를 물리치는 이른바 존왕양이尊王攘夷와 패망한 중원의 제후국을 일으켜 세우고 끊어진 후사를 잇게 하는 존망계절存亡繼絕 행보를 들 수 있다. 제환공이 이룬 최초의 패업은 전적으로 관중 덕분에 가능했다고 해도 과언이 아니다.

제나라의 관중

제갈량이 관중과 함께 자신과 닮은 또 하나의 인물로 거론한 악의는 전국시대 말기 한韓나라와 위魏나라 및 조趙나라 등 이른바 삼진三晉과 진秦나라를 끌어들여 5개국 연합군을 결성해 제나라를 패망 직전까지 몰고 간 연燕나라의 명장이다. 연소왕燕昭王 때 장수로 임명돼 기원전 284년 연합군을 지휘해 제나라를 대파하고 70여 개의 성을 빼앗는 혁혁한 공을 세운 바 있다.

주목할 것은 제갈량이 스스로를 관중과 악의에 비유했다는 부분 다음에 나오는 '당시 사람들은 이 말을 받아들이지 않았다. 오직 박릉군博陵郡의 최주평崔州平과 영천군潁川郡의 서서徐庶만이 제갈량과 친교를 맺고 지내면서 확실히 그렇다고 말했다.'는 내용이다.

「제갈량전」의 배송지裵松之 주에 인용된 『최씨보崔氏譜』에 따르면 최주평은 한영제漢靈帝

제갈량처럼 앞서가라

때 태위太尉를 지낸 최열崔烈의 아들이다. 최열과 최주평 부자는 당대에 명망이 높은 청류淸流 사대부였다. 환관 집안에서 태어난 탁류濁流 사대부 조조와 대비된다.

명망 높은 최주평으로부터 높은 평가를 받은 데서 알 수 있듯이 제갈량은 젊었을 때부터 청류 사대부의 일원으로 활약했다는 사실을 확인할 수 있다.

영천군의 서서는 젊었을 때 이름이 서복徐福이다. 명문 출신은 아니지만 어려서부터 의리를 중시했고, 격투와 검술擊劍에 뛰어났다.

유비에게 제갈량을 적극 추천한 서서

당초 서서는 아는 사람을 위해 대신 원수를 갚고 관원들에게 쫓긴 일이 있었다. 이때 흰색 흙을 얼굴에 칠하고 머리를 흐트러뜨리고 도주했지만 곧 관리에게 체포당했다. 그는 관원이 그의 이름을 묻자 입을 다문 채 아무 말도 하지 않았다. 관원이 수레 위에 나무기둥을 세워 그를 묶은 뒤 북을 울리며 거리로 끌고 다녔다. 하지만 그와 면식이 있는 자가 나오지 않았다. 도중에 그의 동지였던 자들이 그를 풀어주어 달아날 수 있었다. 이후 칼과 창을 버리고 학문에 정진하게 되었다. 그는 동료들과 공부할 때 늘 겸허한 자세로 아침 일찍 일어나 혼자 청소를 하면서도 열심히 공부했다.

『위략』에 따르면 당시 서서를 비롯한 젊은 선비들이 학문의 정밀함이나 세밀함을 공부한 것에 반해 제갈량은 유독 전체적인 핵심과 요체를 파악하는 데 집중했다고 한다. 이런 일화도 실려 있다.

하루는 서서를 비롯한 친구들이 아침부터 저녁까지 항상 무릎을 끌어안고 경전을 열심히 암송했다. 제갈량이 말했다.

"그대 세 사람들은 관직으로 나가면 자사와 군수까지는 오를 수 있을 것이오."

친구들이 제갈량에게 물었다.

"그러면 공명은 어디까지 오를 수 있다는 말이오?"

제갈량은 단지 웃기만 할 뿐 아무 대답도 하지 않았다. 그후 친구인 맹건이 북쪽으로 돌아가려고 하자 제갈량이 말했다.

"중원에는 사대부가 많소. 즐기는 것을 하필 고향에서만 하려고 하는 것이오?"

제갈량은 북쪽의 조조에게 갔을 경우 크게 주목받지 못할 것을 스스로 알았기에 맹건에게 이런 충고를 했을 듯하다. 배송지가 다음과 같은 해설을 덧붙여 놓았다.

"제갈량이 맹건을 위해 그런 얘기를 했다고 말하는 것은 가하나 자신의 입장 또한 마찬가지였기 때문에 그렇게 말했다는 것은 오해다. 제갈량이 만일 조조 밑에 가서 그 재능을 발휘했다면 실로 사마의도 당해낼 수 없었을 터인데 나머지 사람들이야 이를 바가 있었겠는가? 비록 가슴 속에 우주를 감싸는 웅지를 품고도 북쪽으로 가지 않은 것은 한실이 장차 무너지려는 상황에서 종친의 영걸을 도와 왕실의 후사를 잇는 대업을 이루는 것을 그 임무로 삼았기 때문이다. 어찌 구차하게 궁벽한 변경에서 자그마한 이익을 구하려고 그러했 겠는가?"

삼국 초기 천하의 인재들은 대부분 조조의 휘하로

그러나 사실 당시 천하의 인재들은 거의 모두 조조의 휘하로 들어가 있었다. 제갈량이 언급한 것처럼 경전을 열심히 읽었던 맹건이 조조 에게 몸을 의탁한들 순욱이나 순유, 가후, 정욱 등과 같이 두각을 나 타낼 수는 없는 일이다. 실제로 맹건은 조조에게 간 후 양주자사가 되는데 그쳤다.

「제갈량전」에 청류 사대부인 최주평이 제갈량의 존재를 알았다고 기록한 것은 제갈량의 '숨어있는 인재'의 모습을 드러내고자 한 것 이다. 서서가 제갈량의 존재를 기록한 것은 제갈량이 장차 유비의 책사로 활약할 가능성을 암시한 것이다. 서서는 제갈량에 앞서 유비 의 책사로 활약했기 때문이다. 사서에는 자세한 기록이 없어 단언할 수는 없으나 서서는 직접 유비를 찾아가 그의 모신이 된 것으로 짐 작된다. 『삼국연의』는 유비가 서서를 우연히 만나는 것으로 묘사해 놓았지만 당대에는 인재가 자신을 알아주는 사람을 찾아가는 건 보 편적 현상이었다.

중요한 것은 제갈량이 스스로를 관중과 악의에 비유한 배경 및 의 도이다. 관중에 비유한 것은 사상 최초로 패업을 완성시킨 관중의 문치文治를 사적으로 깊이 연구했다는 증거다.

관중 – 당대 최고의 사상가이자 정치가로 제나라의 패업 완성

악의 – 전국시대를 대표하는 무장으로 약소국 연나라를 부흥

관포지교管鮑之交 고사로 널리 알려진 관중은 제환공齊桓公을 도와 사상 첫 패업을 이룬 당대 최고의 정치가이다. 당초 관중은 제환공이 보위를 놓고 치열하게 다툰 이복 형 공자 규糾의 스승 겸 참모로 있었다. 『사기』 「관안열전」에 따르면 공자 규를 보위에 올려놓기 위해 거나라에서 제나라로 돌아오던 제환공을 향해 화살을 날려 죽이려고 시도한 적도 있다. 그럼에도 휘하 참모로 있던 포숙아의 건의를 받아들여 관중을 재상으로 발탁해 마침내 사상 최초로 패업을 이루게 됐다. 천하의 뛰어난 인재를 알아보는 제환공의 안목이 돋보이는 대목이다.

문무를 겸비하고 인간적 신의까지 갖춘 제갈량

제갈량이 스스로를 관중에 비유한 것도 바로 이를 겨냥한 것이다. 자신을 알아주고 과감히 발탁하는 은혜를 흔히 지우지은知遇之恩이라고 한다. 제갈량은 '지우지은'을 베푸는 주군을 만나면 관중이 제환공을 도와 패업을 이룬 것처럼 기필코 주군으로 하여금 천하를 호령케 만들어주겠다고 호언한 셈이다. 천하의 기재인 자신을 알아주는 제환공과 같은 군주를 만나고자 하는 열망이 반영된 것이다. 스스로를 관중에 비유한 것 자체가 엄청난 자부심의 표현이다.

그가 스스로를 악의에 비유한 것도 같은 이치다. 전국시대를 대표하는 무장武將으로 크게 3명을 들 수 있다. 연나라 부흥에 결정적인 역할을 한 악의를 포함해 위기에 빠진 조나라를 구하는데 결정적인 공헌을 한 조나라 장수 염파, 진시황의 천하통일 완성에 기반을 닦은 진소양왕 때의 진나라 명장 백기가 그들이다. 이들 3인의 무장 가운데 가장 뛰어난 지략을 보인 인물이 악의다. 그가 스스로를 악의에 비유한 것은 악의가 보여준 무치武治에 대해 훤히 꿰고 있다는 자부심의 표현이다.

결국 제갈량은 스스로를 문무를 겸비한 천하의 기재로 자평하면서 제환공처럼 '지우지은'을 베풀 뛰어난 주군을 기다리고 있다고 널리 홍보한 것이다. 당시 제갈량은 뚜렷한 벼슬을 한 적도 없고 자신의 실력을 드러낸 적도 없는 상황이었다. 제갈량이 '관중과 악의'라는 롤모델을 좌표로 설정한 것은 그 시도부터 성공이었던 것이다.

평범한 사람은 자신보다 뛰어난 사람을 알아보지 못하지만
재능을 가진 사람은 천재를 즉시 알아본다.

- 아서 코난 도일 Sir Arthur Ignatius Conan Doyle

제갈량처럼 앞서가라

02 '세상이 나를 주목하게' 하라

와룡계
卧龍計

유비가 신야에 주둔하고 있었다. 제갈량의 친구 서서는 신야로 가서 유비를 만났다. 유비가 이름없는 자신을 선비로 깍듯이 대하는 것을 보고 마음이 움직여 서서는 제갈량을 추천했다.

"제갈공명은 누워있는 용이라 불립니다. 장군께서는 그를 만나보지 않겠습니까?"

유비가 말했다.

"그럼 한번 같이 모시고 오시면 어떻겠소."

서서가 말했다.

"그는 가서 볼 수는 있으나 데려올 수는 없습니다. 장군께서 한번 왕림해 보셔야만 합니다."

유비는 현자를 구하려는 절박한 마음에 마침내 제갈량을 찾아갔다. '세 번이나 찾아가서야 비로소 만났다.'

_ 「삼국지」 「촉서, 제갈량전」

세상이 자신을 주목하게 한 제갈량의 지혜

1) 전략적인 결혼을 통해 명문가의 사위가 되다

2) 당대의 명사나 인재들과 교류하며 창의성을 키우다

융중은 아름다운 시골의 촌마을로 높지는 않지만 수려한 산들로 둘러싸인 조용한 곳이다. 숲에는 소나무와 대나무가 무성하고, 물은 깊

지 않으나 깨끗하고, 새들이 지저귀며 꽃들이 만발한 땅이다. 융중산
은 해발 300미터 정도 된다.

유비는 제갈량을 얻기 위해 제갈량이 사는 융중의 초가집으로 세
번이나 찾아갔다. 제갈량은 유비가 보여준 '삼고초려의 정성'에 감
동해 마침내 융중을 나와 유비의 책사가 되었다. 서서가 조조 진영
으로 가고, 방통이 유비 진영에 합류하기 전까지는 거의 유일한 책
사로 활약했다. 방통은 익주를 공략하러 가는 도중 날아오는 화살
을 맞고 비명에 숨을 거두고 말았다. 이후 제갈량은 죽을 때까지 유
비의 유일한 책사로 활약했고, 유비 사후에는 사실상 황제의 권한을
대행하는 막강한 실권자로 나라를 지배했다. 그 시작이 바로 유비의
'삼고초려'였던 것이다.

'삼고초려'의 원형은 춘추시대 중엽 사상 처음으로 패업을 이룬
제환공이 관중을 영입할 때 보여준 이른바 '삼흔삼욕三釁三浴'이다.
"관중이 제나라에 이를 즈음 제환공이 관중을 영접하기 위해 '삼
흔삼욕'을 행했다."『국어』「제어」
'삼흔삼욕'은 여러 번 훈향薰香으로 몸을 쐬고 씻었다는 뜻이다.
'삼三'은 '다多'를 대용해 쓰이는 만큼, 세 번만 행했다는 의미로 새길
것이 아니다.「제어」는 제환공이 교외까지 나가 관중을 영접한 뒤 나
란히 수레를 타고 궁으로 향하자 백성들이 크게 놀랐다고 기록해 놓
았다. '삼흔삼욕'은 삼국시대 당시 유비가 제갈량을 찾아간 '삼고초
려'와 같은 의미다.

제갈량처럼 앞서가라

주목할 점은 당시 서서가 유비에게 '장군이 의당 몸을 굽혀 찾아 가라'고 권하며 천하의 인재인 제갈량의 수준에 부응하는 예우를 갖 추라고 주문한 사실이다. 늘 스스로를 관중과 악의에 비유한 제갈량 의 기개와 자부심을 엿볼 수 있는 대목이다.

원래 선비가 대우를 받기 시작한 것은 춘추시대 말기 이후다. 그 이전에는 전쟁이 났을 때 전문적으로 싸움에 나서는 무사武士로만 존재했다. 인문교양은 세습귀족의 전유물인 까닭에 문사文士가 그다 지 필요하지 않았다. 초기의 문사는 문서기록을 담당하는 아전인 이 른바 도필지리刀筆之吏 수준에 불과했다. 그러던 것이 공자의 출현 이후 문사가 무사를 압도하기 시작했다. 수준 높은 인문교양을 익힌 덕분이다.

자신을 알아주는 군주를 만나 일거에 재상이 되다
전국시대에 들어오면서 벼슬을 하지 못한 문사布衣之士가 자신을 알 아주는 주군을 만나 일거에 재상으로 발탁되는 일이 빚어지기 시작 했다. 나라의 운명이 뛰어난 인문교양을 지닌 이들 문사의 지략에

> **제갈량의 형제자매들**
> 1남 제갈근 – 오나라에서 대장군이 됨
> 2남 제갈량 – 촉나라에서 승상까지 오름
> 3남 제갈탄 – 위나라에서 진동대장군이 됨
> 1녀 제갈량의 큰누나 – 양양지역 명문가 괴씨 가문 괴기의 아내가 됨
> 2녀 제갈량의 작은누나 – 양양지역 명문가 방씨 가문 방산민의 아내가 됨

좌우된 탓이다.

수많은 문사가 계책을 꾸미는 책사策士와 모의를 전담하는 모사謀士 및 유세에 뛰어난 세사說士 등으로 활약한 배경이다. 전국시대는 바로 이들 사인士人들의 전성시대라고 할 수 있다. 이후 난세가 도래할 때마다 온갖 지략을 갖춘 사인들이 활약했다. 제갈량도 같은 유형이다.

시진핑 중국 국가주석의 경제책사 류허

이런 흐름은 21세기 현재도 크게 다르지 않다. 시진핑 중국 국가주석의 경제책사로 불리는 류허劉鶴 당중앙재경영도소조 판공실 주임이 대표적이다. 시진핑이 역설하는 공급 측면의 구조조정 방안을 실제 입안한 인물이다.

앞으로 리커창을 대신해 경제를 총괄 지휘하는 총리 또는 국가발전개혁위원회 주임이 되리라 예상된다. 국무원의 경제정책을 총괄하는 국가발전개혁위원회 부주임을 겸한 그는 중국 경제개혁의 핵심으로 재산권보호 법제화와 창업투자발전 방안을 강구하고 있다.

사실상 중국은 지난 2007년 사유재산권을 침범할 수 없다는 내용의 물권법을 제정했으나 시행 과정에서 충돌하는 법규들로 인해 소기의 성과를 거두지 못했다. 이로 인해 민영기업과 부자들이 투자를 꺼리고, 심지어 부자의 절반가량이 재산을 지키기 위해 이민을 선호한다는 내용의 보고서가 나왔던 것이다. 류허는 여러모로 시진핑 주석 체제 하에서 제갈량과 유사한 역할을 수행하고 있는 셈이다.

당초 유비가 양양의 유명인사인 사마휘를 만나 현자를 추천해줄 것을 요청했을 때 사마휘는 복룡伏龍과 봉추鳳雛를 언급했다. 복룡은 제갈량, 봉추는 방통을 말한다. 엎드릴 복伏과 누울 와臥는 뜻이 거의 같다.

　제갈량이 양양의 융중에 자리를 잡은 것은 후한 말기 양양이 거의 전란을 입지 않은 사실과 밀접한 관련이 있다. 양양은 당시 물산이 풍부하고 문화가 번성했던 곳이다. 제갈량을 비롯해 방덕공과 그의 아들인 방산민과 조카인 방통, 의성宜城의 마량과 마속 형제, 박릉의 최주평, 영주의 서서와 석도, 여남의 맹건 등이 모두 형주에 모여 있던 명사들이다.

　양양 일대는 지방의 유력자들도 모여 살았다. 그곳에는 방龐, 황黃, 괴蒯, 채蔡, 마馬, 습習씨 등의 6대 호족이 존재했다. 후한의 중후기 이후 지방은 거의 이들 호족 세력에게 장악되어 있었다. 이들의 지지와 인정이 없다면 그 땅에 발판을 쌓는 것이 어려웠다. 유표가 형주에 입성할 수 있었던 것도 채씨와 방씨 세력의 지지가 있었기에 가능했다.

　제갈량도 이 점을 알고 있었기 때문에 형주 내의 유력 호족세력 내에서 덕망 있는 인물과 우호관계를 맺고 있었다. 제갈량이 천하의 추녀로 알려진 황승언의 딸을 부인으로 맞은 것도 이와 관련이 있다. 황승언의 딸은 사서에 그 이름이 자세히 나오지 않고 있으나 세인들은 흔히 추녀 아추阿醜라는 뜻에서 통칭 '황아추黃阿醜'로 불렀다. 천하의 현자 제갈량이 '황아추'와 결혼하게 된 배경과 관련해

「제갈량전」의 배송지 주에 인용된 『양양기襄陽記』는 이같이 기록해놓고 있다.

"형주의 명사 황승언이 어느 날 제갈량에게 말하기를, '자네가 처를 맞이하려 한다고 들었는데 나에게는 딸이 하나 있네. 못생기고 붉은 머리카락에 피부는 검지만 재지才智의 측면에서는 자네와 어울린다고 생각하는데 자네의 생각은 어떠한지 모르겠네.'라고 했다. 제갈량은 뜻밖의 제안에 기뻐하며 그 자리에서 승낙했다. 당시 양양사람들은 모두 제갈량의 이런 행동을 유감스럽게 생각했다. 쓸데없이 참견하기를 좋아하는 사람들은 '공명의 처 선택을 흉내 내는 법이 아니다. 그랬다가는 황승언의 딸과 같은 추녀를 마누라로 삼게 된다.'며 비웃었다."

삼국시대에도 제갈량과 같은 인재는 뛰어난 미모와 재주를 자랑하는 가인佳人과 결합하는 것을 당연시했다. 이는 수천 년을 이어온 전통이기도 했다. 그런데도 제갈량은 왜 추녀로 유명한 '황아추'를 아내로 맞이한 것일까?

나관중 역시 『삼국연의』에서 이에 대해 아무런 언급도 하지 않았다. 신비스런 인물로 묘사한 제갈량이 '황아추'와 결혼하게 된 배경을 놓고 적잖이 곤혹스러워했을 것으로 짐작된다. 그렇다면 천하의 인재 제갈량은 무슨 이유로 '황아추'와 결혼한 것일까?

송대의 주희朱熹는 제갈량이 추녀를 처로 삼았기 때문에 미색에 빠지는 일이 없이 욕심을 적게 할 수 있었고, 이로 인해 지혜가 날로 밝아지고 위엄과 명망이 높아지게 되었다는 특이한 해석을 내렸다. 마치 서양에서 소크라테스가 악처 크산티페를 만난 덕분에 위대한 철학자가 될 수 있었다는 식의 주장과 다름없다.

크산티페는 결코 악처가 아니고, 후대의 호사가들이 소크라테스를 높이기 위해 그 부인을 악처로 만들었다 해도 주희의 이런 해석도 기본취지는 같다. 결과론적인 해석일 뿐 제갈량이 황아추와 결혼하게 된 배경을 설명하지는 못하고 있기 때문이다.

그렇다면 세상과 사람을 보는 통찰력이 뛰어나기 이를 데 없는 제갈량은 왜 황아추를 선택한 것인가?

제갈량의 전략적 선택 – 추녀 황아추를 배우자로 들이다

객관적으로 볼 때 아무런 배경도 없는 시골의 가난한 젊은 선비 제갈량이 융중에서 밭을 갈고 있는 상황에서는 아무리 큰 재주가 있을지라도 자신의 정치적 포부를 실현할 수 없었다. 자신의 재능을 믿었고 그 지방 명사에게 좋은 평가는 받고는 있어도 그들과의 연결고리가 그다지 확고한 것도 아니었다. 혼인은 이런 상황을 타개하기 위한 가장 간편하면서도 빠른 방법이었다.

실제로 황아추의 아버지 황승언은 한수 이남인 면남沔南의 명사이고 형주목인 유표와 형주 최대의 호족인 채씨 문중과도 가까운 친척이었다. 결혼을 통해 이런 사람과 가족의 일원이 된다는 것은 제갈

황아추黃阿醜
제갈량의 부인, 황승언의 딸.

여성의 이름이 특별히 없던 당시 황씨 부인은 못생겼다는 뜻으로 아추라고 불리다가 후대 사람들로부터 황월영黃月英이라는 이름이 붙여졌다. 사진은 황씨 부인을 기리는 월영전 안에 있는 조형물이다(제갈량 사원 내).

제갈량처럼 앞서가라

량에게는 매우 현명한 선택이었다. 실제로 황승언의 사위가 되자 바로 형주의 세력가와 명사로부터 존중받게 되었고 명성은 더욱 높아졌다. 유비가 형주에 와서 인재를 모았을 때 그 지방의 명사가 즉석에서 제갈량을 천거한 것도 이와 무관치 않다.

제갈량의 누이 역시 명문가와 결혼한 사실을 보면 이런 추론이 더욱 설득력을 지닌다. 그의 큰 누이는 양양의 명사 괴기와 결혼했고, 둘째 누이는 방씨 가문의 방산민에게 시집을 갔다. 당시 방씨 가문의 좌장인 방덕공은 양양의 호족 중에서도 우두머리격인 인물이다. 방덕공은 교류범위도 넓은데다 식견 또한 높았다.

유표가 몇 번이나 그를 맞이하려고 했으나 그때마다 거절당한 게 그렇다. 당시 방덕공의 주변에는 재간 있는 사람들이 모여들어 학문을 서로 교류하고 시국을 논하는 모습을 보였다. 특히 방덕공은 사람을 알아보는 눈이 있어 당시 그의 인물 품평은 사대부들 사이에 큰 영향을 미치고 있었다.

제갈량의 장인 황승언은 한수 이남의 명사

또 사서의 기록을 보면 방통의 동생 방림龐林은 습정習禎의 여동생을 처로 맞이했기 때문에 습씨와 인척관계에 있던 마량과 마속 형제는 편지에서 제갈량을 존형尊兄이라고 부른 사실을 확인할 수 있다. 나아가 제갈량의 장인 황승언은 유표의 처남인 채모의 매부였기 때문에 채모는 제갈량에게 처외숙이 된다.

제갈량은 결국 황아추와 결혼함으로써 한꺼번에 이들 양양의 6대

호족과 인척관계를 맺을 수 있었다.

당시 제갈량은 양양의 최고 인물인 방덕공을 끊임없이 찾아가 가르침을 청했다. 그는 늘 겸허한 태도를 취해 항상 홀로 마루 밑에서 절하고 가르침을 받을 때에는 반드시 무릎을 꿇었다. 방덕공은 항상 그에게 서책을 빌려주며 지도했다. 방덕공이 그를 '복룡'이라고 칭한 근본 배경이다. 당대에 제갈량이 이름을 날리게 된 것은 방덕공의 지우知遇에 그 원인이 있었다고 할 수 있다.

제갈량이 세상에 얼굴을 드러낸 배경을 따지고 올라가면 황씨 부인과 결혼해 방덕공을 만난 데까지 거슬러 올라가게 된다. 제갈량은 '황아추와의 결혼'이라는 전략적 선택을 통해 세상에 자신의 존재를 강력하게 알리게 되었고, 결국 유비와 함께 세상을 평정하려는 '목표지점'에 순조롭게 다가갔다고 하겠다.

결혼을 전략적으로 선택했던 초한시대의 진평

유방을 만나기 전의 진평

『사기』「진승상세가」에 따르면 진평이 유방을 만날 때까지의 과정은 그야말로 우여곡절의 연속이었다. 이는 그의 고단한 생장과정과 무관치 않다. 그는 지금의 하남성 양무현陽武縣에 속해 있는 호유향戶牖鄕 출신이다. 예로부터 양무현은 크게 2가지 일로 인해 명성이 높았다. 장량이 창해군 역사를 부추겨 진시황 척살을 꾀한 박랑사가 이곳에 속해 있고, 이곳에서 그리 멀지 않은 곳에 진평의 고향인 호유향이 있기 때문이다.

호유향의 명칭은 공교롭게도 진평의 삶을 상징하고 있다. 호유의 호戶는 옛날 가옥에서 마루와 방 사이의 문이나 부엌의 바깥문을 뜻하는 지게문을 지칭한다. 후에 '문호' 용어가 보여주듯이 문門과 동일한 뜻으로 사용됐다.

유牖자는 현재 잘 사용치 않는 글자이나 옛날 문헌에는 자주 등장한다. 방에 햇빛을 들게 하려고 벽의 위쪽에 낸 작은 창을 말한다. 흔히 양쪽으로 여닫게 돼 있어 우리말로는 '쌍바라지'로 풀이하곤 했다. 후대인들은 문과 창을 뜻하는 '호유'가 안과 밖을 연결시키는 통로인 점에 주목해 뛰어난 학문을 배경으로 하나의 학파를 이루는 것을 비유할 때 사용되곤 했다.

진평은 제자백가의 학문을 열심히 공부한 덕분에 하나의 학파를 만들지는 않았어도 그에 준하는 학문적 식견을 자랑했다. 사서의 기록을 토대로 보면 그가 구가한 일련의 책략은 유가와 법가, 병가, 종횡가, 도가 등 제자백가의 가르침을 하나로 녹인 것이다. 특히 병가와 종횡가의 색채가 짙다. 『손자병법』 등의 병서와 『귀곡자』 등의 종횡가 서적을 두루 읽었음을 시사한다.

그는 장가를 들기 전에 친형 진백陳 부부와 함께 살았다. 집안이 빈한했기 때문이다. 그 또한 유방이나 한신 등과 마찬가지로 살림살이를 전혀 돌보지 않았다. 어느 정도 밭이 있었으나 농사는 늘 형의 몫이었다. 진백은 동생 진평이 편히 공부할 수 있도록 세심히 보살폈다. 다른 곳으로 가 공부하는 유학의 비용까지 부담했다. 진평에 대한 기대가 컸기 때문이다.

「진승상세가」는 진평을 키도 크고 미모도 출중했다는 뜻에서 장대미색長大美色으로 표현해 놓았다. 빈한한 집안 출신이 '장대미색'의 용모를 한 것을 보고 한번은 어떤 사람이 이같이 힐난했다.

"집도 가난한데 무엇을 먹었기에 이토록 살이 쪘는가!"

형수는 시동생 진평이 주야로 책을 읽느라 집안일을 전혀 돌보지 않는 것이 늘 못마땅했다. 이 말을 듣고는 형수가 이같이 맞장구쳤다.

"아니, 쌀겨와 싸라기를 먹인 것밖에 없어요. 밥만 먹고 하는 일 없이 지내는 이런 식충이 시아주버니는 차라리 없느니만 못해요!"

이 얘기가 진백의 귀에 들어갔다. 「진승상세가」는 진백이 크게 화를 내며 아내를 내쫓아버렸다고 기록해 놓았다. 역대 사서 가운데 동생의 공부를 뒷바라지하기 위해 불만을 털어놓는 아내를 쫓아낸 일화는 이게 유일하다.

마을에서 토지신에 제사를 지낼 때 진평이 사재社宰가 되어 제사고기를 나누면 심히 공평했다. '사재'는 토지제사인 사제社祭의 제사고기를 분배하는 자를 말한다. 마을 사람들의 칭송이 자자했다.

"고기를 잘 나눴구나, 진씨 집 소년을 사재社宰로 삼기를 잘 했다!"

진평이 탄식했다.

"아, 나 진평에게 천하의 부귀를 나눠주도록 하면 이 고기를 나누듯 할 터인데!"

이 고사에서 '진평분육陳平分肉' 성어가 나왔다. 사안을 공평하게 처리해 칭송을 받는 사람과 행위를 지칭하는 말이다. 진평이 장성해 장가들 나이가 되었다. 부잣집은 그에게 딸을 주려고 하지 않았고, 가난한 집은 진평을 수치스럽게 생각했다. 당시 호유향에 장부張負라는 부호가 있었다. 그의 손녀는 5번 시집을 갔으나 그때마다 남편이 죽자 사람들이 감히 더 이상 그녀를 데려오려 하지 않았다. 진평이 그녀를 아내로 맞이하고자 했다.

마침 마을에 상가喪家가 생기자 진평은 가난했으므로 상가 일을 돌보게 됐다. 그는 남들보다 먼저 가서 늦게 돌아오는 방법으로 도움을 주고자 했다. 장부는 상가에서 진평을 보고 특히 그의 풍채를 주시했다. 진평 역시 장부에게 잘 보이기 위해 가장 늦게 상가를 나왔다.

장부가 진평을 좇아 그의 집으로 가보았다. 집은 성벽에 근처 미진 거리에 있었다. 비록 낡고 해어진 자리로 문을 만들었으나 문밖에는 귀인의 수레가 멈췄던 바퀴자국이 많이 남아 있었다. 장부가 집으로 돌아와 아들 장중張仲에게 말했다.

진평에게 손녀를 시집 보낸 장부

"나는 손녀를 진평에게 보내고자 한다."

장중이 반대했다.

"진평은 집이 가난한데도 생업에 종사하지 않아 마을 사람들 모두 그의 행위를 비웃고 있습니다. 어찌해서 손녀를 유독 그에게 주려는 것입니까?"

장부가 말했다.

"사람이 실로 진평처럼 뛰어난 용모를 갖고도 오랫동안 빈천할 수 있겠는가!"

마침내 손녀를 진평에게 보냈다. 당시 진평이 가난한 까닭에 장부는 그에게 폐백을 빌려주어 빙례聘禮를 치르게 하고, 주육酒肉을 살 자금도 주어 이내 아내를 맞이하게 했다. 장부는 손녀에게 이같이 주의를 주었다.

"가난하다고 하여 섬기면서 불손해서는 안 된다. 시아주버니 섬기기를 시부 섬기듯 하고, 큰 동서 섬기기를 시모 섬기듯 해야 한다."

진평은 장부의 손녀를 맞이한 후 사용할 재물이 날로 넉넉해졌고, 교유 또한 날로 넓어진 것은 물론이다.

제갈량처럼 앞서가라

03 세상을 '앞서서 통찰'하라

삼분계
三分計

유비가 천하를 구할 계책을 묻자 제갈량이 이같이 대답했다.

"동탁이 나라를 어지럽힌 이래 천하의 군웅이 각처에서 일어났습니다. 세력범위가 주와 군에 걸쳐 있는 자가 그 수를 셀 수 없을 정도로 많습니다. 조조는 원소에 비해 명성도 미미하고 병력도 적었습니다. 그러나 그가 원소를 물리치고 약자에서 강자가 된 것은 천명만이 아니라 인간의 지혜 덕분이었습니다. 지금 그는 이미 1백만 대군을 거느린 채 천자를 옆에 끼고 제후들을 호령하고 있으니, 진실로 그와는 선두를 다툴 수 없습니다. 또 손권은 강동을 점거한 지 이미 3대를 지났습니다. 나라가 요새와 같이 험하고, 백성들이 잘 따르며, 어질고 능력 있는 자들을 등용하고 있으니 도움을 받을 수는 있을지언정 도모할 대상이 아닙니다."

_「삼국지」「촉서. 제갈량전」

천하 혼란기를 앞서서 통찰한 제갈량의 전략

1) 자신을 발탁해 줄 사람을 찾을 때까지 학문실력 연마
2) 세상의 혼돈을 헤쳐나갈 대책(천하삼분지계)을 마련

제갈량이 태어나 청년이 되던 때의 시기는 동한 말기로 황제는 어리석고 무능하기 그지없었고 조정은 극도로 부패했다. 환관들이 득세하였고, 황제는 공개적으로 매관매직을 일삼았다. 공개적 거래가 불

가능하면 뒷거래까지 했다. 도탄에 빠진 나라 곳곳에서는 수많은 농민봉기가 일어났다. 181년에 태어난 제갈량이 네 살 되던 184년에는 대규모의 황건적의 난이 폭발하기도 했다.

어린 시절부터 제갈량은 세상의 혼돈을 인식했고, 상대적으로 평온한 융중의 산촌에서 명사와 인재들과 교류하며 자신의 실력을 발휘할 때를 기다리며 오랜 시간 정진을 했다. 때문에 유비가 삼고초려 끝에 마침내 제갈량을 만나 어지러운 세상을 구할 방안을 묻자 오랜 시간 고심하고 연구해 온 대책인 '천하삼분지계'를 내놓을 수 있었다.

사가들은 이를 두고 융중에 있는 제갈량의 초가집草廬에서 나온 대책이라는 취지에서 흔히 '초려대' 또는 '융중대'로 부른다. '천하삼분지계' 내지 '융중대'는 조조와 손권이 이미 중원의 북쪽과 동쪽에 웅거하고 있는 만큼 지금의 호북성인 형주와 사천성인 익주를 근거지로 삼아 중원의 서쪽에서 삼국이 솥발처럼 정립鼎立하는 구도를 만들라는 게 골자다.

당시 유비는 제갈량의 초가집을 3번이나 찾아간 뒤에야 겨우 만날 수 있었다. 나름 크게 기뻐했을 것이다. 곧바로 곁에 있던 사람들을 물린 뒤 이같이 물었다.

"한왕실이 기울고 무너지는 상황이오. 간신들이 주상의 명을 훔쳐 전횡하는 까닭에 주상이 피난을 가는 몽진蒙塵을 해야만 했소. 나는

제갈량처럼 앞서가라

덕력德力을 헤아리지 않은 채 나름 천하에 대의大義를 펴고자 했으나 지혜와 술책이 모자라 마침내 실패에 처하는 창궐猖獗을 당해 오늘에 이르게 됐소. 그러나 뜻만은 아직 버리지 않았소. 내가 어찌해야 좋을지 말해줄 수 있겠소?"

한왕실을 조속히 부흥시키고자 하는 유비의 절박한 심경이 절절히 드러나고 있다. 이때 제갈량이 내놓은 대책이 바로 '천하삼분지계'이다. 이 계책은 나름 매우 현실적이면서도 구체적인 삼국정립 방안을 담고 있다. 「제갈량전」에 따르면 당시 제갈량은 조조 및 손권과 맞설 수 있는 비책을 이같이 제시했다.

망해가던 유비를 급속히 부상케 한 제갈량의 비책

① 천하를 삼분할 계획을 세워라 ② 먼저 풍요로운 땅 익주를 쟁취하라
③ 그러기 위해 손권의 오와 손잡으라

"형주는 북쪽으로 한수와 면수를 차지하고, 남쪽으로는 해변에 이르는 광대한 땅의 산물을 이용할 수 있으며, 동쪽으로는 오군과 회계군과 접하였으며, 서쪽으로는 파촉과 통하니 이곳은 무력을 쓸만한 나라입니다. 그런데도 지금 이곳을 차지한 유표는 이를 지킬 능력이 없으니 이는 하늘이 장군에게 도움을 주시는 것입니다. 장군께선 이곳을 취할 뜻이 있으신지요? 익주는 지세가 험하고 비옥한 땅이 천리나 되는 하늘이 내린 땅으로 한 고조가 여기를 근거로 황제가 되셨습니다.

그러나 이 땅을 차지한 유장은 어리석고 약하고, 북쪽의 장노도 그 위에 있지만, 그 많은 백성과 부유함을 아끼고 살필줄 모르는 까닭에 지혜롭고 능력있는 선비들이 현명한 군주를 바라고 있습니다. 장군께선 한나라 왕실의 후손으로서 천하에 신의를 중시하는 사람으로 알려져 있고, 영웅들을 포용하고 현자를 목마른 사람처럼 구하고 있습니다. 만약 형주와 익주를 동시에 차지한다면 지형적 장애에 의존하면서 서쪽으로 융족戎族과 화목하게 지내고, 남쪽으로 이월夷越을 위무하고, 밖으로는 손권과 사이좋게 지내고, 안으로는 내치에 힘을 쓰십시오. 이어 천하에 변고가 생기면 1명의 상장군에게 명해 형주의 군대를 이끌고 완현을 거쳐 낙양을 향하게 하고, 장군은 친히 익주의 군사를 통솔해 진령 이북의 평원지대인 진천으로 진출하십시오. 그러면 백성들 가운데 그 누가 감히 대나무소쿠리밥과 물병簞食壺漿으로 장군을 환영하지 않겠습니까? 실로 이리하면 가히 패업도 이루고, 한실도 부흥시킬 수 있을 것입니다.”

　　일단 형주의 유표와 익주의 유장을 몰아내고 두 곳을 차지함으로써 삼국정립의 상태를 만들어 놓은 뒤 칼을 갈다가 때가 왔을 때 조조와 손권을 치면 능히 천하를 통일할 수 있다는 취지이다. 아무런 근거지도 없이 떠돌이 신세에 있던 유비로서는 귀가 솔깃해질 수밖에 없는 비책이다.

소쿠리밥과 물병을 들고 장군을 환영할 것입니다!
원래 제갈량이 언급한 대나무소쿠리밥과 물병을 뜻하는 ‘단식호장’

구절은 『맹자』 「양혜왕 하」에서 인용한 것이다. 이에 따르면 전국시대 말기 제선왕齊宣王이 연나라를 격파한 뒤 맹자에게 연나라를 취할 뜻을 드러내자 맹자가 이같이 말했다.

"연나라를 취해 그곳 백성들이 기뻐할 것 같으면 취하십시오. 옛 사람 중에 주무왕이 바로 그리했습니다. 그러나 그곳 백성들이 기뻐하지 않을 것 같으면 취하지 마십시오. 옛 사람 중에 주문왕이 바로 그리했습니다. 대국이 대국을 공격할 때 그곳 백성들이 '단식호장'으로 환영할 때 어찌 다른 이유가 있겠습니까? 이는 수화水火로 인한 고통을 피하기 위한 것일 뿐입니다. 만일 물이 더욱 깊어지고 불이 더욱 뜨거워지면 백성들은 다른 나라로 옮겨갈 것입니다."

제갈량이 '천하삼분지계'에서 '단식호장'을 언급한 것도 맹자가 제선왕에게 충고한 것과 비슷한 생각에서 나온 것이다. 형주와 익주의 군사를 이끌고 양로兩路로 북벌에 나설 경우 그곳 백성들이 '단식호장'簞食壺漿으로 장군을 환영할 것이라고 언급한 대목이 그렇다. 결과적으로 나중에 형주를 지키던 관우가 전사하면서 기본틀이 어긋나기는 했으나 "1명의 상장군에게 명해 형주의 군대를 이끌고 완현과 낙양을 향하게 하고, 장군은 친히 익주의 군사를 통솔해 진령 이북의 평원지대인 진천으로 진출하십시오."라는 전략 자체는 시대를 앞서가는 탁월한 통찰력에서 나온 것이다.

제갈량의 '천하삼분지계'는 당대 현실에 대한 정확한 인식과 통찰에서 나온 천하통일 방략이다. 왜냐하면 기울어 가던 유비 세력을 재정립하여 삼국을 정초하고, 나아가 그 이상의 원대한 꿈까지 꾸게 할 수 있는 미래적 통찰이 담겨 있기 때문이다.

꿀 수 있는 만큼 원대한 꿈을 꾸고 구체적인 계획을 세우고 실행을 준비해 보라. 독일의 문호 괴테가 이렇게 말한다.

"꿈을 계속 간직하고 있으면 반드시 실현할 때가 온다."

천하삼분지계와 정족지계

노숙의 '정족지계'

일각에서는 제갈량에 앞서 이미 노숙魯肅이 손권을 만났을 때 '천하삼분지계'를 언급한 게 있다며 제갈량의 '융중대'를 폄하하고 있다. 노숙이 언급한 '천하삼분지계'를 흔히 정족지계鼎足之計라고 한다. 노숙밀의魯肅密議로 표현하기도 한다. 「오서, 노숙전」에 따르면 노숙은 손권을 만나 이같이 건의했다.

"옛날 한고조 유방도 제환공이나 진문공晉文公처럼 패자覇者가 되겠다는 생각에 초나라의 의제義帝를 받들려고 했으나 성공하지 못했습니다. 이는 항우의 무리가 방해했기 때문입니다. 지금 조조는 옛날의 항우와 같습니다. 그가 방해를 하고 있으니 장군이 어떻게 능히 제환공과 진문공처럼 될 수 있겠습니까?

생각하건대 한실은 이제 부흥시키기에는 너무 늦었고, 조조 또한 단숨에 없애기 어렵습니다. 장군을 위한 계책으로는 오직 강동을 굳게 지키면서 천하의 형세변화를 주의 깊게 살피는 길 뿐입니다. 이런 수준으로 접근하면 스스로 혐의嫌疑할 일이 없을 것입니다. 그 이유는 무엇이겠습니까? 북방에는 실로 해야 할 일이 많기 때문입니다. 이 틈을 노려 황조黃祖를 제거하고 유표를 치도록 하십시오. 이런 식으로 장강 일대를 손에 넣은 뒤 제왕帝王을 일컬으며 천하를 도모토록 하십시오. 이것이 바로 한고조 유방이 행한 왕업王業의 길입니다."

노숙이 제시한 '정족지계'가 나름 천하형세에 대한 정확한 분석을 토대로 한 것임을 알 수 있다. 골자를 보면 제갈량이 제시한 '천하삼분지계'와 별반 차이가 없다. 일각에서 삼국이 정치鼎峙하는 상황을 최초로 예견한 사람은 제갈량이 아니라 노숙이라는 주장이 나오는 이유다. 「오서, 노숙전」은 노숙이 어렸을 때부터 큰 뜻을 품고 즐겨 기책奇策을 많이 낸 것으로 기록해 놓았다.

조조나 손권과 달리 1척의 땅도 없던 유비

노숙은 '정족지계'에서 조조를 항우에 비유하며 한실은 이미 부흥할 수 없는 상황에 처해 있고, 조조 역시 곧바로 망하지는 않을 것으로 내다보았다. 손권에게 강동에 둥지를 틀고 웅비할 기회를 엿보라고 주문한 이유다. 이게 '정족지계'의 기본적인 틀이다. 이어 양주揚州에 웅거하여 힘을 기른 뒤 형주와 익주를 병탄해 장강 일대를 석권한 뒤 남북대치의 상황을 연출하는 게 '정족지계'의 다음 단계이다. 마지막으로 시간을 충분히 갖고 서서히 중원을 도모해 마침내 천하를 통일하는 것이 '정족지계'의 최종 단계이다.

그렇다면 노숙이 '정족지계'에서 언급한 정족의 세 당사자 가운데 조조와 손권을 제외한 나머지 한 사람은 누구를 지칭한 것일까? 노숙이 손권 앞에서 설파한 '정족지계'에는 이 부분이 구체적으로 명시되지 않고 있다. 이로 인해 예로부터 적잖은 사람들이 노숙의 '정족지계'에 의문을 표시했다. 북송 때의 사마광도 그 중 한 사람이었다. 그는 『자치통감』에서 '당시 유비는 1척尺의 땅도 없었는데 어떻게 정족이라고 말할 수 있는가?'라며 의문을 표시했다. 강동에 정족한다는 뜻을 지닌 「노숙전」의 정족강동鼎足江東 표현을『자치통감』에서 강동을 지킨다는 뜻의 보수강동保守江東으로 고쳐 쓴 이유가 바로 여기에 있다.

이에 대해 노숙이 제기한 '정족지계'는 나중에 출현하는 삼국정립의 삼분三分이 아니라 조조와 손권 및 형주의 유표가 정치鼎峙하는 것을 언급한 것이라며 노숙을 옹호하는 견해도 있다. 그러나 이는 억지다. 노숙은 결코 유표를 '정족'의 실체로 보지 않았다. 그렇다면 노숙이 말한 '정족'의 실체는 과연 누구를 말한 것일까? 그것은 바로 유비였다.

물론 노숙이 손권과 밀의를 나눌 당시만 하더라도 유비의 실체가 보다 구체적으로 드러나지는 않았다. 그러나 당시에는 사실 손권도 강동을 완전히 석권한 상황은 아니었다. 노숙이 조조를 항우로 상정한 것은 손권을 유방으로 간주한데서 출발한 것이다. 노숙은 누군가가 유방과 힘을 합쳐 항우를 제압한 한신韓信의 역할을 수행할 것으로 예상한 것이다.

한신의 책사 괴철의 '천하삼분지계'

역사상 가장 먼저 '천하삼분지계'를 냈던 사람은 다름 아닌 한신의 책사 괴철蒯徹이었다. '괴철'은 흔히 '괴통蒯通'으로 불리나 이는 한무제 유철劉徹을 같은 뜻을 지닌 통通으로 바꿔 쓴 것이다. 초한전 당시 괴철은 한신에게 군사를 이끌고 자립해 항우의 초나라 및 유방의 한나라와 더불어 삼국정립의 상태를 만들 것을 권했다. 그러나 한신은 이를 듣지 않다가 끝내 유방의 부인 여후呂后의 암수에 걸려 미앙궁未央宮에서 죽임을 당했다. 당시 괴철이 건의한 '천하삼분지계'를 보면 대략 이렇다.

"당초 천하가 기의起義했을 때 모든 사람이 우려한 것은 오직 어떻게 해야 진나라를 타도할 수 있는가 하는 것뿐이었습니다. 그러나 지금 초한楚漢 두 나라가 다투자 천하의 백성들이 간과 쓸개로 땅을 칠하고, 부자父子의 해골이 들판에 방치돼 그 수를 헤아릴 수조차 없게 됐습니다. 초나라는 팽성彭城에서 기병한 후 사방에서 싸우며 패배한 적을 추격하는 기세로 승세를 타고, 자리를 말 듯 승리하며 그 위세를 천하에 떨쳤습니다. 그러나 지금은 경현과 색현 사이에서 포위된 까닭에 성고 이서의 산지에서 핍박을 받으며 더 이상 진공치 못하고 있습니다. 초나라 군사가 여기에 머문 지도 이미 3년이 지났습니다. 한나라 역시 10만의 군사를 이끌고 공현과 낙양에 근거해 험한 산과 황하에 기대고 있으나 하루에 수차례 출전하는데도 약간의 전공도 세우지 못한 채 좌절하여 스스로를 구하지도 못하고 있습니다. 이를 두고 바로 '지혜와 용기가 모두 바닥이 났다'고 하는 것입니다. 지금 백성들은 피로가 극에 달해 크게 원망하고 있지만 돌아가 의지할 곳이 없습니다. 신이 생각하건대 형세상 천하의 성인이 아니고는 천하의 화란을 종식시킬 길이 없습니다.

지금 한나라와 초나라의 운명이 그대에게 달려 있습니다. 그대가 한나라를 위하면 한나라가 승리하고, 초나라를 위하면 초나라가 승리할 것입니다. 실로 그대를 위한 계책으로 천하를 셋으로 나눠 3국이 공존하는 정족지세鼎足之勢를 이루는 것보다 나은 게 없습니다. 그러면 누구도 감히 먼저 움직일 수 없게 됩니다. 무릇 그대의 뛰어난 무략으로 제나라 땅을 토대로 조나라와 연나라를 복종시킨 뒤 초나라와 한나라의 병력이 없는 곳으로 출병해 그들의 후방을 제압하십시오. 이어 백성들의 기대를 좇아 서쪽으로 초나라와 한나라를 향해 '백성을 위한 정전停戰'을 외치십시오. 그러면 천하는 바람 불듯이 신속히 호응할 것입니다.

그 누가 감히 이 말을 듣지 않겠습니까? 큰 것은 자르고 강한 것은 약하게 하여 제후들을 세우십시오. 제후들이 서면 천하는 복종할 것이고, 그 공덕은 바로 제나라로 돌아올 것입니다. 제나라의 땅을 안정시켜 교수膠水와 사수泗水의 땅을 점거한 채 조용히 예모를 갖추면 천하의 제후들이 서로를 이끌며 제나라에 조현하러 올 것입니다.

제가 듣건대 '하늘이 주는 것을 받지 않으면 오히려 해를 입고, 시기가 이르렀는데도 행하지 않으면 오히려 재앙을 입는다.'고 했습니다. 원컨대 그대는 이를 깊이 생각토록 하십시오."

제갈량 못지 않은 통찰력의 노숙

여러모로 노숙의 '정족지계'와 제갈량의 '천하삼분지계'와 기본취지를 같이하고 있다. 삼국시대의 정황에 비춰 괴철의 '천하삼분지계'가 삼국시대 당시 노숙과 제갈량 등에게도 커다란 영향을 미쳤다고 보는 게 합리적이다. 객관적으로 볼 때 천하를 셋으로 쪼개는 계책은 노숙이 먼저 제기하고 이후 제갈량이 '융중대'에서 보다 구체화했다고 볼 수 있다. 실제로 노숙과 제갈량 모두 죽을 때까지 자신들이 구상한 계책을 실현키 위해 노력했다.

그렇다면 제갈량이 노숙의 '정족지계'를 참조해 '천하삼분지계'를 건의했을 가능성은 없는 것일까? 일각에서는 노숙과 제갈량의 구상은 그 시기 뿐만 아니라 내용 등에서 많은 차이가 있다는 점 등을 들어 이를 일축하고 있다. 그러나 노숙의 '정족지계'와 제갈량의 '천하삼분지계'는 서로 기본취지를 같이하고 있다. 제갈량이 먼저 나온 노숙의 '정족지계'를 참조했을 가능성이 높다. 물론 제갈량이 노숙의 견해를 참조했다고 해서 그가 '융중대'에서 제시한 '천하삼분지계'의 가치가 떨어지는 것도 아니다. 고금을 막론하고 시대를 앞서서 읽는 뛰어난 인재들의 생각에는 서로 공통되는 게 많다.

실제로 '정족지계'를 언급한 노숙의 속셈은 제갈량의 '융중대'를 방불케 하고 있다. 장차 유비가 한신의 역할을 수행하면 제2의 항우인 조조를 없앤 뒤 이내 한신의 역할을 한 유비까지 제거함으로써 손권을 중심으로 천하통일을 이루고자 한 게 그렇다.

유표가 죽자마자 손권의 동의를 얻어 형주를 유비에게 빌려줄 생각을 한 사실이 이를 뒷받침한다. 바로 초한전 당시의 상황을 재현코자 한 것이다. 그런 점에서 노숙 역시 제갈량 못지않게 뛰어난 선견지명先見之明의 통찰력을 지닌 인물이었다.

통일신라시대의 세다리솥
세 개의 다리로 균형을 유지하고 있다. 제갈량의 천하삼분지계는 위, 촉, 오 삼국이 서로 견제하며 균형을 이룬 상태를 의미한다.

제갈량처럼 앞서가라

04 '최적의 파트너'와 함께하라

수어계
水魚計

유비와 제갈량의 정호情好가 날로 깊어졌다. 관우와 장비 등이 기뻐하지 않았다. 유비가 그들에게 해명했다.
"나에게 공명이 있는 것은 마치 물고기가 물을 만난 것과 같다. 원컨대 그대들은 다시는 언급치 마라."
관우와 장비가 이내 불평을 그쳤다.

_「삼국지」「촉서, 제갈량전」

미래의 꿈을 이루기 위한 제갈량의 전략
 1) 나이와 세대를 초월하여 최적의 파트너를 찾아라
 2) 물과 물고기의 관계처럼 조화를 이루어라

161년생인 유비가 181년생인 제갈량을 만났을 때 유비의 나이는 47세, 제갈량의 나이는 27세였다. 관우와 장비는 출생년도가 확실치는 않으나 유비와 몇 살 정도밖에 차이가 나지 않기 때문에 모두 40대 정도의 나이였다. 도원결의로 만나 형제의 연을 맺고 생사고락을 같이 해온 관우와 장비 입장에서는 그들이 보기에 새파랗게 젊은 제갈량에게 빠져 있는 유비의 모습이 몹시 불만스러웠을 것이다

바깥에서 스카웃된 제갈량이 최고의 직위까지 오른 비결

① 오너인 유비가 이너서클의 불만을 강력히 차단
② 솔선수범과 공평무사함으로 제갈량이 조직에 충성함

그때 유비가 도원결의를 맺은 관우와 장비의 불평을 그치게 한 것은 바로 제갈량의 능력을 높이 평가하며 자신과 제갈량의 군신관계를 물고기와 물의 만남인 수어지교水魚之交에 비유한 덕분이다. 만일 유비가 이런 강력한 표현을 동원해 불평을 잠재우지 않았다면 관우와 장비의 불평은 이내 제갈량에 대한 비판과 비난으로 이어졌을 것이다. 이는 관우와 장비가 소인배라서 그런 게 아니다. 인지상정人之常情이 그렇다.

원래 '수어지교'는 제환공과 관중의 만남에서 시작됐다. 춘추시대에 새로운 패자가 등장할 때마다 이런 만남이 계속 이어졌다. 진문공과 조최趙衰, 초장왕과 손숙오孫叔敖, 오왕 합려와 오자서伍子胥, 월왕 구천과 범여范蠡의 만남이 그렇다. '춘추오패'의 일원으로 꼽는 진목공이 백리해百里奚를 만난 것도 같은 경우로 파악한다.

새로운 패자가 나타날 때마다 '수어지교'의 만남이 이뤄진 것은 결코 우연으로 볼 수 없다. 세상이 넓기에 아무리 뛰어난 능력을 지닌 지도자라도 현명한 신하의 보필이 없으면 천하를 도모하기가 어렵기 때문이다.

주목할 것은 동서고금을 막론하고 외부의 인재가 새로이 가담해 승진을 거듭하게 되면 거의 예외없이 '거짓으로 꾸며 헐뜯는讒毁' 현

제갈량처럼 앞서가라

상이 나타나는 점이다. 이 경우 외부에서 영입된 대다수 인재는 기존세력의 '거짓으로 꾸며 헐뜯는' 공세로 무너지고 만다. 사서에는 이런 사례가 무수히 실려 있다. 원래 기존세력은 '굴러온 돌이 박힌 돌을 뺀다'는 우리말 속담처럼 외부의 인재가 들어와 승승장구하는 것에 불만을 품을 수밖에 없다. 그게 인지상정이다.

외부에서 유입돼 승승장구하는 신하를 흔히 '기려지신羈旅之臣'이라고 한다. '기려지신'은 말 그대로 '나그네 신하'이다. 유비 집단에서 보면 제갈량은 어디까지나 기려지신에 불과하다. 특히 유비와 도원결의를 맺은 관우와 장비의 입장에서 보면 더욱 그렇다.

박힌 돌보다 강력해진 굴러온 돌

기려지신은 늘 불안할 수밖에 없다. 전폭적인 신임을 보내며 보호막 역할을 하던 주군이 죽을 경우 거의 비참한 최후를 맞이한 이유다. '굴러온 돌'에 대한 '박힌 돌'의 시기와 질투가 그만큼 강하다는 반증이기도 하다.

대표적인 인물로 전국시대 중엽 서쪽 변경의 진秦나라를 천하제일의 부강한 나라로 만든 상앙商鞅을 들 수 있다. 전국시대 당시 진秦나라는 중원의 서쪽에 있는 일개 제후국에 불과했다. 심지어 중원의 제후들은 진나라를 서융西戎의 일원으로 낮춰 보았다. 부국강병을 통해 이런 한계를 돌파한 인물이 바로 진효공秦孝公이다. 이는 기려지신 상앙의 보필이 있었기에 가능했다. 훗날 진시황의 천하통일도 이때 기반이 만들어진 덕분이다.

『사기』「상군열전」에 따르면 상앙은 기원전 390년에 중원의 약소국 위衛나라에서 태어났다. 부친은 위나라의 공자 출신이었으나 그는 첩의 아들이었다. 신분세습의 봉건질서 하에서 공경대부의 적통 입장에서 볼 때 서얼庶孽 출신은 거추장스러운 일종의 혹에 지나지 않았다. 상앙도 어렸을 때 차별대우를 받으며 커다란 울분을 느꼈을 것이다. 그가 훗날 일련의 변법을 과감히 밀어붙인 것도 이런 출생 배경과 관련이 있다.

그는 어렸을 때부터 남달리 총명했다. 난세의 시기에 써먹을 수 있는 학술은 유가가 아닌 법가라는 사실을 통찰한 그는 법가의 일종인 형명학形名學을 좋아했다. 제갈량이 유비를 만나기 전에 '형명학'을 깊숙이 연마한 것과 닮았다.

원래 '형명학'은 명분과 실상이 부합하는지 여부를 따지는 일종의 명실론名實論으로 궁극적으로는 법의 적용에 공평을 기하려는 취지에서 나온 것이다. 법의 엄격한 적용이 전제되고 있는 까닭에 통상 이를 '형명학刑名學'으로도 표현한다. 전국시대 말기에 한비자라는 걸출한 인물이 나와 법가사상을 집대성할 때까지 '형명학'은 곧 법가사상을 대신하는 용어로 사용되었다.

최상급의 용기는 분별력이다.

– 셰익스피어 William Shakespeare

스카웃된 상앙은 왜 몰락했을까?

위나라에서 진나라로 간 상앙

기원전 361년, 상앙은 그간 머물던 위나라를 떠나 진나라로 갔다. 천하의 인재를 널리 구하는 진효공의 구현령求賢令 소식을 들은 결과다. 진효공이 주현령을 발표하자 천하의 인재들이 구름처럼 몰려들었다. 당시 천하형세를 살펴보면 우선 황하와 화산華山 이동에는 강력한 6국이 있었고, 회수淮水와 사수泗水 사이에는 10여 개의 소국이 존재했다. 6국 중 초나라 및 위나라가 진나라와 접경하고 있었다. 『자치통감』은 진효공의 출현 당시 상황을 이같이 분석해 놓았다.

"중원의 제후국들 모두 진나라를 이적으로 간주해 배척했다. 진나라는 중원에 있는 제후국들의 연합에는 참여하지 못했다. 이에 진효공이 분노하여 진나라를 부강하게 만들고자 했다."

이는 진효공이 상앙의 변법變法을 받아들여 일대 개혁을 단행한 배경을 설명한 것이다. 기원전 359년, 진효공의 지은知恩을 입은 상앙은 자신이 평소 생각한 변법의 구상을 담은 개혁안을 정식으로 제출했다. 개혁안의 작성에 약 2년의 시간이 걸린 셈이다. 그러나 반발이 만만치 않았다.

상앙이 진효공에게 말했다.
"무릇 백성은 함께 시작을 논의할 수는 없고, 다만 함께 성공을 즐길 수 있을 뿐입니다. 지덕至德을 논하는 사람은 속인과 어울리지 않고, 대

제갈량처럼 앞서가라

공大功을 이루고자 하는 사람은 많은 무리들과 계책을 논하지 않습니다. 그래서 성인은 실로 나라를 강하게 만들고자 할 때 굳이 과거의 기준을 답습하지 않았던 것입니다."

대부 감룡甘龍이 반대했다.

"그렇지 않습니다. 성인은 백성의 관행을 바꾸지 않고도 가르치고, 지혜 있는 자는 법을 바꾸지 않고도 가르칩니다. 백성을 가르치는데 특별히 힘을 들이지도 않았는데 성공할 수 있는 것은 관리들이 이미 법에 익숙해져 있고, 백성들 또한 이를 편히 생각하기 때문입니다."

상앙이 반박했다.

"대부 감룡의 말은 구태의연한 말에 지나지 않습니다. 속인은 옛 풍속을 편하게 생각하고, 학자는 옛 소문에 구애받습니다. 이들을 관원으로 삼아 법을 지키는 것은 가합니다. 그러나 이들과는 법 이외의 다른 일을 더불어 논할 수 없습니다. 3왕은 사용한 예가 달랐지만 왕업을 이뤘고, 5패는 사용한 법이 달랐지만 패업을 이뤘습니다. 지혜로운 사람은 법을 만들지만 어리석은 자는 이를 고수합니다. 현명한 사람은 예를 바꾸지만 불초한 자는 예에 얽매입니다."

그러나 두예杜摯가 감룡을 옹호하고 나섰다.

"이익은 백 가지를 넘지 않으니 법을 바꾸지 않고, 공은 열 가지를 넘지 않으니 무기를 바꾸지 않습니다. 옛 법을 좇아야 허물이 없게 되고, 옛 예제를 좇아야 삿됨이 없게 됩니다."

상앙이 반박했다.

"세상을 다스리는 길은 하나의 길만 있는 게 아닙니다. 나라의 실정에 좇아야 하니 옛 법을 고수해서는 안 됩니다. 그래서 상나라 탕왕과 주나라 무왕은 옛 법을 좇지 않았기에 새 왕조를 세웠고, 하나라 걸桀과 은나라 주紂는 옛 예제를 바꾸지 않았기에 망한 것입니다."

진효공이 상앙을 칭송했다.

"참으로 훌륭한 말이오."

그리고는 마침내 상앙을 좌서장左庶長으로 삼았다. 이는 상경上卿에 해당하는 진나라의 고관직이었다. 진효공은 드디어 상앙에게 힘을 실어 주기로 작심하고 나선 것이다. 이때 진효공이 군신들에게 이같이 분부했다.

"앞으로 나라의 모든 정사는 좌서장의 명대로 시행할 것이다. 명을 어기는 자가 있으면 추호도 용서치 않을 것이다."

상앙은 곧바로 기존의 낡은 제도와 질서를 뜯어고치기 시작했다. 그의 변법은 백성들의 자발적인 참여를 이끌어내는 데 초점이 맞춰져 있었다. 일반 백성들에게 새로운 기회를 대거 제공하기 위해서는 세족들의 낡은 특권을 타파해야 했다. 세족들의 반발은 진효공이 앞에 나서 막았다.

상앙의 변법으로 천하제일강국이 된 진나라

상앙의 변법은 크게 두 차례에 걸쳐 실시되었는데, 진효공이 사망하는 시기까지 총 21년 동안 지속했다. 그 효과는 막대했다. 진나라가 천하제일의 강국이 되고, 백성들이 안심하고 생업에 종사하며 최고의 전투력을 갖추게 된 비결이 모두 여기에 있다. 이것이 훗날 진시황이 천하 통일을 이루는 데 초석이 된 것은 말할 것도 없다.

제1차 변법 당시 새 법령이 반포된 지 1년이 되자 진나라 도성의 백성들 중 새 법령이 불편하다고 말하는 자가 매우 많았다. 태자 사駟도 새 법령에 대해 불평을 털어 놓았다. 그러던 중 문득 태자가 법을 위반하는 일이 생겼다. 이 얘기를 전해들은 상앙은 단호히 대처했다.

"태자가 법을 지키지 않는다면 어찌 법을 시행할 수 있겠는가? 태자를 그대로 놓아두면 법을 어기는 것이 된다."

곧 진효공을 찾아가 이를 보고하며 처리방안을 제시했다. 진효공이 이를 승낙하자 이내 이같이 하령했다.

"태자의 죄는 그 스승들이 태자를 잘못 지도했기 때문이다. 태자의 스승 공자 건虔을 코를 베는 의형劓刑에 처하고, 태자의 교관 공손 가賈를 얼굴에 먹을 뜨는 묵형墨刑에 처하도록 하라."

이후로는 아무도 법령을 비판하는 자가 없게 되었다. 시간이 지나자 진나라 백성들 중에는 새 법령이 이내 편하다고 말하는 자가 나오게 되었다. 그러자 상앙이 이같이 하령했다.

"이 또한 법령을 어지럽히는 자들이다."

그리고는 새 법령에 대해 비판하는 자들은 물론 칭송하는 자들까지 모두 부중으로 잡아들이게 했다. 상앙이 이들을 크게 꾸짖었다.

"새 법령을 두고 불평한 자들은 법령을 어긴 것이고, 칭송한 자들은 법령에 아부한 것이다. 모두 훌륭한 백성이라 할 수 없다. 이들을 모두 명부에 기록하고 변경의 수졸戍卒로 보내도록 하라."

이로써 법령에 대해 언급하는 사람이 사라지게 되었다. 이후 진나라에서는 백성들이 길가에 떨어진 물건을 줍지 않는 것은 물론 분에 넘치는 물건을 함부로 주고받지 않게 되었다. 도둑도 완전히 사라지고 말았다. 창고마다 곡식이 가득 차게 되었다. 백성들은 전쟁에는 용감하나 사적인 싸움에는 겁을 먹게 되었다.

그러나 불행하게도 이 과정에서 상앙은 태자 사와 적대적인 관계가 되고 말았다. 당시 태자 사는 상앙에 대한 원한을 마음 속 깊이 담아 두고 있었다. 이게 훗날 상앙에게 부메랑이 되어 돌아왔다. 변법을 확실히 시행하기 위해 태자까지 희생양으로 삼은 것은 나름 일리가 있으나 상앙 개인의 입장에서 볼 때는 보다 신중한 모습을 취할 필요가 있었다. 태자 사를 미리 설득해야 했으나 상왕은 이를 소홀히 했다. 변법에 대한 지나친 믿음이 화를 부른 셈이다.

기원전 350년, 마침내 함양 궁궐이 완공됐다. 진효공은 이내 길일을 택해 곧 역양에서 함양으로 천도했다. 상앙은 천도 작업이 끝나자마자 제2차 변법을 시행했다.

함양으로 천도한 지 2년 뒤인 기원전 348년, 농지의 면적에 따라 세금을 부과하는 부세법賦稅法을 제정해 곧바로 시행에 들어갔다. 이는 황무지를 남김없이 개간하기 위한 조치였다. 이 제도는 모든 전답을 국유로 정했다. 농지는 사방 6자가 1보步, 사방 2백50 보가 1무畝로 정해졌다. 이 규정을 어기거나 속임수를 쓰는 자가 있으면 토지를 몰수당했다.

또 정령반포와 군사이동의 신속성을 확보하기 위해 사방으로 길을 뚫고 징세의 공정성을 기하기 위해 도량형의 표준을 정했다. 부피를 재는 두斗, 통桶 6되들이 사각 통, 무게를 재는 권權, 형衡과 함께 일종의 저울, 길이를 재는 장丈, 척尺 등이 하나로 통일되었다. 훗날 진시황이 천하를 통일한 뒤 도량형을 통일한 것은 상앙의 도량형 조치를 완성한 것이나 다름없다.

진효공이 상앙의 변법 덕분에 서쪽의 패자로 군림하면서 동쪽 제위왕齊威王과 중원의 패권을 놓고 치열한 신경전을 전개할 당시 남방의 전통적인 강국 초나라는 크게 위축된 모습을 보이고 있었다. 이는 초선왕楚宣王이 중원 진출보다는 소극적인 방어로 일관했기 때문이기도 하다. 그러나 초선왕의 뒤를 이은 초위왕楚威王으로 즉위하면서 상황이 달라졌다. 초위왕은 부왕과 달리 제나라와 정면으로 자웅을 겨뤄 중원에 대한 패권을 되찾고자 했다. 초나라가 성장의 기운을 보일 때 공교롭게도 진효공이 세상을 떠났다. 기원전 338년의 일이다. 상앙이 진나라로 들어온 지 24년째 되는 해이다.

진효공의 죽음과 함께 몰락한 상앙

진나라는 진효공의 죽음으로 바야흐로 상앙의 변법을 계속할 것인지를 결정해야 하는 중대한 기로에 서게 되었다. 일찍이 초나라는 초도왕의 죽음을 계기로 일거에 오기의 변법을 물거품으로 만든 바 있다. 초나라는 광대한 영토와 수많은 인구를 보유했음에도 불구하고 천하통일의 주역이 될 수 있는 절호의 계기를 상실한 것이다.

상앙의 변법은 모든 면에서 『오자병법』의 저자인 전국시대 초기 오기의 변법과 닮았다. '기려지신' 출신인 상앙과 오기 모두 기득권 세력을 권력에서 과감히 몰아내 커다란 원망을 자초한 점에서 아무 차이가 없었다. 다만 상앙은 순수한 법가인데 반해 오기는 법가사상에 기초한 병가였다는 점만이 달랐을 뿐이다. 불행하게도 상앙은 오기의 전철을 밟고 말았다. 앞서도 말했듯이 태자 사의 원한을 산 게 결정적이었다.

그러나 진나라는 초나라와 다른 모습을 보였다. 태자 사는 진혜문왕秦惠文王으로 즉위한 뒤 변법의 주역인 상앙을 곧바로 제거하기는 했으나 상앙이 생전에 공들여 이뤄놓은 변법만큼은 그대로 유지했다. 이게 훗날 진시황이 천하를 통일하는 디딤돌이 되었다. 여기에는 당시 진나라가 초나라와 달리 기득권층이 상대적으로 엷었던 점이 크게 작용했다. 진나라로서는 운이 좋았던 셈이다.

당시 진효공의 죽음을 가장 애통하게 생각한 사람은 말할 것도 없이 상앙이었다. 상앙 역시 변법의 선구자인 오기가 초도왕의 죽음을 계기로 비참한 최후를 맞이한 일을 몰랐을 리 없다. 실제로 그는 오기의 전철을 밟지 않기 위해 모든 노력을 경주했다. 그러나 그 역시 '기려지신'의 한계를 절감할 수밖에 없었다. 그를 비난하는 자들이 너무 많았던 것이다.

상앙은 자신의 모든 노력이 수포로 돌아가자 이내 야음을 이용해 함곡관을 벗어난 뒤 곧바로 위나라를 향해 달아났다. 위나라의 관문을 지키는 관원이 급히 조정에 보고하자 위혜왕이 일갈했다.

"이 자는 지난날 공자 앙을 유인해 서하 땅을 빼앗아 갔다. 내가 어찌 한시라도 그 자를 잊을 리 있겠는가? 즉시 그를 밖으로 내쫓도록 하라.

제갈량처럼 앞서가라

우리 손에 피를 묻힐 이유가 없다."

위나라로 도망가다 실패하여 반역한 상앙

상앙은 부득불 봉지인 상어 땅에서 반기를 들었다. 무리를 이끌고 북상해 정현鄭縣 섬서 화현을 쳤다. 그러나 그는 병법가가 아니다. 결국 변변히 싸워 보지도 못하고 함양으로 압송되었다. 진혜문왕이 그의 죄목을 열거한 뒤 곧바로 명령을 내렸다.

"거리로 끌어내 거열형에 처하라."

그의 일족 역시 한 사람도 남김없이 모두 주살됐다. 당시 그의 나이 50세였다. 상앙 역시 오자서와 마찬가지로 뛰어난 지략을 지니고 있었음에도 불구하고 공을 이루어 성취한 뒤에는 물러나야 하는 '공성신퇴'의 이치를 깨닫지 못했다. 상앙의 비참한 최후는 후세인들로 하여금 그의 변법에 대해 많은 회의를 품게 만들었다.

「상앙열전」의 평가가 그 실례이다. 사마천은 오기와 달리 그를 전혀 동정하지 않았다. 천성적으로 간교한 성정을 지녔다고 보았기 때문이다. 그러나 이는 지나치다. 그의 비참한 최후와는 별개로 그의 변법은 만세의 귀감으로 남을 만하다. 난세 타개를 위한 최상의 방략을 실천적으로 보여주었기 때문이다. 단지 변법의 시행과정에서 후계자인 태자 사와 적대적 관계를 만든 것이 그의 인생 최대의 패착이었던 것이다.

제갈량은 상앙처럼 '기려지신'에 해당한다. 제갈량이 시행한 일련의 개혁정책 역시 상앙의 변법을 닮았다. 그가 유비의 촉한에서 정승의 자리에 오를 수 있었던 것도 유비가 '수어지교'를 전면에 내걸고 '이너서클'의 불평불만을 차단하며 강력한 보호막을 자처한 덕분이다.

다행히 그는 유비 사후에도 건재했다. 오히려 사실상의 촉한 황제 역할을 대신했다. 여기에는 진혜문왕으로 즉위한 진秦나라 태자 사와 달리 유비를 이은 유선이 어렸던 데다가 유선과 적대적이지 않았던 점 등이 두루 작용했다. 그러나 그것보다는 제갈량의 검박하고 공평무사한 행보와 뛰어난 충성심에서 답을 찾는 게 옳을 것이다. 결국 제갈량과 유비는 세상에 자신의 꿈을 펼치는 길에 가장 강력하면서도 최적의 관계로서 파트너 역할을 한 것이다.

제갈량처럼 앞서가라

05 '최적의 파트너와 깊은 신뢰'를 쌓아라

고굉계
股肱計

장무 3년인 223년 봄, 유비가 영안에서 병이 위독해지자 성도에 있는 제갈량을 불러서 뒷일을 당부하며 이같이 말했다.

"그대의 재주는 조비의 10배는 되오. 틀림없이 능히 나라를 안정시켜 끝내 대사를 이룰 것이오. 만일 내 뒤를 잇는 사자嗣子가 가히 보필할 만 하면 보필하고, 재능이 없다고 판단되면 그대가 스스로 취해도 좋소." 제갈량이 울면서 대답했다.

"신은 감히 온몸의 힘股肱을 다바치고, 충정의 절개를 다할 것입니다. 죽을 때까지 이를 이어나갈 것입니다."

유비가 또 조칙을 내려 후주 유선에게 말했다.

"너는 승상과 함께 일을 처리하도록 하고, 승상을 부친처럼 섬기도록 하라."

_「삼국지」「촉서, 제갈량전」

최적의 파트너 유비와 제갈량의 동업의 결과

1) 유비: 황실의 먼 친척일 뿐인 돗자리장수에서 촉한의 첫 황제가 됨
2) 제갈량: 산촌의 선비에서 촉한의 승상이 되고 역사 속의 별이 됨

제갈량이 온몸을 다 바치겠다고 했던 '고굉股肱'은 직접적으로는 다리와 팔이라는 뜻이다. 여기서 다리와 팔같이 중요한 신하라는 뜻의 고굉지신股肱之臣과 다리와 팔의 힘을 뜻하는 고굉지력股肱之力 성어

가 나왔다. '고굉지신'은 군주가 가장 신임하는 신하, '고굉지력'은 온몸의 힘을 가리킨다. 제갈량의 삶은 한마디로 선주 유비와 후주 유선을 위해 온 몸을 던져 충성한 '고굉지신'의 생애였다. 2인자 리더십의 전형에 해당한다. 이는 21세기에도 그대로 적용되는 매우 중요한 덕목이다. 20세기에도 유사한 행보를 보인 인물이 있다. 바로 모택동이 세운 '신 중화제국'의 승상 역할을 했던 주은래다. 그의 삶은 제갈량과 상당히 닮았다.

대를 이어 나라와 군주에 충성을 했던 제갈량

21세기의 중국인들은 정부의 강력한 산아제한 정책으로 인해 소위 '소황제'만 바라보고 사는 소가족 형태로 살고 있다. 그러나 이는 원래 중국의 역사문화 전통과 동떨어진 것이다. 중국인들은 전통적으로 증조부, 조부, 아버지, 아들, 손자 등 5대가 한 집에서 한솥밥을 먹고 사는 이른바 '5세동당五世同堂'을 가장 행복한 것으로 여겼다.

중국의 역대 왕조를 통틀어 이를 실현한 황제는 오직 청대 중기의 건륭제밖에 없다. 재위기간만 해도 60년이 넘었던 그는 88세까지 살았다. '5세동당'은 감히 꿈꾸기가 어려웠던 까닭에 서민들은 '4세동당'을 최고로 쳤다. '5세동당'이든 '4세동당'이든 기본적으로 장수해야만 가능한 일이다. 장수는 건강이 뒷받침돼야 한다. 동양에서 전통적으로 수壽, 부富, 심신의 건강인 강녕康寧, 군자의 삶인 유호덕攸好德, 명대로 살다 죽는 고종명考終命의 5복 중 '강녕'을 가장 기본적인 복으로 꼽는 이유다. 이와 관련해 중국인들 사이에 유행하는 우스갯소리가 있다.

제갈량처럼 앞서가라

임표는 술과 담배를 모두 멀리해 63세에 죽었고,

주은래는 술은 가까이하고 담배를 멀리해 73세에 죽었고,

모택동은 술은 멀리하고 담배를 가까이해 83세에 죽었으며,

등소평은 술과 담배를 모두 가까이해 93세에 죽었고,

장학량은 술과 담배는 물론 여색도 가까이해 103세에 죽었다.

사실 이는 억지로 만든 말이지만 더 재미난 것은 그 뒤의 얘기다. 123세까지 장수하는 노파가 있어 〈인민일보〉 기자가 찾아갔다.

"할머니, 장수 비결이 어떻게 되세요?"

노파의 대답이 걸작이다.

"응, 담배는 건강에 좋지 않다니까 피우지 마. 나는 5년 전에 벌써 끊었어!"

임표는 횡사한 까닭에 '고종명'했다고 볼 수 없다. 주은래의 경우도 말년에 모택동의 허락이 떨어지지 않아 방광암수술을 2년이나 늦춰야 했다. 제때 수술을 받았다면 그 또한 더 오래 살았을 것이다. 모택동은 주은래가 자신보다 더 오래 살아 '중화제국'을 손에 틀어쥐는 것을 원치 않았던 것이다.

일평생 조국과 모택동을 위해 충성을 다한 주은래

그러나 주은래는 '대장정' 이후 죽는 그 순간까지 41년 동안 단 한 번도 얼굴을 찌푸리지 않고 충성스럽게 주군을 모시며 2인자의 역

할을 수행했다. 그의 이런 충성스런 삶은 삼국시대 당시 유비와 유선 2대에 걸쳐 분골쇄신의 자세로 충성을 다한 제갈량에 비유할 만하다. 때문에 중국인들이 중국의 전 역사를 통틀어 역대 최고의 '승상'으로 제갈량과 주은래를 꼽는 것이다.

이는 '중화제국'의 창업이 결코 모택동 혼자만의 힘으로 이뤄진 게 아니라는 점도 시사한다. 주은래를 뺀 모택동은 상상하기 어렵다. 당초 중국공산당이 성립할 당시만 해도 그는 모택동과 비교할 수도 없는 높은 위치에 있었다. 그는 중국공산당 내에서 최고의 명성을 얻고 있는 프랑스파의 우두머리에 해당했다. 그런 그가 '대장정'의 와중에 스스로 머리를 굽히고 모택동의 참모로 들어간 것이다.

그러나 이것이 훗날 인민들로부터 제갈량과 더불어 중국 역사상 가장 위대한 '승상'으로 떠받들어지는 배경이 되었다. 황제인 모택동이 왼쪽으로 지나치게 빠질 경우 적절한 조언과 충고로 일정부분 이를 견제하며 제자리로 돌아오게 하는 역할을 수행한 결과다. '황제'와 '승상'의 관계는 현대정치에서 대통령과 의회의 관계를 생각하면 쉽게 이해할 수 있다.

역사적으로 볼 때 황제와 승상은 속된 말로 '한 끗 차이'다. 마음 먹기에 따라서는 능히 황제를 제압할 수도 있다. 삼국시대 때 조조가 '승상'으로 있으면서 사실상 천하를 호령한 게 그 증거다. 정반대로 황제가 승상을 아예 무시할 수도 있다. 한무제 때 11명의 승상 중 6명이 주살을 당하고, 명태조 주원장이 승상을 주살한 뒤 아예 승상제도를 폐지한 게 그렇다. '중화제국'의 초대 황제 모택동과 최고의 승상 주은래는 대장정 과정에서 '군신지의君臣之義'를 맺은 이후 죽을 때까지 시종 긴장관계를 유지했다. '중화제국'의 창업주인 모택동을 검토할 때 반드시 그의 휘하에서 뛰어난 승상'으로 활약한 주은래를 검토해야만 하는 이유가 바로 여기에 있다.

중국인의 마음속에 영원히 살아 있는 인물 – 주은래, 제갈량
주은래는 물론이고 제갈량은 앞으로도 영원히 중국인의 마음속에 살아 있을 것이다. 이는 비단 중국인에 한한 것도 아니다. 『삼국지』를 통해 제갈량의 평생을 통한 충성과 신뢰의 자세에 감복한 사람들은 그에 못지않은 그의 삶을 알고 찬탄을 금치 못한다. 삼국시대에는 조조와 제갈량이 대립했지만, 20세기에는 조조에 해당하는 모택동과 제갈량에 해당하는 주은래가 협력해 '신 중화제국'의 기틀을 만들었다는 것이 다른 점이라고 할 수 있다.

모든 사업에서 가장 중요한 것은 파트너다. 국가든 기업이든 가정이든 어떤 조직에서도 마찬가지다. 가정에서 훌륭한 파트너로서 아내의 중요성에 대해서는 두말할 나위가 없을 것이다. 제갈량과 유비는 각자가 상대의 최적의 파트너로서 현실에서도 성과를 이루었을 뿐만 아니라 죽어서도 그 가치를 드높이고 있다.

당신도 생각해 보라. 가정을 비롯하여 당신이 속한 모든 조직에 최적의 파트너가 존재하는지.

중국의 현대사를 만든 혁명가 주은래

강소성의 미관말직 아버지에게 태어난 주은래

주은래는 광서 24년1898 3월 5일 강소성 회안淮安에서 태어났다. 장강과 황하를 잇는 대운하에 위치한 곳이다. 그의 부친 주이능周貽能은 주은래가 태어난 해에 과거에 합격했다. 아들의 이름을 '은래恩來'로 지은 이유다. 황은皇恩이 찾아왔다는 뜻이다. 어릴 때 이름은 대란大鸞이었다. 이는 생모 만씨萬氏의 태몽과 관련이 있다. 회안 일대의 방언으로 '란鸞'과 '람攬'이 발음이 비슷해 쉽게 잘 자란다는 뜻을 담고 있다.

주이능은 사회적으로나 직업적인 면에서 평범한 삶을 살고자 한 향신鄕紳이었다. 실제로 그의 부친은 미관말직을 전전하면서도 녹봉을 술 몇 잔 마시는데 쓰는 것으로 만족해했다. 주은래의 모친 만씨는 미모를 지닌 교양 있는 여성으로 명문가 출신이었다. 그녀는 그림이나 서예 같은 중국의 전통 예능에 조예가 깊었다. 독서도 많이 했다.

만씨의 친정 아버지가 주은래 출생 다음날 죽은 까닭에 만씨는 아들조차 제대로 돌볼 여유가 없을 정도로 크게 비통해했다. 그가 태어난 지 4달 쯤 되었을 때 백부 주이갱의 집에 양자로 보내진 것도 이런 집안 사정과 무관치 않았다. 주이갱은 중병을 앓는데다 후사가 없었던 까닭에 주은래를 친자식처럼 사랑했다.

당시 주이능은 매사에 책임감이 없었다. 주은래가 백부 집에서 생장한 배경이다. 훗날 그는 자신의 부친에 관해 이야기하면서 수백만 농민들이 생계를 유지하기 위해 땀을 흘리는 반면 편히 놀고먹는 관원들을 이같이 비판했다.

"부정부패가 아니라면 어떻게 그처럼 좋은 옷을 입고, 많은 가족을 먹여 살릴 돈을 마련할 수 있었겠는가. 얼마 안 되는 월급을 받는 지방관원이 말일세."

당대 최고의 2인자 주은래

어렸을 때 숙부 밑에서 성장한 제갈량과 사뭇 닮았다. 주은래는 생전과 사후를 막론하고 '영원한 2인자'라는 수식어가 붙곤 한다. 그러나 그는 '일인지하, 만인지상'의 권력을 즐기며 사리사욕을 탐한 여타 2인자들과 달랐다. 신생 '중화제국'의 기반을 튼튼히 하고 변덕이 심한 황제를 다독이면서 흔들리는 제국의 기둥을 바로 세운 당대 최고의 2인자였다. 삼국시대 당시 유비를 도와 촉한을 세우고 죽는 순간까지 유비의 유지를 잇기 위해 끝없이 북벌에 나선 제갈량과 비슷하다.

원래 그는 중국공산당 내에서 '엘리트 유학파'의 선두주자였다. 그러나 모택동이 중국혁명을 이끌 당대의 인물이라는 것을 발견하고는 곧 그에게 1인자 자리를 양보한 뒤 평생 충심으로 그를 보필했다. 그는 단지 보필하는데 그치지 않고 쫓겨난 등소평을 다시 등용케 만들어 마침내 중국을 G2의 일원으로 우뚝 서게 하는 결정적인 계기를 제공했다는 점에서 더 높은 평가를 받을 만하다.

중국의 현대사를 개관하면서 주은래를 뺀 모택동, 모택동을 뺀 주은래는 상상키가 어렵다. 미국의 저명한 중국통인 하버드대의 페어뱅크 교수가 중국의 모택동 시기를 '모택동·주은래 시대'로 부른 게 이를 뒷받침한다. 일찍이 닉슨 전 미국 대통령도 이런 말을 남긴 적이 있다.

"모택동이 없었다면 중국의 혁명은 결코 불붙지 않았을 것이다. 하지만 주은래가 없었다면 그 불길은 다 타서 재가 되고 말았을 것이다."

중국공산당의 건설, 항일연합전선 구축, 경제의 근대화, 제3세계를 대상으로 한 자주적인 외교, 지식인들과 문화에 대한 각별한 애정, 중국 내 소수민족 문제 등 그의 손길이 미치지 않는 분야가 없다. '치천하'에 서둘렀던 변덕스런 황제가 저질러 놓은 문화대혁명의 광란도 그의 헌신적인 노력으로 일정 수준 그 수위를 낮출 수 있었다. 홍위병들을 향한 일갈이 그 증거다.

"건국 이래 17년간, 당과 정부의 업무는 과오보다 성과가 많았다. 설령 방향과 노선을 잘못 제시한 과오가 있다고 해도 그것이 혁명을 하지 않았다거나 반혁명이라고 몰아붙일 수 없다."

중화제국의 실질적 기반을 다진 주은래

등소평이 앞장서 진행시킨 '4개 현대화' 노선은 이미 주은래가 제창한 것들이다. 시종 실용주의 노선을 견지한 그는 문학적 상상력이 풍부한 모택동의 공상을 현실에 맞게 수정하면서 모택동 이후까지 염두에 두고 '중화제국'의 기반을 다진 셈이다.

주은래의 삶은 여러 면에서 삼국시대 촉한의 제갈량과 닮아 있다. 제갈량이 「출사표」에서 밝혔듯이 온 몸을 내던져 주군에게 충성하고 나라에 보답하는 '국궁진췌鞠躬盡瘁'의 자세가 그것이다. 많은 사람들이 그에게서 커다란 감동을 받는 이유가 여기에 있다.

이와 관련한 유명한 일화가 있다. 그는 임종이 가까워진 밤 11시 혼

제갈량처럼 앞서가라

수상태에서 잠시 깨어나 천천히 주변을 돌아보더니 마침 주치의의 얼굴이 보이자 이같이 말했다.

"이제 내게는 더 볼 일이 없을 텐데 여기서 뭘 하고 있는 것이오. 다른 사람들이나 돌보도록 하시오. 그 사람들이야말로 여러분들이 필요한 사람들이오."

그는 외국손님과 만찬이 있는 날이면 늘 그 직전에 주방을 찾아가 준비상황을 꼼꼼히 살핀 뒤 주방장에게 국수 한 그릇을 말아 달라고 부탁했다. 손님을 초대했는데 배가 고픈 상태로 식탁에 앉으면 식사하느라 급급해 손님을 챙기는데 소홀할까 우려한 것이다. 그가 연회 때마다 늘 먹는 시늉만 하면서 손님을 접대한 이유다.

이런 세심한 배려가 있기에 그는 중국인뿐만 아니라 전 세계인의 사랑을 받는 것인지도 모른다. 실제로 그가 죽은 날 유엔도 그의 죽음을 애도하기 위해 반기를 내걸었다. 이는 그가 생전에 그 유명한 '6무六無'를 실천한 사실과 무관치 않다고 보아야 한다.

주은래의 '6무'

첫째, 죽으면서 흔적을 남기지 않는 사불류회死不留灰이다. 마치 고승들이 다비식을 통해 세상에 살다간 흔적을 아예 없애듯이 유해 자체를 전혀 남기지 않고자 한 것이다. 그는 여기서 한 발 더 나아갔다. 죽기 직전 이같이 당부했다.

"내가 죽은 후 화장해 유체를 논에 뿌려 달라. 죽어서도 농민들을 위해 논을 기름지게 만들고 싶다."

결국 유골을 빻은 재인 그의 골회骨灰는 경비행기에 실려 천진과 발해만 사이에 뿌려졌다. 그는 다른 사람이 자신의 유품을 기념물이나 유물로 취급하며 자신을 기리는 것도 바라지 않았다.

둘째, 살아서 자식을 남기지 않는 생이무후生而無後이다. 그의 아내 등영초는 '대장정' 와중에 유산이 돼 불임이 되었다. 등영초는 주은래에게 다른 여자와 결혼해 자식을 낳으라고 여러 번 말했다. 그러나 누구보다 아내를 사랑한 그는 이를 듣지 않았다. 그는 대신 항일전에서 고아가 된 열사들의 자녀를 자식처럼 키웠다. 심지어 고아들이 강제로 소련의 고아원에 보내졌을 때 스탈린과 담판해 소련에서 학습만 하고 절대 전선에 보내면 안 된다는 답변을 얻어내기까지 했다. 여러 사정이 있기는 했으나 아내를 4명씩이나 두고 주변의 수많은 여인을 탐한 모택동과 비교되는 대목이다.

셋째, 관직에 있으면서 드러내지 않는 관이무형官而無型이다. 이는 관직을 출세의 수단으로 삼지 않는 것을 말한다. 한번은 그가 출국한 뒤 옷들이 해져 중국대사관에서 보내 기워주기를 부탁한 적이 있다. 그의 내의를 본 대사의 부인이 경악했다. 그의 내의는 더 이상 기울 데가 없는 넝마에 가까웠다. 그는 중국의 위신을 고려해 밖으로 나갈 때는 항상 깨끗한 청색 중산복을 입었다. 그러나 중국에 들어오면 곧바로 해지고 기운 옷들을 입었다.

주은래의 집은 어둡고 낡은 단층집이다. 주위사람들이 보다 못해 수리할 것을 건의했으나 그는 돈이 든다며 거절했다. 사람들이 꾀를 내 그가 외출한 틈을 타 집을 수리하고 낡은 가구와 커튼을 갈아치웠다. 주은래가 돌아온 후 화를 내며 새 가구를 다른 사람에게 주고는 자신은 여전히 낡은 가구와 커튼을 썼다. 그는 뇌물에 대해 엄격했다. 한 번은 휘하 직원이 출장을 갔다가 남쪽의 신선한 부추 한 묶음을 갖고 와 그에게 선물했다가 크게 꾸지람을 받았다.

건국 초기 자신의 동생 주은도가 내무부에 근무하다 위병을 앓게 되자 곧바로 해직케 했다. 담당 관원이 머뭇거리자 '총리의 친척이라고 어떻게 공밥을 먹이느냐'며 화를 냈다. 그는 가족은 일체 국사에 관여하지 못한다는 규정까지 만들었다. '대'를 위해 '소'를 철저히 희생한 것이다.

넷째, 당에 있으면서 사사로움이 없는 당이무사黨而無私이다. 그는 '대장정' 때 5개의 요직을 겸임하고 있었다. 박고, 오토 브라운와 더불어 소위 '중앙3인'으로 있었다. 준의회의에서 그만이 박고 및 오토 브라운과 논쟁하며 당의 노선을 제정할 자격이 있었다. 그러나 그는 이를 모택동에게 선선히 넘겼다. 홍군 제1방면군과 제4방면군이 합류했을 때 장국도가 정권까지 내놓으라고 협박하자 자신이 맡고 있던 홍군 총정치위원 자리를 양보해 분열위기를 봉합한 적도 있다.

다섯째, 고생스럽게 일해도 원망치 않는 노이불원勞而不怨이다. 건국 후 '대약진운동' 때 유소기 및 진운 등과 함께 모택동의 오류를 시정하는데 애썼다. '문화대혁명' 때는 다른 사람들을 보호하기 위해 자신의 제2인자 자리를 임표에게 양보했다. 그는 모든 회의마다 검토의견서를 내며 모든 책임을 혼자 걸머지고자 했다. 모택동의 모험주의가 그나마 어느 정도 완화될 수 있었던 것은 전적으로 그의 공이다.

여섯째, 죽으면서 유언을 남기지 않는 사불류언死不留言이다. 그는 일생동안 고위직에 있었던 까닭에 모택동을 포함해 여러 사람의 남모르는 기밀을 많이 알고 있었다. 그러나 그는 임종 때 아무 말도 하지 않았다. 그는 전에 죽는 순간까지 말하지 말아야 할 것은 결코 입도 뻥긋하지 않았다.

스스로에겐 엄격하고 타인에겐 너그러웠던 주은래

그의 삶은 한마디로 공자가 『논어』에서 말하는 '군자'의 삶이었다. 장개석의 부인 송미령이 그를 접촉한 후 장개석에게 '우리에겐 왜 이런 인재가 없느냐'며 고함을 친 게 그 증거다. 모택동이 시종 공자를 반동으로 몰아가며 일면 방탕한 폭군의 모습을 보인 것과 대비된다.

미국도 그와 접촉한 후 그의 뛰어난 인품과 성실함에 놀라 존경해 마지않았다. 그가 죽었을 때 중국인민들이 모택동이 죽었을 때보다 더 슬퍼한 이유가 여기에 있다. 사실 중국의 전 역사를 통틀어 그처럼 스스로에게는 엄격하면서도 다른 사람에게는 너그럽고 온화한 '승상'은 그리 많지 않았다.

06 '파트너십의 다른 이름은 보완'이다

보 궐 계
輔闕計

유비는 제위에 오른 뒤 제갈량을 승상으로 임명하는 자리에서 황제가 발하는 문서인 책서策書를 통해 이같이 당부했다.

"짐은 집안의 불행을 만나 삼가 대통을 잇고 전전긍긍하는 긍긍업업兢兢業業을 하면서 감히 강녕康寧을 취하지 않고, 백성을 편안케 하고자 하나 능히 그러지 못할까 걱정하고 있다. 오희於戲! 승상 제갈량은 짐의 뜻을 이해하고, 나태함 없이 짐의 결점을 보완해 한실이 재차 빛을 발하는 중광重光을 통해 천하를 밝게 비추는데 도움을 주도록 하라. 군君은 힘쓰도록 하라!"

이어 제갈량으로 하여금 승상의 신분에서 녹상서사 직무를 행하도록 하고, 가절假節을 내렸다. 장비가 죽은 뒤에는 사예교위를 겸하도록 하였다.

_「삼국지」「촉서, 제갈량전」

제갈량은 어떻게 불과 40세의 나이에 최고 직위 승상이 되었는가?

1) 생명이 다할 때까지 파트너와의 신의를 지켰다
2) 파트너의 약점을 보완하며 사리사욕을 멀리했다

유비가 황제로 등극하면서 전권을 쥐게 된 제갈량

요즘으로 치면 승상은 국무총리, 녹상서사는 경제기획원 부총리, 가절은 합참의장, 사예교위는 서울시장 쯤에 해당한다. 유비는 촉한의 황제로 즉위하면서 그간 군사軍師 역할을 해온 제갈량을 총리에 임명하면서 경제기획원 부총리와 합참의장, 장비 사후에는 서울시장 자리까지 겸직케 한 것이다. 이토록 한 사람에게 많은 고위직을 맡도록 한 것은 매우 드문 일이다. 삼국 가운데 가장 약체인 촉한이 막출범할 당시의 특이한 상황을 감안한 조치로 보인다. 그러나 여기에는 제갈량의 재능과 충성에 대한 유비의 강력한 신뢰가 무엇보다 크게 작용했다고 보는 게 합리적이다.

원래 가절假節은 황제의 권한을 대행하는 것을 말한다. 여기의 가假는 임시로 황제의 권한을 행사한다는 의미이고, 절節은 황제의 신분을 대표하는 신표를 가리킨다. 한나라 초기에는 8척의 죽간에 깃털이나 쇠꼬리를 달았고, 후기에는 죽간 대신 쇠로 만든 것을 사용했다. 한나라 때는 가절과 지절持節, 사지절使持節, 가절월假節鉞 모두 명칭의 차이만 있을 뿐 권한에 아무런 차이가 없었다. 서진西晉 이후 권한이 구별됐다.

'가절'은 전시에 군령을 어긴 자만을 죽일 수 있다. '지절'은 평시에는 관직이 없는 자만을 죽일 수 있으나 전시에는 사지절과 권한이 같았다. '사지절'은 전시는 물론 평시에도 2천석 이하의 관원을 죽일 수 있었다. '가절월'은 평시와 전시를 막론하고 가절과 지절 및 사지절까지 죽일 수 있는 막강한 권한을 지녔다. 가황월假黃鉞로 불리기도 했다.

유비 사후까지도 충성을 다한 실질적 1인자 제갈량

결국 유비는 촉한의 건립 초기 제갈량에게 사실상 확고부동한 2인자의 자리를 만들어준 셈이다. 제갈량 역시 주군인 유비의 기대를 저버리지 않았다. 유비의 사후에도 군사 작전 중에 생명이 다할 때까지 주군인 유비의 뜻을 받들기 위해 후주 유선에게 끝없는 충성을 보이며 북벌에 매진한 것이다. 2인자 리더십의 전형이다.

2인자 리더십의 가장 중요한 덕목은 첫째도 충성, 둘째도 충성, 셋째도 충성이다. 그 다음으로 중요한 것이 바로 주군의 부족한 면을 채워주는 보필의 역할이다. 보필의 역할은 다양하다. 부인의 내조內助도 따지고 보면 보필의 일종이다. 다양한 유형의 '보필' 가운데 특별히 후계자에 대한 보필 등 국가대사와 관련한 정치적인 보필을 통상 보정輔政이라고 한다. 때문에 사서에서 '보정'을 행하는 대신을 보정대신輔政大臣으로 부른다.

제갈량의 길, 사마의의 길

제갈량은 삼국시대 당시 '보정대신'으로 활약한 가장 대표적인 인물이다. 위나라의 사마의도 생전에 '보정대신'으로 활약했다. 그러나 두 사람의 길은 확연히 달랐다. 제갈량은 온몸을 던져 충성하는 '국궁진췌'의 길로 나아갔고, 사마의는 비록 자식 대에 본격적으로 진행되기는 했지만 나라를 빼앗고 군주를 제거하는 '시군찬위弑君簒位'의 길로 나아갔다. 훗날 당태종은 사마씨의 나라인 서진西晉과 동진東晉에 관한 역사서 『진서晉書』를 편찬케 하면서 선제宣帝로 추존된 사마의에 대해 이런 평을 내렸다.

"사마의는 위문제 조비와 위명제 조예의 유조를 받들어 3대를 보좌했다. 군주를 보좌하는 마음이 어찌 앞에서는 충성스럽고 뒤에서는 모반을 꾀할 수 있단 말인가? 훗날 동진東晉의 명제가 조상에 관한 얘기를 얼굴을 숨기고 듣고 거짓과 위선으로 서진을 세운 일을 부끄럽게 여긴 이유다."

똑같은 '보정대신'의 역할을 했는데도 제갈량과 사마의에 대한 후대인의 평가는 이처럼 극명하게 갈린다.

당태종의 지적처럼 사마의는 손자인 사마염이 비록 삼국시대를 마무리 짓고 서진을 건립했지만 21세기 현재까지 세인들의 지탄을 받고 있다. 보위에 오르는 게 중요한 게 아니라 후대의 평이 더 중요하다는 얘기다. 제갈량이 대표적인 경우다. 그는 죽은 뒤 세인들의 칭송이 더욱 높아져 자신이 주군으로 모시던 유비보다 더 큰 명성을 누리고 있다.

⚜

나폴레옹이 이런 말을 했다.
"자기가 할 수 있는 모든 것을 하는 것은 인간이 되는 것이요, 자기가 하고 싶은 모든 것을 하는 것은 신이 되는 것이다."

제갈량은 자신이 할 수 있는 모든 힘을 다해 천하통일을 위해 노력했지만, 궁극적으로 자신이 하고 싶은 모든 것을 다했다고 볼 수 있다. 그래서 후대의 사람들이 그를 통찰력을 가진 '지혜의 신'이라고 부르는 것이다.

홀륭한 언어의 문법은 사리분별력이다.
– 미겔 데 세르반테스 Miguel de Cervantes Saavedra

TO THE CORE

핵심은 사물의 가장 중심이 되는 부분이고, 요체要諦는 거기서 가장 중요한 사항이다. 실질적인 전쟁 과정에서도 적의 핵심을 타격한다는 것은 적군 조직의 두뇌부분을 타격(공격)하여 전체를 마비시키거나 와해시키는 것을 의미한다.

제갈량은 젊은 시절 다른 사람들과 달리 큰 줄기를 보고 한번에 전체를 파악해 핵심과 요체를 잡아내는 공부와 훈련에 집중했다. 때문에 동시대의 누구보다 시대의 흐름을 꿰뚫고, 상대의 요체를 간파하는 능력이 뛰어났던 것이다. 이 장에서는 그 모습에 주목해서 살펴본다.

2

핵심을 간파하고
요체를 잡아라

07 '상대의 속마음을 간파'하라

황초 2년인 221년, 신하들이 존호尊號를 칭할 것을 권했으나 유비가
허락하지 않았다. 제갈량이 말했다.
"옛날 후한이 건국할 당시 오한과 경엄 등이 세조인 광무제에게 즉위
할 것을 권하자 광무제가 앞뒤로 모두 4번 사양합니다. 경순이 진언하
기를, '천하 영웅이 매우 우러르며 흠모하는 것은 바라는 바가 있기 때
문입니다. 만일 여러 사람의 건의를 따르지 않으면 사대부들은 각자
근거지로 돌아가 주인을 찾아 나서며 주공을 좇지 않을 것입니다.'라
고 했습니다. 광무제는 경순의 말에 심오한 이치가 있다고 느껴 마침
내 승낙했습니다. 지금 조조가 한나라를 찬탈해 천하에 주인이 없게
되었습니다. 대왕은 황실인 유씨의 혈통으로서 그 대를 잇기 위해 일
어난 까닭에 지금 제위에 오르는 게 마땅합니다. 사대부들이 대왕을
따라 오랫동안 고생한 것 또한 경순의 말처럼 조금이라도 바라는 바
가 있기 때문입니다."
유비가 이에 제위에 오르게 됐다.

_ 「삼국지」 「촉서, 제갈량전」

제갈량처럼 앞서가라

파트너 유비의 속마음을 대신하며 황제로 등극시킨 제갈량의 명분

 1) 적군 조직의 수장 조조가 한나라를 찬탈하여 주인이 없어짐
 2) 아군 조직의 신하들에게 새 왕조 수립으로 공훈을 보상해야 함

마침내 유비가 촉한의 1대 황제로 등극하다

유비가 제위에 오른 것은 조비가 마침내 한나라를 대신한 위나라 황제의 자리에 오른데 따른 것이었다. 조조를 한나라 왕실의 적으로 몬 유비의 입장에서는 논리상 보위에 오르는 게 당연한 일이었다. 그럼에도 선뜻 보위에 오르지 않은 것은 겸양을 드러내기 위한 것이다. 모든 왕조의 창업주는 이런 모습을 보였다. 조비는 말할 것도 없고 유비의 뒤를 이어 보위에 오른 손권 역시 이런 모습을 보였다. 조비가 한헌제로부터 왕위를 받은 시점은 위나라 황초 원년인 220년 10월 13일이다.

　당시 한헌제는 한고조 유방의 사당에 나아가 제사를 올린 후 행行어사대부 장음張音에게 부절을 든 채 새수璽綬와 조서를 기록한 책인 소책紹冊을 받들어 위왕 조비 앞으로 나아가게 했다. 선양의 취지를 전하고자 한 것이다. 조비가 내심 기뻐하며 해당 관원에게 한헌제 명의의 선양 조서를 읽게 했다.

　조비가 왕랑을 시켜 자신은 박덕하니 달리 어진 사람을 구해 대위를 잇게 하라는 표문을 지어 올리게 했다. 한헌제가 조비의 표문을 보고 매우 의아하여 신하들을 돌아보며 물었다.

"위왕이 사퇴하니 어찌하면 좋겠소?"

화흠이 건의했다.

"전에 위무왕 조조가 왕작王爵을 받을 때에도 3번 사양한 후 받았습니다. 폐하가 다시 조서를 내리면 좋을 것입니다."

다시 선양의 조서를 쓰게 한 뒤 다시 장음에게 부절을 주어 옥새를 받들고 위왕의 궁으로 가게 했다. 가후가 위왕 조비에게 말했다.

"다시 한 번 장음에게 새수를 도로 가져가라고 명한 뒤 화흠에게 일러 천자로 하여금 대를 쌓게 하고 이름을 수선대受禪臺라 붙이게 하십시오. 이어 길일을 택해 대소 관원들을 모두 수선대 아래 모이게 한 뒤 천자로 하여금 친히 새수를 받들어 천하를 전하께 물려드리도록 하십시오. 그러면 여러 사람들의 의혹도 풀리고 뭇 사람들의 공론도 그칠 것입니다."

조비가 이를 좇았다. 황초 원년인 220년 10월 29일, 한헌제가 위왕 조비에게 수선대 위로 오를 것을 청한 뒤 보위를 받게 했다. 친히 옥새를 받들어 건네자 조비는 이를 받았다. 한헌제의 시종이 선양의 조서를 다 읽자 조비가 곧 새수를 받고 보위에 앉았다. 이에 대소 관원들이 수선대 아래서 '만세'를 외치는 이른바 산호山呼를 하며 경하慶賀했다. 조비가 불을 피워 천지를 비롯해 산과 강하인 악독嶽瀆에 제사를 올렸다. 이어 국명을 대위大魏로 짓고, 연호를 연강에서 황초黃初로 바꾼 뒤 천하에 대사령을 포고했다.

조비는 보위에 오른 지 이틀 뒤 한헌제를 산양공에 봉했다. 산양공에게 한나라의 정삭正朔을 쓰고 천자의 예악을 사용할 수 있도록 허락한 뒤 산양공의 네 아들을 모두 열후에 봉했다. 이어 위무왕 조조를 무제로 추존하고, 묘호를 태조라고 했다. 재상의 명칭도 바꿨다. 상국相國을 사도司徒, 어사대부御史大夫를 사공司空으로 고쳐 임명했다. 산양공의 두 딸을 빈으로 삼았다.

당시 익주에 있던 한중왕漢中王 유비는 조비가 낙양에 궁전을 세운 뒤 한헌제를 시해했다는 내용의 잘못된 소식을 들었다. 그는 이를 사실로 알고 곧바로 대소 관원들로 하여금 모두 상복으로 갈아입을 것을 명한 뒤 한헌제에게 효민황제孝愍皇帝의 시호를 올렸다. 그는 크게 우울해 하다가 마침내 병을 얻게 되자 모든 정무를 제갈량에게 맡겼다. 제갈량은 태부 허정許靖과 태자가령太子家令 초주譙周 등과 함께 유비를 황제로 옹립하는 방안을 모색했다. 초주가 유비를 찾아가 말했다.

"근자에 상서로운 바람과 경사스런 구름이 이는 등 길조가 잇따르고 있습니다. 속히 황제의 자리에 올라 한나라의 대를 이을 조짐입니다."

제갈량은 초주의 발언이 있은 후 허정과 함께 대소 관원들을 이끌고 들어가 표문을 올려 유비에게 황제의 자리에 오를 것을 청했다. 유비가 즉위를 거부했다. 이때 제갈량이 즉위하지 않을 경우 사대부들이 각자 자신의 근거지로 돌아가 새 주인을 찾아 나서며 유비를 좇지 않을 것이라는 식으로 겁을 주며 속히 즉위할 것을 촉구했다.

유비가 마침내 허락했다.

황초 2년(221) 4월 6일, 제갈량이 백관들을 시켜 난가鑾駕로 유비를 모셔오게 했다. 유비가 단에 올라 천지에 제사를 지낸 후 제갈량이 올리는 새수를 받아 자리에 앉았다. 단 아래의 백관들이 만세를 부르자 곧바로 천하에 대사령을 내리고 연호를 장무章武로 바꿨다. 이어 제갈량을 승상, 허정을 사도에 임명한 뒤 대소 관료들도 일일이 벼슬을 높여주고 상을 내렸다.

이로써 유비는 조비가 위나라 황제로 등극한지 꼭 4달 뒤에 한나라의 황제로 등극했다. 후세 사가들은 유비의 한나라를 이전의 후한과 구분하기 위해 이를 촉한蜀漢으로 불렀다. 그러나 당시에는 그저 대한大漢으로 불렀을 뿐이다. 진수와 사마광은 『삼국지』와 『자치통감』을 저술하면서 유비를 선주先主 내지 한주漢主 또는 촉주蜀主로 불렀다. 유비는 촉한의 황제로 즉위한 후 왕비 오씨吳氏를 황후, 장남 유선을 태자, 차남 유영을 노왕魯王, 3남 유리를 양왕梁王으로 삼았다. 또 유선을 위해 거기장군 장비의 딸을 태자비로 삼았다. 이를 두고 사마광은 『자치통감』에서 이같이 평했다.

"진秦나라의 분서갱유가 있은 후 한나라가 흥기하자 학자들이 5덕五德의 상생상극 이론을 끌어다가 진나라를 잠시 나타났다 사라진 비정통 왕조인 윤위閏位로 간주하여 목덕木德과 화덕火德의 사이에 두고 이는 '패'일 뿐 '왕'이 아니라고 하였다. 이로써 정통왕조인 정위正位와 윤위의 논쟁이 크게 일어나게 되었다. 한나라가 무너져 3

국이 정치鼎峙 한 후 진晉 나라가 나타났다가 주도권을 잃고 5호五胡가 중원에서 대란을 일으키자 유송劉宋과 북위北魏 이래 남북이 분립하여 따로 역사서를 쓰게 되었다. 이로써 서로 폄하하고 배척하니 남조는 북조를 변발을 한 오랑캐인 색로索虜, 북조는 남조를 섬 오랑캐인 도이島夷로 불렀다. 이후 후량後梁을 세운 주온朱溫이 당나라를 대신하자 사방이 분열하게 되었다. 후당後唐을 세운 이존욱李存勖이 변경卞京에 들어와 주온을 하나라를 찬탈한 유궁씨有窮氏와 신新나라를 세운 왕망王莽에 비유하며 이전의 역법과 기년법을 모두 버리고 쓰지 않았다. 이는 모두 제멋대로 생각한 편협한 비유로 대공大公의 통론이 아니었다. 한나라가 제위를 위魏 나라로 전했다가 다시 사마씨의 진晉나라로 이어진 것에 근거해 보면 진나라는 남조 송宋나라로 제위를 전한 뒤 진陳나라에 이르러 수隋나라가 제위를 취했다고 볼 수 있다. 당唐나라는 제위를 후량後梁에 전했는데 후주後周에 이르러 마침내 대송大宋이 제위를 잇게 되었다고 할 수 있는 것이다. 이로써 보면 부득불 조씨의 위魏나라와 남조 송宋나라와 제齊나라, 양梁나라, 진陳나라를 비롯해 당나라 이후의 후량後梁과 후당後唐, 후진後晉, 후한後漢, 후주後周의 연호를 사용하여 각 나라의 일을 기록하지 않을 수 없는 것이다. 이는 이것을 높이고 저것을 폄하하거나 정위와 윤위의 논리를 가지고 기록하는 것이 아니다. 촉나라의 소열제昭烈帝 유비는 비록 중산정왕의 후예임을 자처했으나 족친관계가 너무 소원하여 몇 대 후손인지와 신분이 어떠했는지 등에 관해 전혀 알 길이 없다. 이는 마치 남조의 송고조宋高祖 유유劉裕가 한나라 때의 초원왕楚元王의 후예임을 자처하고 남당南唐의 열조烈祖 이승李昇이 당나라 때의 오왕 이각李恪의 후예임을 자처한 것과 같아 그 시비를 가리기가 매우 어려운 것이다. 따라서 그를 두고 감히 전한을 이은 후한의 광무제光武帝와 서진을 이은 동진의 원제元帝 등에 비유하여 한나라의 정통을 이었다고 말할 수는 없는 것이다."

사마광은 유비의 촉한을 정통으로 인정하기 어렵다는 입장을 나타낸 것이다. 한헌제가 위문제 조비에게 선양한 만큼 정통성이 위나라에 있다고 보았기 때문이다. 『자치통감』이 위나라를 정통으로 삼은 이유다. 진수의 『삼국지』도 마찬가지이다.

그러나 성리학을 집대성한 남송의 주희는 이와 정반대로 보았다. 조씨의 위나라는 강압적으로 한나라를 찬탈한 까닭에 정통으로 볼 수 없다고 본 것이다. 주희가 『자치통감』의 요약본인 『통감절목』을 저술하면서 촉한의 연호를 사용한 것은 이 때문이다. 후한의 정통성이 유비로 이어졌다고 본 것이다. 사마광과 극명한 대조를 이룬다. 말할 것도 없이 제갈량은 주희의 입장에서 유비의 즉위를 촉구한 것이다.

여기서 주목할 것은 제갈량이 '사대부들이 대왕을 따라 오랫동안 근고勤苦한 것은 척촌지공尺寸之功이라도 얻고자 한 것일 뿐입니다.'라고 언급한 대목이다. 이는 자그마한 공이라도 이뤄 벼슬과 명예를 얻고자 하는 인간의 호명지심好名之心을 통찰한 결과다. '호명지심'은 이익을 향해 무한 질주하는 호리지성好利之性 못지않게 강렬하다. 특히 난세의 경우 더욱 그렇다. 법가사상을 집대성한 한비자는 이를 통찰했다. 이를 뒷받침하는 『한비자』「궤사」의 해당 대목이다.

"지금 세인들은 군주의 자리를 업신여기며 권력을 우습게 여기는 자를 두고 고상하다고 말하고, 군주를 낮춰보며 벼슬을 마다하는 자를 현명하다고 말하고, 이익을 무시하며 위세를 가벼이 여기는 자를 진중하다고 말하고, 법령을 따르지 않고 하고 싶은 바대로 행하는 자를 충실하다고 말하고, 명예를 숭상하며 관직에 나가지 않는 자를 정절이 뛰어난 열사라고 말하고, 법을 가벼이 여기고 형벌이나 사형의 중벌도 피하지 않는 자를 용사라고 말한다. 지금 백성들이 명성을 추구하는 것이 이익을 추구하는 것보다 그 정도가 훨씬 심하다. 상황이 이럴진대 선비 가운데 먹을 것이 없어 극도의 빈궁에 빠진 자가 어찌 도인을 흉내 내 깊은 산속으로 들어가 수행하는 방식으로 명성을 다투려 들지 않겠는가? 세상이 제대로 다스려지지 않는 것은 신하들로 인한 게 아니라 군주가 다스리는 도를 잃었기 때문이다."

대영제국의 전성기를 이룬 19세기 빅토리아 여왕에 관한 이야기다. 한번은 빅토리아 여왕과 남편인 앨버트 공이 사소한 일로 부부 싸움을 하게 되었다. 화가 난 남편 앨버트 공은 자신의 방으로 들어가 문을 잠궈버렸다. 여왕이지만 아내였던 빅토리아는 미안한 마음에 남편의 방문을 노크했다.

"누구세요?"
"빅토리아 여왕입니다."
"......"

빅토리아 여왕은 또다시 방문을 노크했다.
"누구십니까?"
"영국 여왕 빅토리아입니다."
"......"

대답은커녕 방문도 열지 않는 남편의 태도에 화가 난 빅토리아 여왕은 집무실로 돌아가 한참 고민하다가 다시 남편의 방으로 가서 노크를 했다.
"누구십니까?"
"당신의 아내입니다."
그러자 방문이 열렸다.

이렇듯 마주하는 상대의 속마음을 아는 것은 매우 중요하다. 더구나 큰 사업을 함께 만들어 가는 파트너의 속마음을 아는 것은 그 사업의 성패를 가를 수도 있다. 제갈량은 조직의 수장인 유비의 속마음도 알아주고 조직의 부하들의 속마음도 잘 챙겼기 때문에 지금까지도 지혜의 신이라 불리는 것이다.

08 '위기엔 창의적 대안'을 마련하라

사급계
事急計

유비는 번성樊城에서 유종이 조조에게 투항한 소식을 들었다. 곧바로 부대를 이끌고 남쪽으로 갔다. 제갈량이 서서徐庶와 함께 그를 따랐다. 조조의 추격을 받아 패주하는 과정에서 서서의 모친이 포로로 잡혔다. 서서가 유비에게 작별을 고한 뒤 자신의 가슴을 가리키며 말했다.

"제가 본래 장군과 함께 왕업과 패업을 꾀하려 한 것은 사방 1치 되는 심장인 이곳 방촌지지方寸之地에 있습니다. 지금 벌써 노모를 잃어 '방촌지지'가 혼란스럽습니다. 장군의 사업에 도움이 되지 않는 까닭에 여기서 작별을 고하고자 합니다."

그러고는 조조가 있는 곳으로 갔다. 유비가 하구에 이르자 제갈량이 말했다.

"사태가 급합니다. 청컨대 명을 받들어 손권 장군에게 도움을 구하고자 합니다."

_ 「삼국지」 「촉서, 제갈량전」

효성이 지극했던 제갈량의 친구 서서

제갈량이 융중에서 나와 서서와 함께 유비의 책사로 활약하던 초기의 상황을 언급한 것이다. 『삼국연의』는 이 대목에서 덧칠을 해 놓았다. 이에 따르면 조조가 형주를 손에 넣을 당시 책사 정욱이 조조에게 이같이 건의한 것으로 묘사해 놓았다.

"서서는 효성이 지극한 사람으로 어려서 부친을 여의고 노모를 봉양하고 있었으니 승상이 그 모친을 허도로 모셔다 놓고 편지로 그 아들을 불러오게 하면 서서를 이리로 부를 수 있을 것입니다."

조조가 이를 허락하자 정욱은 날마다 서서의 모친을 찾아가 문안을 드리고 수시로 선물을 보내면서 그때마다 꼭꼭 자필로 편지를 써서 함께 보냈다. 서서의 모친도 역시 친필로 답서를 보냈다. 정욱은 서서 모친의 필적을 흉내 내 가짜 편지 한 통을 꾸민 뒤 심복을 시켜 신야현에 있는 서서에게 전하게 했다. 내막을 모르는 서서는 정욱이 만든 가짜 편지를 읽고 이내 유비에게 가 조조가 있는 곳으로 돌아갈 뜻을 전했다. 이때 유비의 책사 손건이 유비에게 은밀히 말했다.

"주공은 그를 붙들어두고 보내지 마십시오. 조조는 그가 가지 않으면 필시 그의 모친을 죽이고 말 것입니다. 그러면 그는 반드시 모친의 원수를 갚기 위해 있는 힘을 다해 조조를 칠 것입니다."

유비가 반대했다.
"그것은 안 될 말이오. 남을 시켜서 그 모친을 죽이게 하고 내가 그 아들을 쓴다는 것은 어진 일이 아니오. 그리고 그를 붙들어 두고 가지 못하게 해서 남의 모자간의 천륜을 끊는다는 것도 의롭지 못한 일이오. 나는 차라리 죽으면 죽었지 인의에 어긋난 일은 결단코 하지 않겠소."

여러 사람들이 유비의 관인한 인품에 크게 놀랐다. 유비는 아쉬움을 달래며 서서와 헤어졌다. 이때 길을 떠나던 서서가 갑자기 급하게 말을 달려 되돌아와 유비에게 이같이 말했다.

"제가 마음이 하도 산란하여 그만 한 말씀 여쭐 것을 잊었습니다. 이 근처에 제갈량이라고 하는 천하의 기재가 양양성 20리밖 융중에 살고 있으니 사군께서 부디 찾아가 주십시오. 만일 그 사람을 얻게 되면 주나라가 여상을 얻고 한나라가 장량張良을 얻은 것과 다를 바가 없을 것입니다."

유비가 크게 기뻐했다. 서서가 제갈량을 천거한 뒤 다시 유비와 작별하고 서둘러 떠나갔다. 조조는 서서가 당도한 것을 알자 즉시 순욱과 정욱 등 모신들에게 분부해 그를 맞아들이게 했다. 서서가 조조에게 배사하고 나온 뒤 모친을 찾아가 인사를 하며 울자 모친이 깜짝 놀라 물었다.

"네가 어째서 여기에 왔느냐?"
서서가 대답했다.
"근자에 신야에서 유예주를 섬기다가 어머님의 서신을 받고 밤을 도와 찾아온 것입니다."
서서의 모친이 크게 노해 손으로 책상을 치며 꾸짖었다.
"이 못난 자식아, 네가 여러 해 동안 강호로 떠돌아다니기에 나는 그래도 네 학업이 얼마쯤 되는 줄 알았더니 어째서 도리어 처음만도 못하단 말인가? 너는 글을 읽었으니 모름지기 충효가 양전兩全할 수 없음을 알 것이다. 그래 조조가 천하의 역적임을 네가 모른단 말이냐? 네가 유예주를 이미 섬겼으면 주인을 바로 얻은 것인데, 이제 한 장의 가짜 편지를 받고는 자세히 살펴보지도 않고 명군을 버리고 암군을 찾아와 스스로 악명을 취하니 참으로 어리석은 놈이다. 내가 무슨 낯으로 너와 서로 보랴. 너는 조상을 욕되게 하고 부질없이 천지간에 살아 있는 놈이다."

그러고는 병풍 뒤로 들어갔다. 얼마 안 되서 사람이 달려 나와 알렸다.
"노부인께서 대들보에 목을 매셨습니다."
서서가 황망히 구원하러 들어갔으나 그때는 이미 모친의 숨이 끊어진 뒤다. 서서는 모친의 장례를 치르면서 몸은 비록 조조의 진영에 있지만 마음은 유비에게 있어 종신토록 한마디도 하지 않겠다고 다짐했다. 이때 유비는 삼고초려를 하며 제갈량을 만나게 된다.

제갈량을 유비에게 천거한 서서
이상이 『삼국연의』에 나오는 개략적인 내용이다. 정욱이 가짜 서신을 보내 서서를 불러들이고, 서서가 유비와 작별하면서 제갈량을 천거했다는 내용 등은 모두 허구이다. 말할 것도 없이 조조를 폄하하고 유비와 제갈량을 미화하기 위해 끼워 넣은 것이다.
『삼국지』「위서, 정욱전」 등을 통해 확인할 수 있듯이 정욱은 가짜 서신을 만들어 서서에게 보낸 적이 없고, 그럴 필요성도 많지 않았다. 조조 곁에는 이미 서서를 능가하는 기라성 같은 책사들이 즐비했다. 객관적으로 볼 때 서서는 모친이 조조에게 잡혀 있는 것을 알고 스스로 유비를 찾아간 게 확실하다. 서서의 모친이 돌아온 서서에게 화를 내며 유비를 버리고 왔다는 이유로 자살할 일도 없었다. 오히려 조조의 휘하로 온 것을 반겼을지도 모를 일이다.

당초 서서가 유비에게 투신한 것은 유비가 형주의 유표에게 몸을 의탁해 신야에 머물 때이다. 그는 유비와 헤어지기 전에 이미 유비에게 제갈량을 천거했다. 비록 짧은 기간이기는 하나 제갈량이 세상에 나온 이후 그와 함께 유비의 책사로 활약했다. 그럼에도 나관중은 제갈량을 돋보이게 만들기 위해 『삼국연의』에서 서서가 유비의 곁을 떠난 시점을 1년이나 앞당겨 놓은 것이다.

원래 서서가 조조에게 귀순한 이래 조비가 황제로 등극한 이후인 황초 연간까지 계속 관직에 있으면서 우중랑장과 어사중승 등의 고위직을 역임했다. 서서가 위나라에서 행한 구체적인 활약은 기록이 없어 확인할 길이 없다. 그러나 당시의 정황에 비춰 조조를 위해 열심히 일했을 가능성이 크다. 동문수학한 석도石韜와 맹건孟建이 조조에게 귀의한 이후 헌신적으로 일한 사실이 이를 뒷받침한다. 그런 점에서 형주에서 함께 수학했던 동료들 가운데 오직 제갈량만이 유비를 위해 끝까지 헌신한 셈이다.

그런데 앞의 인용문에서 주목할 것은 유비가 조조에게 쫓겨 허겁지겁 하구에 이르렀을 당시 제갈량이 '사태가 급합니다. 청컨대 명

제갈량처럼 앞서가라

을 받들어 손권 장군에게 도움을 구하고자 합니다.'라고 언급한 대목이다. 당시 유비는 매우 위급한 상황에 처해 있었다. 손권이 도와주지 않을 경우 이내 역사무대에서 퇴장할 수밖에 없었다. 손권을 끌어들이는 방안을 제시한 것은 탁견이다. 비록 노숙과 주유 등이 손권의 설득작업에 가세하기는 했으나 제갈량의 적극적인 설득작업이 없었으면 손권이 유비를 적극 돕고 나섰을지 의문이다. 제갈량의 책사로서의 진면목이 드러난 대목이다.

고금을 막론하고 모든 계책은 위급할 때 효력을 발휘한다. 제갈량이 초미지급焦眉之急의 위기에 처한 유비를 위해 손권을 끌어들이는 방안을 제시한 게 그렇다. 범수와 제갈량 모두 위기 앞에 강했던 것이다. 위기가 기회인 이유는 위기가 변화의 국면이기 때문이다. 변화의 국면에서는 기초적인 정신력이나 체력이 강한 사람이나 조직이 두드러지게 앞서 갈 수 밖에 없다. 위기일수록 강해져야 하는 필연적인 이유다.

⋘⋘⋙⋙

이순신 장군에 관한 이야기다. 모함을 당해 감옥에 갇혔다가 풀려나 백의종군하다 이순신은 1597년 삼도 수군통제사로 복귀한다. 5개월여 이순신 장군이 없는 동안 조선의 수군은 참담한 상태로 바뀌어 있었다. 왜군은 원균이 이끄는 조선 수군을 칠천량 해전에서 격파하여 남해 바다를 장악했고, 마침내 전라도 곡창 지대까지 넘보고 있었다. 남원성, 전주성을 함락한 뒤 도성인 한양을 향해 쳐들어 오고 있었다. 선조는 다급해서 이순신에게 해전을 포기하고 육지 전투에 임하라고 명령을 내렸다. 그때 이순신이 올린 편지의 핵심은 다음의 내용이다.

"신에게는 열두 척의 배가 있습니다. 비록 판옥선의 숫자는 적지만, 죽기를 각오하고 나아가 싸운다면 왜군이 감히 조선 수군을 업신여기지 못할 것입니다."

그리고 이순신 장군의 그의 의지대로 얼마 안되는 배와 수군으로 그 열 배나 되는 133척의 일본 수군을 명량해협에서 맞아 싸워 31척의 적선을 격파하고 대승을 거두었다. 이것이 세계 해전사에 길이 남는 이순신 장군의 명량해전이다.

그런데, 이순신에게는 절체절명의 위기 속에서도 미리 준비된 대책이 마련되어 있었다. 첫째로 조선의 배는 판옥선으로 일본 수군의 배에 비해 속도가 빠르고 강했다. 두 번째로 조선의 수군에게는 천자총통이라고 하는 대포가 있었다. 이순신 부대는 빠름과 강함과 원거리 공격이라고 하는 대안이 마련되어 있었다. 역사의 한 페이지를 화려하게 수놓는 영웅들은 이렇듯 위기 앞에서 철저히 대안을 준비해 두고 있는 것이다.

기회가 주어지지 않는다고 불평하지 말라. 나는 적군의 침입으로
나라가 위태로워진 후 마흔 일곱에 제독이 되었다.

- 충무공 이순신

09 '강자 앞에서는 연합전선을 구축'하라

촉단계
促斷計

제갈량의 유세를 듣고 손권이 크게 기뻐하며 곧바로 주유周瑜와 정보
程普 및 노숙魯肅 등에게 명해 수군 3만 명을 이끌고 제갈량을 따라 유
비가 있는 곳으로 간 뒤 합력合力해 조조에게 대항케 했다.

_「삼국지」「촉서, 제갈량전」

천하삼분지계를 실현하는 제갈량의 전략

 1) 적 조조의 적 손권은 (일시적으로) 동지가 될 수 있다
 2) 강한 조조에 맞서서 그보다 약한 손권과 손을 잡는다

황건적을 진압하고 형식적으로라도 한헌제를 모시면서 조조는 더욱
강력해졌다. 조조는 군사적으로나 지리적으로나 요충지인 형주를
공격하려고 하였다. 아직 제대로 자리도 못잡고 세력도 기울어가는
유비로서는 절체절명의 위기가 아닐 수 없었다. 제갈량은 천하삼분
지계를 본격적으로 실현하고, 위기에 빠진 유비를 구하기 위해 손권
을 끌어들이는 방안을 건의했다. 당시 손권은 군사를 거느리고 사태
를 관망하고 있었다. 「제갈량전」에 따르면 제갈량이 이내 손권을 찾
아가 이같이 유세했다.

 "나라가 큰 난리에 빠지자 장군이 기병하여 강동에 웅거하게 되었

제갈량처럼 앞서가라

습니다. 유비께서는 한수 남쪽에 군사를 거둬 조조와 나란히 천하를 다투고 있습니다. 지금 조조는 황건적의 난을 진압하여 하북 일대를 이미 평정하고 마침내 형주까지 깨뜨려 그 위세가 온 나라를 진동하고 있습니다. 영웅이라도 군사를 쓸데가 없는 실정입니다. 유비께서 이곳까지 달려온 이유입니다. 장군은 역량을 헤아려 대처해야 할 것입니다. 만일 장군이 점거하고 있는 오월 땅의 군사로 조조와 능히 맞설 수 있다면 조기에 국교를 끊느니만 못합니다. 만일 그리할 수 없다면 어찌하여 무기를 내려놓고 갑옷을 묶어두어 조조를 섬기지 않는 것입니까? 지금 장군은 겉으로는 복종을 표방하는 명분服從之名에 기대고 있으나, 속으로는 잠시 미뤄두며 때를 기다리는猶豫之計 것입니다. 그러나 사태가 위급해진만큼 이제 결단하지 않으면 화가 머지않아 닥칠 것입니다."

손권이 말했다.

"만일 그대의 말과 같다면 유비께서는 어찌하여 끝내 조조를 섬기지 않는 것이오?"

제갈량이 대답했다.

"초한전 때 전횡은 제나라의 일개 선비 출신이었으나 한고조 밑에서 신하되기를 거부하며 자진하는 절의를 지킨 덕분에 굴욕을 당하지 않았습니다. 유비께서는 왕실의 후예이고, 걸출한 재능이 세상을 덮는 인물이고, 많은 선비들이 마치 강물이 바다로 흘러가는 것처럼 흠모하고 있습니다. 일이 성공하지 못하면 이는 하늘의 뜻입니다. 어찌 다시 조조의 신하가 될 수 있겠습니까?"

손권이 발끈해서 화를 내며 말했다.

"나는 오 땅과 10만 군사를 모두 들어 바치면서 남의 통제를 받을 수는 없소. 나의 계책은 이미 결정됐소. 유비가 아니면 조조를 감당할 자가 없소. 다만 지금 막 패한 직후라 과연 어떻게 지금의 어려움을 견뎌낼 수 있겠소?"

제갈량이 말했다.

"유비 군주의 군사는 비록 장판에서 패하기는 했으나 지금 부대로 복귀한 병사와 관우가 이끄는 수군 정예병을 합쳐 1만 명이 있습니다. 강하에 모인 유기의 병사 또한 1만 명보다 적지는 않을 것입니다. 조조의 군사는 먼 길을 오느라 몹시 지쳐 있습니다. 듣건대 유비 군주를 추격하기 위해 기병부대가 하루 밤낮에 300여 리를 달려왔다고 합니다.

이는 '강한 분노로 쏜 화살도 끝에 가서는 노나라에서 나온 얇은 비단도 뚫을 수 없다强弩之末, 勢不能穿魯縞'는 이치와 같습니다. 병법에서 이를 무시할 경우 반드시 지휘하는 장군을 좌절하게 만든다고 언급한 이유입니다. 조조가 이끄는 북방 출신 군사들은 수중전에 익숙하지 않습니다. 또 형주의 백성들이 조조에게 붙은 것은 병세로 핍박한 결과이지 마음으로 따르는 게 아닙니다. 지금 장군이 용맹한 장군에게 명령을 내려 수만 명의 군사를 이끌며 유비 군주와 함께 공동으로 모의하고 힘을 합쳐 공격하면 틀림없이 조조의 군사를 격파할 수 있을 것입니다. 조조는 군대가 패하면 틀림없이 북쪽으로 돌아갈 것이고, 그러면 형주와 오의 세력이 강대해져 마침내 3국이 서로 대립하는 양상鼎足之形을 이룰 수 있을 것입니다. 성공과 패배의 결정적인 계기成敗之機가 바로 오늘에 달려 있습니다."

설득으로 손권의 동의를 이끌어낸 제갈량

손권이 크게 기뻐하며 곧바로 주유와 정보 및 노숙魯肅 등에게 명해 군사를 이끌고 가 유비를 도와주게 했다. 상대의 결단을 촉구하는 제갈량의 적극적인 설득이 없었다면 불가능한 일이었다. 유세의 기본이치를 설명한 『귀곡자鬼谷子』「내편, 결물」에 이런 구절이 나온다.

"무릇 사안을 결단하여 처리하는 것決物은 사람들이 반드시 머뭇거리며 의심하는 까닭에 더욱 필요하다. 결단을 잘하는 자는 복을 부르고, 그렇지 못한 자는 화를 부른다. 결단을 잘하는 사람은 상대를 잘 유인해 실정을 정확히 파악한 연후에 결단하는 까닭에 미혹되거나 편견을 갖는 일이 없다. 결단은 이익을 동반해야만 한다. 이익을 동반하지 못하면 사람들은 이를 받아들이지 않는다. 결단할 때마다 이익을 동반하기 위해서는 반드시 남들이 예상치 못한 상황에서 기이한 결단을 할 줄 알아야 한다. 그러나 아무리 총체적으로 유리할지라도 그 안에 불리한 내용이 들어 있으면 사람들은 받아들이지 않는다. 결단으로 인해 사람들과 소원해지는 이유다. 결단이 실리失利 차원을 넘어 심지어 해를 끼치는 경우도 있다. 이는 일을 망치는 것이다."

매사가 그렇듯이 아무리 좋은 복안을 갖고 있을지라도 이를 실천에 옮겨야 효과를 볼 수 있다. 그러나 실천에는 크고 작은 리스크가 따르기 마련이다. 리스크를 감수할지라도 예상되는 이익이 커야만 사람들은 결단을 하게 된다. 『귀곡자』「결물」이 바로 이를 지적한 것이다.

제갈량은 이런 이치를 통찰했다. 유세 과정에서 "조조는 군대가 패하면 틀림없이 북쪽으로 돌아갈 것이고, 그러면 형주와 오吳의 세력이 강대해져 마침내 3국이 서로 대립하는 양상鼎足之形을 이룰 수 있을 것입니다.'라고 설득한 게 그렇다. 손권에게 확실한 이익을 제시해 보인 덕분에 손권의 결단을 이끌어낸 것이다.

도덕을 앞세워 설득하는 것은 일견 그럴듯하기는 하나 자칫 역효과를 낼 수 있다. 겉으로만 응하고 속으로는 '거부'할 가능성이 크다. 전국시대 말기 열국의 군주들이 인의仁義를 들먹이며 호통을 치는 맹자 앞에서 별다른 이의를 제기하지 않은 채 '차비'를 쥐어주며 속히 다른 곳으로 내보낸 게 그 증거다. 인의도덕을 전면에 내세우면 아무리 난세일지라도 이를 정면에서 반박하기가 어렵다. 그러나 살벌한 각축전을 벌이고 있는 열국의 군주들이 정작 큰 관심을 기울이는 것은 바로 나라의 이익國利이나 군주의 이익君利이다. 「결물」에서 '이익을 동반하지 못하면 사람들은 이를 받아들이지 않는다.'고 역설한 이유다.

전국시대 당시 열국의 군주 앞에서 눈앞에 보이는 이익을 제시해 성공적인 유세를 벌인 대표적인 인물로 소진을 들 수 있다. 그는 같은 시기에 활약한 병가 및 법가 등과 비교할 때 몇 가지 특징적인 면을 보여 주었다.

첫째, 매우 우회적인 화법을 구사했다. 최상의 결과보다는 객관적 정세를 고려한 차선책에 만족한 결과다. 적절한 균형점을 찾아내는 능력을 중시하며 방법이나 절차에 따른 윤리 문제는 고려하지 않았다. 이상보다 현실을 중시하는 전형적인 '현실론자'의 모습이다. 21세기의 정치협상이나 군사외교 협상, 비즈니스 협상의 기본원칙과 하등 다를 게 없다.

둘째, 열국을 자유롭게 오가며 사적인 인맥을 적극 활용했다. 최고의 '정보 네트워크'를 구축한 것에 비유할 수 있다. 이들은 당시의 기준에서 볼 때 가장 풍부하고도 참신한 정보를 보유하고 있었다. 서로 우의를 다지면서 각자의 지식과 정보를 교환한 덕분이다. 군주가 마음에 맞지 않거나 자신을 제대로 대접해주지 않으면 이내 다른 나라로 옮겨가 세 치 혀로 열국 군주의 기대에 부응할 수 있었던 이유가 바로 여기에 있다.

제갈량이 손권을 찾아가 유세한 것과 닮았다. 손권으로 하여금 "나는 남의 통제를 받을 수는 없소."라고 호언하게 만든 것 역시 소진이 구사한 격지이언激之以言 계책을 적극 활용한 덕분이다. 제갈량은 흔히 법가로 분류되기도 하지만 손권을 설득하는 일련의 과정을 보면 당대의 종횡가로 손꼽을 만하다.

설득과 협상 관련 분야의 현대적 고전이 된 로버트 치알디니의 책
『설득의 심리학』에 보면 설득의 기본적 조건으로 상대방의 마음을
사로잡는 6원칙을 제시한다.

1. 상호성의 원칙 2. 일관성의 원칙 3. 사회적 증거의 원칙 4. 호감
의 원칙 5. 권위의 원칙 6. 희귀성의 원칙 등이 그것이다.

제갈량이 오나라로 찾아가 손권과 그 부하들에게 유세하는 과정
에는 『설득의 심리학』에서 제시하는 설득과 협상의 실전적 적용이
적나라하고 생생하게 드러난다.

제갈량은 당대 최고의 설득과 협상의 전문가로 위기에 빠진 유비
를 구함과 동시에 그 협상의 결과로 손권과의 연합전선을 형성하여
강력하던 조조에게 막대한 타격을 가하게 되는 적벽대전을 승리로
이끄는 것이다.

합종책으로 전국시대를 풍미했던
소진의 유세술 7단계

소진의 유세술은 21세기의 글로벌 비즈니스 현장에서도 그대로 적용할 만해서 좀 더 상세히 소개한다.

첫째, 열지이예說之以譽이다. 이는 『귀곡자』「비겸」에서 말하는 것처럼 먼저 상대방을 칭찬하여 기분을 띄워주는 것을 말한다. 소진의 유세 내용을 보면 '나라의 강성함과 대왕의 현명함'이라는 말이 상투어처럼 거론된다. 예외가 없다. 유세할 때는 반드시 상대방을 띄워준 뒤 말문을 열어야 한다.

둘째, 협지이해脅之以害이다. 이는 '열지이예'와 정반대되는 것이다. 『귀곡자』「오합」에서 말한 것처럼 이익으로 유혹한 뒤 자신의 충고를 좇지 않을 경우 어떤 해가 미칠 것인지를 언급하며 은근히 협박하는 것을 말한다. '대왕이 진을 섬기면 진은 반드시 의양과 성고를 요구할 것입니다. 금년에 그것을 떼어주면 내년에 또 다른 땅을 요구할 것입니다. 떼어줄 땅이 더 없는데도 진은 계속 요구할 것입니다. 그러다 줄 것이 없게 되면 진은 쳐들어올 것입니다. 진나라를 섬겨 땅을 떼어주어도 기다리는 것은 파멸 밖에 없습니다.'고 언급한 게 그렇다.

셋째, 시지이성示之以誠이다. 이는 『귀곡자』「벽합」에서 상황에 따라 자신의 마음을 열어 정성을 보여주어 상대가 속마음을 털어놓도록 만드는 계책이다. 소진은 유세할 때 단락이 끝날 때마다 '대왕을 위해 애석하게 생각한다' '대왕을 위해 부끄럽게 생각한다' '대왕을 좀 더 일찍 만나지 못한 것이 후회스럽다'는 등의 표현을 구사했다. 상대는 이런 얘기를 들으면 자신을 위해 정성을 다한다는 느낌을 받게 된다.

넷째, 명지이세明之以勢이다. 이는 『귀곡자』 「양권」이 언급한 것처럼 천하대세를 명확히 파악한 뒤 유세를 함으로써 유세를 주효케 만드는 계책이다. 지세와 군사력의 현황을 구체적으로 분석한 뒤 시의에 부합하는 건의를 할 때 효과적이다. 소진은 초나라에서 유세할 때 '진나라에 대해 초나라만큼 위협적인 나라는 없다. 초가 강해지면 진은 약해지고 진이 강해지면 초가 약해진다. 두 세력은 절대 양립할 수 없다'는 식으로 언급했다. 이것이 정확한 정세분석에 기초한 것임은 말할 것도 없다. 초나라가 합종책에 동의한 배경이다. 상대방이 스스로를 과대평가할 때 정신을 차리게 만드는 효과가 있다.

다섯째, 유지이리誘之以利이다. 이는 『귀곡자』 「마의」에서 언급했듯이 상대를 이익으로 유혹하는 계책이다. 소진은 합종에 동의할 경우 구체적으로 어떤 이익이 뒤따를 것인지를 은근히 암시하는 수법을 구사했다. 『사기』와 『전국책』의 기록에 따르면 그는 조나라 군주가 목욕을 즐기며 휴양하는 것을 좋아하자 열국의 휴양지 시설을 언급하며 은근히 부추겼다. 초나라 군주가 음악과 여자를 좋아한다는 것을 알고 각 나라의 뛰어난 음악과 미인들을 거론하며 그의 침을 마르게 했다.

여섯째, 격지이언激之以言이다. 이는 『귀곡자』 「췌정」이 강조하듯이 자존심을 건드려 격동시키는 계책이다. 병법의 격장지계激將之計와 닮았다. 소진은 한나라에서 유세할 때 '이제 대왕이 서면하여 진나라를 섬기니 바로 쇠꼬리가 된 것이 아니고 무엇입니까?' 이렇게 말로 한나라 군주를 분격시켰다. 한나라 군주는 칼을 뽑아가며 진나라를 더 이상 섬길 수 없다고 고함쳤다.

일곱째, 결지이력決之以力이다. 이는 『귀곡자』 「결물」에서 역설했듯이 상대가 우물쭈물하며 결단하지 못할 때 강하게 밀어붙여 결단케 만드는 계책이다. 대개 일이 마무리될 즈음 방심하거나 긴장을 풀어버려 그간의 노력이 허사가 되는 경우가 많다. 결심을 확고히 하지 못한 탓이다. 소진은 마지막 순간까지 상대가 결단하지 못하고 망설이는 눈치를 보이면 그 속셈을 읽고 거듭 설득해 자신의 뜻을 관철시켰다.

이를 통해 소진이 보여준 일련의 행보는 『귀곡자』에 나오는 책략 및 유세술과 서로 긴밀히 통하고 있음을 알 수 있다. 주목할 것은 반드시 이익을 앞세워 상대를 설득하는 유지이리誘之以利의 계책을 빠뜨리지 않은 점이다.

10 '유사시의 계획(PLAN B)도 마련'해두라

재외계
在外計

 유표劉表의 장남 유기劉琦가 앞으로 대처할 방안을 묻자 제갈량이 대답했다.

"군君은 춘추시대 중엽 진헌공晉獻公의 태자 신생申生이 나라 안에 있다가 위험하게 되고, 공자 중이重耳가 나라 밖에 있어 안전하게 된 것을 보지 못했습니까?"

유기가 문득 그 의미를 감지하고 이내 은밀히 밖으로 나갈 계획을 세웠다.

_「삼국지」「촉서, 제갈량전」

천하삼분지계를 실현하기 위한 제갈량의 플랜 B

1) 삼국정립의 중간지대인 형주지역을 전략적 요충지로 관리

2) 미래에 형주를 관리할 유표의 아들 유기를 전략적으로 관리

천하삼분지계를 통해 익주로 진출하기 전까지 유비는 형주의 유표에게 의탁해서 도움을 받고 있었다. 형주 지역의 오랜 호족이자 명문세력이었던 유표는 유비와 마찬가지로 한나라 황실의 먼 친척이었다. 그러나 유비는 형주의 유표에게 의탁해 지낸 이후에도 한동안 이렇다 할 일이 없었다.

유비가 유표에게 몸을 의탁한지도 어언 7년째가 되는 건안 12년

114 | 제갈량처럼 앞서가라

인 207년 봄, 감부인이 유선을 낳았다. 감부인이 태몽에 북두성을 삼키고 잉태하였던 까닭에 유선의 아명을 아두阿斗라고 지었다. 당시 유비는 본처를 여러 차례 잃었기 때문에 감부인이 항상 집안일을 관리했는데 감부인은 이때에 이르러 처음으로 유비의 첫 아들을 낳던 것이다. 처음으로 자식을 얻게 된 유비의 기쁨은 한없이 컸다.

그런데 이때는 조조가 군사를 이끌고 오환족을 치기 위해 북정에 나섰을 때이기도 했다. 유비가 곧 유표를 만나 허창을 기습할 것을 건의했으나 받아들여지지 않았다. 유표가 내심 미안해하며 유비를 후당으로 데려가 함께 술을 마셨다.

이때 유비는 뒷간으로 갔다가 우연히 넓적다리에 살이 오른 것을 보고 참담한 생각이 들었다. 잠시 후 유비는 다시 자리로 돌아갔다가 근거지 하나 없이 떠돌아다니는 자신의 신세를 생각하니 절로 목이 메어 이내 눈물을 흘렸다. 유표가 기이한 생각이 들어 그 연고를 묻자 유비가 울먹이며 대답했다.

"전에는 늘 말안장을 떠나지 않아 넓적다리에 살이 다 빠졌었는데 지금은 말을 타지 않아 살이 다시 올랐습니다. 세월은 화살같이 빠른데 공업을 아직도 이루지 못했으니 그로 인해 비통할 뿐입니다."

여기서 비육지탄髀肉之嘆 성어가 나왔다. 이후 천하에 뜻을 둔 영웅호걸이 자신의 뜻을 제대로 펴지 못하는 것을 한탄하는 뜻으로 통용됐다.

신야에 있는 유비를 초청한 유포

이해 겨울, 유표가 문득 신야에 있는 유비에게 사람을 보내서 형주로 와 줄 것을 부탁했다. 유비가 곧바로 형주로 유표를 찾아가자 유표가 유비를 데리고 후당으로 가 함께 술을 마셨다. 술이 거나해지자 유표가 갑자기 눈물을 주르르 흘렸다. 유비가 연고를 묻자 유표가 말했다.

"전처 진씨陳氏에게서 두 아들을 두었는데 첫째 유기劉琦는 천성이 어지나 마음이 연약해 큰일을 할 재목이 못되고, 둘째 유종劉琮은 총명하오. 그래서 맏이를 폐하고 둘째를 세울까 하나 이는 예법에 어긋나는 일이어서 쉽게 결정할 수가 없소. 그렇다고 맏이를 세우자니 유종의 처가인 채씨 문중이 이를 받아들이려고 하지 않을 것이오. 그래서 지금 이러지도 저러지도 못하고 있소."

『삼국연의』는 유표의 전처 진씨가 유기를 낳고 후처 채씨가 유종을 낳았다고 기술해 놓았으나 이는 사실과 다르다. 『후한서』「유표열전」은 이같이 기록해 놓고 있다.

"유표는 처음에 유기가 자신의 모습을 많아 닮았기 때문에 매우 총애했다. 그러나 후에 유종이 후처 채씨의 질녀를 부인으로 맞아들이게 되자 채씨는 유종을 매우 총애하는 반면 유기를 극히 미워하게 되었다. 채씨는 날마다 유표 앞에서 유종을 칭송하면서 유기에 대해서는 악담을 늘어놓았다. 유표는 후처 채씨를 총애한 까닭에 이 말

제갈량처럼 앞서가라

을 곧이들었다. 또한 자신의 처남 채모와 생질 장윤은 유표로부터 커다란 신임을 받았는데 이들 역시 유종과 매우 가까웠다."

유표는 신임하는 채모와 장윤마저 유종과 가까웠기에 마음이 유종에게 기울어져 있었다. 그러나 유기와 유종 중 누구를 후사로 정해야 좋을지 계속 결단을 내리지 못하고 머뭇거렸다. 후처 유씨는 연일 유종을 후사로 정할 것을 주장하며 유표를 채근했으나 유표는 계속 미루기만 했다.

이 와중에 하루는 유기가 급히 상의할 일이 있다며 제갈량을 자신의 집으로 초청했다. 제갈량이 유기의 집을 찾아가자 유기가 제갈량을 후당으로 이끌고 갔다. 유기가 말했다.
"계모가 저를 용납하지 않으니 부디 선생께서 한 말씀 가르쳐 주시기 바랍니다."

제갈량이 대답했다.
"이곳에 손님으로 온 사람이 어찌 분수없이 남의 골육간의 일에 간여하겠소? 혹시 말이 새나가기라도 하면 그 해가 적지 않을 것이오."
제갈량이 말을 마치고 곧 몸을 일으켜 떠나고자 했다. 그러자 유기가 애원조로 말했다.
"모처럼 왕림해 주셨는데 어찌 이대로 섭섭하게 돌아가시라 할 수 있겠습니까?."

제갈량에게 지혜를 구하는 유기

이같이 말하고 제갈량을 붙들고 밀실로 들어가 함께 술을 마셨다. 도중에 유기가 다시 청을 넣어 말했다.

"계모가 저를 가만히 놓아두려 하지 않으니 부디 한 말씀만 부탁드리겠습니다."

제갈량이 대답했다.

"그것은 제가 말할 일이 아닙니다."

제갈량이 말을 마치자 또 일어나 돌아가려고 했다. 유기가 급히 만류하며 말했다.

"말씀을 안 하면 그뿐이지 구태여 곧 돌아가실 필요야 있겠습니까?"

제갈량이 다시 자리에 앉자 유기가 이같이 제안했다.

"이곳에 경치 좋은 망루가 있는데 한 번 올라가 경치를 완상할 만합니다."

그리고는 제갈량을 인도해 높은 망루에 올라가 주변사람들을 망루 아래로 내려가게 한 뒤 제갈량에게 또다시 매달렸다.

"제 목숨이 이제 조석에 달려 있는데 선생께서는 어찌 해서 한마디도 안 해주려는 것입니까?"

제갈량이 낯빛이 변하며 벌떡 일어나 곧 망루에서 내려가려 했으나 이미 사다리가 어느새 치워진 뒤였다. 유기가 말을 이어가며 계속 간청했다.

"오늘은 위로는 하늘에 닿지 않고, 아래로는 땅에 닿지 않습니다. 말은 그대 입에서 나와 내 귀로 들어올 것입니다. 가히 얘기를 들을 수 있겠습니까?"

제갈량이 대답했다.

"그대는 춘추시대 중엽 진헌공의 태자 신생申生이 나라 안에 있다가 위험하게 되고, 공자 중이重耳가 나라 밖에 있어 안전하게 된 것을 보지 못했습니까?"

당시 제갈량이 신생과 중이의 고사를 언급하며 강하로 나갈 것을 충고하지 않았다면 유기는 계속 미련을 갖고 버티고 있다가 이내 채씨의 참소에 의해 목숨을 잃었을 가능성이 크다. 이를 통해 당시 제갈량이 『춘추좌전』을 비롯해 전국시대의 사서에 관해 해박한 지식을 지니고 있었음을 알 수 있다. 중이와 유기의 일화를 통해 알 수 있듯이 불리할 때는 잠시 밖으로 나가 피신하는 게 상책이다. 따지고 보면 제갈량이 '지우지은'을 베푼 유비를 만나기 전까지 융중에서 밭을 갈며 때를 준비한 것도 같은 이치다.

208년 형주의 호족 유표가 죽자 유표의 후처 채씨와 그의 오빠 채모는 적자인 유기가 아니라 채씨 부인의 아들인 유종을 후계로 삼았다. 적자인 유기는 제갈량의 조언을 듣고 '강하'라는 곳으로 나가 지내고 있었기 때문에 후계 다툼에서 살아남을 수 있었다. 그후 북쪽 지방을 모두 평정하고 더욱 강력해진 조조는 형주를 점령하기 위하여 유표의 뒤를 이은 유종을 공격하자 이내 투항하고 만다. 이때 '강하태수'로 있던 유기는 조조의 적벽대전 패배 후에 유비에 의해 결국 형주자사로 임명된다.

시대의 흐름과 사람의 미래까지도 미리 내다보는 제갈량의 통찰력이 단연코 돋보이는 대목이다. 제갈량은 천하삼분지계를 내놓고 단순하고 막연하게 실행한 것이 아니라 전략적 요충지인 형주지역과 형주지역의 호족인 유표의 후계 구도까지도 염두에 두는 플랜 B를 운영했던 것이다.

❧❧❧

구글의 어머니라고 불리는 올해 48세의 여성이 있다. 세계 최대 동영상사이트인 유튜브의 최고경영자 수잔 워지스키다. 세르게이 브린과 래리 페이지가 창업할 때 자신의 차고를 빌려주었던 수잔은 구글이 성장하는데 탁월한 실력을 발휘했다. 수천억 원 이상의 여성부호이자 CEO인 수잔은 젊은이들에게 이렇게 강력하게 충고한다.

"죽을 만큼 괴로운 경험이 자신을 강하게 만든다. 성공을 위해 실패는 필요하며, 실수를 확실히 응시하고, 거기서 배우는 것이 중요하다."

좌절을 경험한 사람은 자신만의 역사를 갖게 된다.
그리고 인생을 통찰할 수 있는 지혜의 길로 들어선다.

- 쇼펜하우어 Shopenhauer

11 '파트너십은 실질적으로 보상'하라

군사계
軍師計

 조조가 적벽에서 패한 뒤 군사를 이끌고 업성으로 돌아가자 유비가
마침내 강남을 거두고, 제갈량을 군사중랑장으로 삼았다. 이어 제갈량
에게 영릉과 계양 및 장 등 3개 군을 관리하며 세금을 거두어 군수물
자를 충당하게 했다.

_ 『삼국지』「촉서, 제갈량전」

적벽대전을 통해 구체화된 제갈량의 융중대

 1) 손권과 손을 잡고 조조 군대와 적벽에서 맞붙어 대승하다
 2) 천하를 삼분하고 전략적 요충지인 형주 지역의 일부도 얻다

적벽대전 승리후 군사최고책임자가 된 제갈량

적벽대전은 208년 후한 말기 지금의 양쯔강 남쪽 지역인 적벽에서
조조가 손권과 유비의 연합군과 대결했던 전투다. 황건적을 진압하
고 원소마저 무찌르고 난 뒤 북쪽 지역을 평정하여 막강해진 조조는
요충지 형주지역을 차지하고자 하였다. 이때 제갈량은 융중대에서
제시한 '천하삼분지계'의 전략적 방안으로 손권 부대와 손을 잡고
적벽대전에서 마침내 조조 군대를 크게 무찌른다. 그 결과로 조조의
기세는 결정적으로 약화되고 위, 오, 촉 삼국 정립의 실질적인 기초
가 마련된 것이다.

122

제갈량처럼 앞서가라

유비는 손권과 연합하여 적벽대전을 승리로 이끈 후 군사중랑장이라는 직책을 만들어 제갈량을 그 자리에 임명한다. 적벽대전 당시 제갈량이 뛰어난 유세로 손권을 끌어들인 공을 높이 산 결과다.

이에 앞서 조조는 핵심참모 곽가를 위해 군사좨주軍師祭酒 자리를 처음으로 만든 바 있다. '좨주'는 원래 조선시대 문묘에 대한 제사를 관장한 사람의 직책을 '좨주'로 부른 데서 알 수 있듯이 해당 사안을 주관하는 사람을 말한다. 곽가가 받은 '군사좨주' 직함은 곧 작전참모를 가리킨다. 제갈량의 직함인 '군사중랑장'은 요즘말로 치면 작전참모장에 가깝다. '군사좨주'보다 1단계 높다. 제갈량은 유비가 익주를 취한 뒤 군사장군軍師將軍으로 승진했다. 작전참모장에서 작전을 지휘하는 사령관으로 승진한 셈이다.

주목할 것은 제갈량이 주군인 유비를 좇아 융중을 나와 참모로 활약을 시작한 이래 유비가 죽는 순간까지 줄곧 핵심참모로 활동한 점이다. 2인자 리더십을 발휘할 수 있는 필요충분조건이 바로 여기에 있다. 예나 지금이나 핵심참모로 활약하지 않는 한 자신의 건의를 정책에 반영시키기가 그만큼 어렵다. 사서에 나오는 역대 2인자의 행보를 보면 '권력은 군주와의 거리에 정비례한다'는 말이 그대로 증명된다.

제갈량은 자신에게 지은知恩을 베푼 주군 유비가 죽는 순간까지 지근 거리에서 보필했다. 그의 건의 역시 거의 예외 없이 채택되었다. 유비의 믿음과 제갈량의 통찰력이 빚어진 결과다.

적벽대전 직후 유비가 제갈량을 군사중랑장으로 삼고 영릉과 계양 및 장사 등 3개 군을 관리하며 부세를 거둬 군수물자에 충당토록 한 것은 전폭적인 신뢰가 전제되었기 때문이다. 제갈량이 유비의 생전에 시종 군사軍師로 활약하며 승진을 거듭해 '일인지하, 만인지상'의 승상 자리까지 오른 근본배경이 여기에 있다.

제갈량은 유가에서 역설하는 인의예지의 기본을 지켰다. 촉한과 유비에 대한 평생의 충성은 기본이었고 일반 백성을 대상으로 한 교령에서는 인의예지의 유가 덕목을 전면에 내세웠다. 너그러운 덕치에 입각한 왕도王道를 강조한 셈이다. 그러나 제1차 북벌인 가정전투 당시 눈물을 흘리며 핵심 참모인 마속의 목을 베었듯이 장병을 대상으로 한 호령號令에서는 신상필벌의 법가 덕목을 내세웠다. 군대 운용에서는 엄격한 법치에 입각한 패도를 추구한 셈이다.

사실 이는 시종 제갈량과 적대적인 입장에 서 있었던 조조의 행보와 차이가 없는 것이다. 학자들이 조조와 제갈량을 하나로 묶어 겉으로는 유가의 덕목을 내세우면서도 속으로는 강력한 법치를 추구했다고 평가하는 이유가 바로 여기에 있다.

법가인 동시에 유가였던 순자

한비자의 스승이기도 한 순자는 지난 20세기 중반 중국에서 문화대혁명이 일어났을 당시 법가와 유가 가운데 어느 학파에 속하는지 여부를 놓고 논란의 대상이 됐다. 모택동의 부인인 강청을 비롯한 이른바 사인방은 순자를 법가로 보아야 한다고 주장했으나 이는 자신들의 입지를 강화하기 위한 정치적인 주장에 불과하다.

『사기』 등의 사서에는 나오지 않으나 『순자』 「강국彊國」에는 순자가 진소양왕秦昭襄王 밑에서 재상을 하고 있던 범수范睢와 나눈 얘기가 실려 있다. 「강국」의 기록에 따르면 범수는 진나라를 처음 찾아온 순자와 만나 이같이 물었다.

"진나라로 들어와 무엇을 보았소?"

순자가 대답했다.

"견고한 요새는 험하고, 형세는 유리하고, 산림과 계곡은 아름답고, 천연자원의 이점이 많으니 이것이 지형의 우월함입니다. 도시로 들어가 풍속을 살펴보니 백성들은 질박하고, 음악은 저속하지 않고, 복색은 방정맞지 않고, 관원을 매우 두려워하면서 순종하고 있으니 옛날 백성과 같습니다. 사대부들을 보니 모두 집 문을 나와서는 곧장 관청으로 가고, 공문을 나와서는 곧장 귀가하여 사사로운 일을 행하는 적이 없습니다."

무리지어 파당을 결성하지 않고, 뛰어나게 일처리에 밝고 공정하니 옛날의 사대부와 같습니다. 조정을 보니 퇴근할 때까지 공무를 모두 처리해 백사百事가 적체되지 않고, 편안해 하는 모습이 마치 아무 할 일이 없는 듯했으니 이는 옛날의 조정과 같습니다. 진나라가 4대에 걸쳐 승리를 거둔 것은 요행이 아니고 일정한 이치가 있기 때문입니다. 진나라는 치리治理의 최고경지에 이른 셈입니다. 그러나 비록 그렇기는 하나 우려되는 부분이 있습니다. 진나라는 이 몇 가지 요건을 모두 갖추고 있으나 아직 미치지 못하고 있는 바가 있습니다."

범수가 물었다.

"그것은 무슨 까닭이오?"

순자가 대답했다.

"진나라에 유자儒者가 없기 때문입니다. 예치禮治를 완전하게 행하면 왕자, 불완전하게 행하면 패자, 하나도 행하지 못하면 망자亡者가 된다는 취지의 '수이왕粹而王, 박이패駁而覇, 무일이망無一而亡'을 얘기하는 이유입니다. 이것이 진나라의 결점입니다."

덕치를 기초로 한 왕도를 가장 바람직하게 보면서 부득이할 때 엄한 법과 무력에 기초한 패도를 수용하는 순자의 '선왕후패' 논지가 선명히 드러나고 있다.

순자의 '선왕후패' 논지는 맹자가 양혜왕을 만나 패도를 배척하며 오직 왕도만을 추구하는 입장을 보인 것과 대비된다. 『맹자』의 첫 편인 「양혜왕 상」의 앞머리에 나오듯이 맹자는 열국의 군주를 만날 때마다 힐난조로 인의仁義 등의 덕목이 있는데 왜 굳이 국익國益 등의 이익을 거론할 필요가 있느냐고 역설했다. 왕도가 가장 바람직하지만 부득이할 때는 패도도 용인할 수 있다는 순자의 '선왕후패'와 여러모로 대비된다.

사상사적으로 보면 조조와 마찬가지로 법가이자 동시에 유가였고, 그 사상적 뿌리는 순자로 거슬러 올라간다.

제갈량은 한비자가 유가의 왕도를 배척한 것과 달리, 유가의 왕도

를 전면에 내세울 것을 '선왕후패'를 역설한 순자의 입장과 일치한
다. 순자의 진정한 사상적 제자는 한비자가 아니라 제갈량이라는 주
장도 나온다. 『편의16책』에 나오는 일련의 치국방략이 이를 뒷받침
하기 때문이다.

　결과적으로 제갈량은 유가인 동시에 법가였고 병가였기도 했다.
적벽대전이 208년에 일어났으므로 제갈량의 나이 28세 때의 일이
다. 유비가 융중의 산촌 초가집으로 찾아간 것은 제갈량이 27세 때
이다. 돗자리 장수를 하는 등 오랜 시간을 불안정하게 장수로 연명
하며 유표에게 의탁해서 살기도 하던 유비는 최적의 파트너이자 전
략가인 제갈량과 함께 하고 얼마 지나지 않아 삼국정립의 한 축으로
당당히 부상하게 된 것이다. 제갈량의 통찰력과 실행력이 단연코 돋
보이는 대목이다. 젊은 나이와 이른 시기였지만 유비가 제갈량의 직
위를 수여한 것은 당연한 결과라 하겠다.

받은 상처는 모래에 기록하고
받은 은혜는 대리석에 새기라.

– 벤자민 프랭클린 Benjamin Franklin

제갈량처럼 앞서가라

12 '조직의 안정'은 언제나 중요하다
식병계
食兵計

 유비가 원정을 떠나는 외출外出을 할 때 제갈량은 늘 성도를 진수鎭守
하면서 군량과 군사물자를 넉넉히 공급하는 족식足食과 족병足兵을
행했다.

_『삼국지』「촉서, 제갈량전」

최적의 파트너이자 2인자로서 제갈량의 전략

1) 촉한의 황제가 된 유비의 원정 군대를 충실하게 보좌

2) 원정을 떠나는 유비를 대신하여 촉한을 안정적으로 관리

208년 적벽대전에 승리한 뒤 삼국 정립의 계기가 마련되었다. 그후
시간이 흘러 220년 조조의 뒤를 이은 조비가 한나라 헌제로부터 황
제를 이양받아 위의 황제가 되자 221년 유비도 한의 정통을 계승한
다는 명분으로 국호를 한(촉한)이라 하고 황제에 오른다. 이듬해 장
비가 부하들에게 살해되자 유비는 장비의 복수를 위해 부대를 이끌
고 원정을 떠난다.

촉한의 황제 유비가 원정을 나가자 당시 승상이었던 제갈량은 한
편으로는 유비 군대의 원정을 보좌하고 또 한편으로는 유비가 없는
촉한의 최고통치자로서 본연의 역할을 충실히 수행하였다. 정사『삼

핵심을 간파하고 요체를 잡아라

국지』의 저자 진수는 「제갈량전」에서 제갈량이 촉한의 승상으로 재직할 때의 역할을 높이 평가하면서 유비를 보좌하는 모습을 상세히 묘사하였다. 그 요지는 군량과 군사물자의 지원인 족식足食과 족병足兵을 차질 없이 행하는 공을 세웠다는 것이다. 족식과 족병은 국가 유지의 기본 전제조건이다.

　원래 이를 최초로 언급한 인물은 공자다. 이에 대한 일화가 『논어』 「안연」에 나온다. 이에 따르면 하루는 자공이 정치에 대해 묻자 공자가 이같이 대답했다.

　"족식足食과 족병足兵, 민신民信이 이뤄져야 한다."
　자공이 다시 물었다.
　"만일 부득이하여 반드시 하나를 버리기로 한다면 세 가지 중에서 무엇을 먼저 버려야 합니까."
　공자가 대답했다.
　"거병去兵해야 할 것이다."
　자공이 재차 물었다.
　"만일 부득이하여 반드시 하나를 버리기로 한다면 나머지 두 가지 중에서 무엇을 먼저 버려야 합니까."
　공자가 대답했다.
　"거식去食해야 할 것이다. 자고로 먹지 못하면 죽을 수밖에 없으나 사람은 누구나 죽기 마련이다. 그러나 '민신'이 없으면 나라가 설 수조차 없게 된다."

자주국방의 기본 바탕

여기서 공자가 말한 족식足食은 자족경제, 족병足兵은 자주국방, 민신民信은 대정부 신뢰에 해당한다. 거병去兵은 병력감축, 거식去食은 경제규모 축소와 가깝다. 주목할 것은 맨 마지막 구절이다. 공자는 어떤 경우에도 '민신'을 잃어서는 안 된다고 강조하고 있다. 지당한 얘기다. 문제는 이를 확대해석해 부국강병 책략을 소홀히 하는 경우다. 이는 성리학자들의 잘못된 해석에 기인한 것이다.

공자는 여기서 나라를 지키기 위한 강병强兵과 이를 뒷받침할 부국富國을 강조하고 있다. '족식'과 '족병'을 언급한 게 그렇다. 그럼에도 성리학자들은 이를 무시한 채 맨 마지막에 나오는 구절을 확대해석해 공자가 마치 백성의 신뢰를 중시한 맹자의 왕도王道와 똑같은 주장을 펼친 것으로 해석했다.

공자가 마지막 대목에서 '민신'을 국가존립에 필요한 최소한의 조건으로 제시하게 된 배경에 대한 종합적인 해석을 거부한 것이다. 전후문맥을 모두 없앤 채 오직 '민신'이라는 글자에 초점을 맞춰 문장을 해석하는 오류라고 볼 수 있다. 이로 인해 '부국'을 강조한 공자의 기본취지가 완전히 파묻히고 말았다.

공자가 '민신'을 가장 중요한 국가존립의 요건으로 거론한 것은 국가존립을 위한 최소한의 조건인 '족식'과 '족병'을 포기해도 좋다고 말한 것이 아니다. 우선 자공의 질문이 극단적인 위기상황을 전제로 한 것이라는 사실을 잘 살펴봐야 한다. 성리학자들은 이를 무시하고 '민신'에 초점을 맞춘 채 '족식'과 '족병'을 가벼이 취급해도 탈이 없다는 식의 엉뚱한 풀이를 한 것이다.

공자가 '민신'을 강조한 것은 나라가 패망의 위기에 직면했을 때 군주가 솔선수범하는 자세를 보여야만 백성이 그를 믿고 위기상황을 극복할 수 있다는 취지이다. 군주와 신민臣民 모두 생사를 같이하는 국가공동체의 주체라는 점을 부각시키고자 한 것이다. 결코 평시조차 '거식'과 '거병'을 해도 좋다고 말한 게 아니다. 너무나 간단하면서도 당연한 이야기다.

그럼에도 성리학자들은 '믿음이 무기나 식량보다 더 중요하다'는 식의 오해를 하는 경우가 있다. 이런 잘못된 풀이를 질타한 최초의 인물이 바로 명대 말기에 활약한 이탁오이다. 그는 『분서焚書』「잡술雜術, 병식론兵食論」에서 이같이 갈파했다.

"무릇 윗사람이 되어 백성들이 배불리 먹고 안전하게 살 수 있도록 지켜 주기만 하면 백성들도 그를 믿고 따르며, 부득이한 상황에 이르러서도 차라리 죽을지언정 윗사람 곁을 떠나지 않을 것이다. 이는 평소 윗사람이 그들의 안전과 식량을 충분히 제공해 주었기 때문이다. 공자가 『논어』「안연」에서 '거병'과 '거식'을 거론한 것은 실제로 군사와 식량을 버리게 하려는 의도가 아니다. 이는 어쩔 수 없는 위기상황을 전제로 한 것이다. 어쩔 수 없는 위기상황에서 비롯된 것이라면 백성들도 '거병'과 '거식'의 부득이한 상황을 감내하면서 윗사람을 불신하는 지경까지는 이르지 않게 된다. 그래서 마지막에 '민신'을 언급한 것이다. 그럼에도 어리석은 성리학자들은 이와 정반대로 '믿음이 무기나 식량보다 더 중요하다'라고 지껄이고 있다. 성인이 하신 말씀의 참뜻을 제대로 파악하지 못한 탓이다."

이탁오는 「안연」 제7장의 계책이 『관자』「목민」의 부국강병 책략과 하등 차이가 없다는 사실을 밝혀낸 사람이다. 이탁오의 주장을 뒷받침하는 『관자』「목민」의 해당구절이다.

"무릇 백성을 다스리는 목민자牧民者는 반드시 4시四時의 농경에 힘쓰고 창름倉廩을 잘 지켜야 한다. 나라에 재물이 많고 풍성하면 먼 곳에 사는 사람도 찾아오고, 땅이 모두 개간되면 백성이 안정된 생업에 종사하며 머무는 곳을 찾게 된다. 창름이 풍족하면 백성들이 예절을 알게 되고, 입고 먹는 의식이 족하면 영욕을 알게 된다."

'창름'의 '창'은 곡식을 갈무리하고, '름'은 쌀을 갈무리하는 곳으로 국고의 재물을 상징한다. 여기의 예절은 '예의염치'의 도덕적 가치, 영욕은 존비귀천尊卑貴賤의 국법질서와 존엄을 말한다. 관중은 국가가 존립하기 위해서는 백성들 개개인이 예의염치를 좇고 국법질서와 국가존엄을 이해하는 이른바 지례지법知禮知法이 전제되어야 한다고 설파한 것이다. 공자가 '족식'과 '족병'을 언급한 것과 취지를 같이한다.

유비는 장비의 복수를 하고 형주를 탈환하기 위한 공격을 하다 이릉대전에서 대패한다. 그리고 223년 4월 63세의 나이로 결국 병사하게 된다. 원정 공격은 애당초 무리한 계획이었지만 인간적 신의를 중시하는 유비의 특성으로는 어쩔 수 없는 것이었다. 유비의 속마음을 누구보다 잘 알고 있는 제갈량은 유비의 뜻을 거스르고 막기보다는 안팎에서 헌신적으로 보좌함으로써 촉한의 안정을 도모하였다. 삼국시대 당시 위나라의 조조나 오나라의 손권에게서는 볼 수 없는 인간적 신뢰의 미덕이다. 오늘날까지도 유비나 제갈량이 추앙받고 있는 중요한 이유의 하나다.

모두를 믿지말고, 가치있는 이를 믿어라.
모두를 신뢰하는 것은 어리석고,
가치있는 이를 신뢰하는 것은 분별력의 표시이다.

- 데모크리토스 Democritus

MAKE A DECION

상대성 이론을 발명한 20세기 최고의 천재과학자 아인슈타인은 이렇게 말한다.

"지식인은 문제를 해결하고 천재는 이를 예방한다."

문제를 해결하는 것보다 문제를 예방하는 것은 시간과 관리 비용을 혁신적으로 줄일 뿐만 아니라 조직과 사람을 창의적으로 바꾼다. 예방적 시스템을 확보하기 위해 가장 중요한 것은 무엇보다 시간관리다. 시간관리에서 가장 중요한 것은 시간에 쫓기거나 끌려다니지 않고 시간의 주인이 되는 것이다.

이 장에서는 '나아갈 때'와 '물러날 때'를 현명하게 판단하고 시간의 주인이 되었던 제갈량의 모습을 살펴본다.

3

나아갈 때와
물러날 때를 판단하라

13 '문무를 겸비하고 조직을 장악'하라

겸비계
兼備計

 군사를 다스리는 치군에 관한 정사는 변경을 지키며 대란大乱을 광구
匡救하고, 위무威武로 정사를 펴고, 폭역暴逆을 주토誅討하고, 나라와
사직을 안존安存케 하는 계책을 말한다. 문사文事로 다스리고, 반드시
무비武備를 갖춰야 하는 이유다.

_『편의16책』「치군」

문무를 겸비했던 제갈량의 조직 장악 전략

1) 문 – 조직원들이 마음으로 따를 수 있도록 하라
2) 무 – 조직원들이 생사를 같이 하도록 규율을 엄격히 하라

221년 드디어 유비가 촉한의 황제에 오르고 난 뒤에 제갈량은 촉한
의 승상이 된다. 제갈량은 일인지하 만인지상의 자리에서 황제 유비
를 보좌하며 나라를 실질적으로 통치한다. 그때 제갈량이 가장 심혈
을 기울인 정책은 그가 『편의16책』「치군」에서 언급한 바대로 '문사
文事로 다스리고, 반드시 무비武備를 갖춰야 한다'는 것이었다.

'문무겸비'의 계책은 원래 『손자병법』「행군」에서 나온 말이다.
「행군」의 해당대목이다.

"마음으로 복종하지 않는 병사들을 지휘해 싸우기란 매우 어려운

제갈량처럼 앞서가라

일이다. 정반대로 이미 친근해졌는데도 처벌을 제대로 시행하지 않으면 이들을 이끌고 적과 싸울 수 없다. 장수가 도의 등의 문文으로 명령을 집행하고, 군법 등의 무武로 군기를 바로잡아야 하는 이유다. 이를 일컬어 용병하면 반드시 적에게 승리한다는 뜻의 필취必取라고 한다. 평소 '문'으로 병사들을 잘 교육시키면 병사들은 심복하게된다. '문'으로 가르치지도 않고, '무'로 바로잡지도 않으면 병사들은 심복하지 않는다. 평소 '문'과 '무'로 명령을 차질 없이 시행해 신뢰를 얻으면 병사들이 장수와 생사를 함께 할 것이다."

　문文으로 명령을 집행하고, 군법 등의 무武로 군기를 바로잡아야한다는 내용의 원문은 '영지이문令之以文, 제지이무齊之以武'이다. 이를 두고 조조는 『손자병법』의 원형인 『손자약해孫子略解』에서 이런주석을 덧붙여 놓았다.

　"병사들에게 은혜와 포상을 흡족한 수준으로 내릴지라도 잘못에대해 벌을 가하지 않으면 병사들이 이내 교만해져 유사시 써먹을 수가 없다. '문'은 장수가 은혜와 인덕을 베풀고, '무'는 군법을 공정히집행하는 것을 말한다."

문무를 겸비하는 것은 용병의 기본이다
장수는 군사를 편제하고 용병할 때 반드시 문과 무를 함께 쓰는 '문무겸전'의 계책을 구사해야 한다는 취지이다. 「행군」에서 말하는 '문무겸전'의 계책은 아무리 살벌한 전쟁터라 할지라도 장수가 시종 살벌한 군기로 부하들을 대할 경우 자칫 역효과를 낼 수도 있다는 사실을 지적한 것이다. 전쟁터일수록 오히려 상황에 따라서는 관대한 모습을 보이는 게 훨씬 효과적일 수 있다. 『손자병법』 「행군」과 『편의16책』 「치군」에서 공히 관인한 문文과 엄격한 무武의 리더십을 적절한 섞어 사용할 것을 권한 이유가 여기에 있다.

역대 제왕 가운데 '문무겸전' 리더십과 관련한 대표적인 사례로 춘추시대 중엽 제환공과 진문공의 뒤를 이어 사상 3번째로 패업을 이룬 초장왕楚莊王의 절영지연絶纓之宴 일화를 들 수 있다. 전한시대 말기 유향이 지은 『설원說苑』 「복은復恩」에 따르면 제환공 및 진문공의 뒤를 이어 사상 3번째로 명실상부한 패자의 자리에 오른 초장왕이 투초의 난을 평정한 뒤 공을 세운 신하들을 위로하기 위하여 성대한 연회를 베풀었다. 이때 총희寵姬로 하여금 옆에서 시중을 들도록 했다. 밤이 늦도록 주연을 즐기고 있는데 문득 큰바람이 불어 촛불이 모두 꺼져버렸다.

갓끈을 끊어 장수의 마음을 사로잡은 초장왕

문득 총희의 비명소리가 들렸다. 누군가 그녀의 가슴을 더듬으며 희롱한 것이다. 총희가 그자의 갓끈을 잡아 뜯어 쥐고는 초장왕에게 호소했다.

"대왕, 속히 촛불을 켜 갓끈이 없는 자를 잡아 주십시오!"

초장왕이 명령을 내렸다.

"오늘은 경들이 과인과 함께 즐겁게 술을 마시는 날이다. 갓끈을 끊어버리지 않는 자는 이 자리를 즐기지 않는 것으로 알겠다."

초장왕 楚 莊王 ?~BC591
초나라 제 23대 왕

초장왕은 진나라를 패퇴시키고 패업을
이루었으며 춘추오패의 한 사람으로 꼽힌다.

군신들이 모두 갓끈을 끊어버린 뒤 술을 마셨다.

3년 후 초나라가 중원의 패자인 진晉나라와 접전을 벌이게 됐다. 한 장수가 선봉에 나서 죽기를 무릅쓰고 분투한 덕분에 승리할 수 있었다. 초장왕이 그 장수를 불러 물었다.

"과인은 평소 그대를 특별히 잘 대우해준 것도 아닌데 어찌하여 그토록 죽기를 무릅쓰고 싸운 것인가?"

"신은 이미 3년 전에 죽은 목숨이나 다름없었습니다. 당시 갓끈을 뜯긴 사람이 바로 저였습니다. 그때 대왕의 온정으로 살아날 수 있었습니다. 이후 저는 목숨을 바쳐 대왕의 은혜에 보답하고자 했을 뿐입니다."

절영지연은 흔히 절영지회絕纓之會로도 불린다. 연宴과 회會 모두 연회를 의미한다. 항우와 유방의 운명을 가른 홍문지연鴻門之宴을 달리 '홍문지회'로 부르는 것과 같다.

원래 『춘추좌전』 등의 사서는 초장왕을 크게 부각시키지 않았다. 남만南蠻, 즉 오랑캐들의 족속으로 간주한 탓이다. 그러나 그는 제환공 및 진문공을 뛰어넘는 당대 최고의 인물이었다. 초장왕은 '존왕양이'를 내세운 제환공과 진문공의 패업을 이은 춘추시대 최후의 패자에 해당한다.

초장왕과 관련한 일화는 매우 많다. 대표적인 일화로 절영지연 이외에도 명장경인鳴將驚人 일화를 들 수 있다.

3년 동안 참다가 한 번 날면 하늘로 치솟아 오르는 새

『사기』「초세가」에 따르면 초장왕은 즉위한지 3년이 지나도록 호령
號令을 발하지 않고, 사냥하러 갈 때만 출궁出宮하고, 사냥을 나가지
않을 때는 궁내에서 밤낮으로 여러 부인들과 함께 술만 퍼마셨다.
이때 그는 시종을 시켜 이런 글을 문 밖에 내걸게 했다.

"감히 간하는 자가 있으면 죽음을 내릴 것이다!"

하루는 오삼伍參이 간하기 위해 궁으로 들어갔다. 오삼은 오월시대
를 풍미한 오자서의 증조부이다. 마침 초장왕은 왼손으로 정희鄭姬,
오른손으로 월녀越女를 껴안은 채 음악 연주를 듣고 있었다. 초장왕
이 노기 띤 목소리로 물었다.

"그대는 술을 마시러 왔는가, 아니면 음악을 들으러 왔는가?"

"며칠 전 신이 교외에 갔더니 어떤 사람이 신에게 수수께끼 같은
말을 했습니다. 신은 그 뜻을 알 길이 없어 대왕에게 이를 알려 드리
려고 온 것입니다."

"무슨 얘기인가?"

"몸에 오색 빛이 빛나는 커다란 새 한 마리가 언덕에 앉아 있은 지
3년이 되었습니다. 그런데 그 새가 나는 것을 본 사람도 없고 우는
소리를 들은 사람도 없습니다. 과연 이 새는 무슨 새이겠습니까?"

"그 새는 3년 동안 날지 않았으나 만일 한 번 날게 되면 곧바로 하
늘로 치솟아오를 것이다. 3년 동안 지저귀지 않았으나 만일 한 번 지
저귀게 되면 사람들을 크게 놀라게 만들 것이다!"

여기서 한 번 떨치고 일어나면 사람을 놀라게 할 만한 재주를 지닌 사람을 지칭하는 '명장경인' 성어가 나왔다. 일명경인—鳴驚人도 같은 말이다. 당시 초장왕은 '명장경인'의 뜻을 헤아렸음에도 이후 몇 달 동안 오히려 더욱 주색을 즐기는 모습을 보여주었다.

하루는 대부 소종이 초장왕을 찾아가 통곡했다. 초장왕이 물었다.

"그대는 왜 이리 슬피 우는 것인가?"

"신은 이제 죽은 몸입니다. 장차 초나라는 망할 것입니다."

"무슨 이유로 그대가 죽고 초나라가 망한단 말인가?"

"대왕에게 간하면 대왕은 반드시 이를 듣지 않고 신을 죽일 것입니다. 그리 되면 대왕은 더욱 하고 싶은 대로 할 것이고 나라는 크게 기울어질 것입니다."

"그대는 죽음을 무릅쓰고 왜 감히 간하려 드는 것인가?"

사직지신 社稷之臣

사직지신이란 나라를 세워 국가의 정책을 결정하는 등의 중차대한 책임을 지닌 신하로서 상하의 직위를 구별하고 이치에 맞게 부려 백관의 질서를 제정한다. 또 나라의 위엄을 세워 세상에 알리는 일을 맡아 한다.

단지 군주만을 위해 충성하는 것이 아니라 국가라는 공적인 조직, 즉 사직을 위해 기꺼이 헌신하는 충신을 일컫는 말이다.

"지금 대왕을 두려워하는 제후들이 철 따라 바치는 공물이 끊임없이 들어오고 있습니다. 이는 만세의 이익입니다. 그런데 대왕은 밤낮으로 주색에 빠져 정사를 돌보지 않고 있습니다. 장차 대국은 쳐들어올 것이고, 소국은 우리를 배반할 것입니다. 일시의 쾌락을 위해 패망을 자초하려고 하니 이보다 더 큰 어리석음이 어디에 있겠습니까?"

초장왕이 벌떡 일어섰다.

"그대의 말은 사직지신의 말이다. 과인이

어찌 그대의 말을 듣지 않을 리 있겠는가? 과인은 다만 때를 기다렸을 뿐이다!"

적군의 시체를 최초로 묻어준 초장왕

이 일화는 비록 설화의 형식으로 꾸며져 있으나 사실에 기초한 것으로 보인다. 이후 음악과 여인들을 멀리하고 국사를 직접 챙기면서 본격적인 친정親政 행보에 나섰다고 한다. 법을 어기거나 직무를 태만히 한 자들을 가차 없이 주살하고, 초야에 묻혀 있던 인재를 대거 발탁했으며, 영윤의 권한을 분산시켜 전횡 가능성을 제도적으로 차단했다는 기록 등이 이를 뒷받침한다.

초장왕은 역사상 최초로 적군의 시체를 묻어준 최초의 군주이기도 하다.『춘추좌전』에 따르면 기원전 597년 봄에 정나라를 둘러싸고 중원의 패자 진나라와 남방의 강국 초나라가 정면으로 맞붙었다. 초나라의 대승이었다. 황혼 무렵 진나라 군사를 뒤쫓던 초나라 군사가 지금의 하남성 섬현인 필邲 땅에 이르렀다. 대부 오삼이 청했다.

"속히 진나라 군사를 뒤쫓아 그들을 모조리 무찔러야 합니다."

초장왕이 반대했다.

"우리는 전에 선왕 초성왕이 성복 땅에서 진문공에게 패한 이래 사직까지 치욕을 받아야만 했소. 그러나 이번 싸움으로 가히 전날의 분을 씻게 되었소. 이제 우리도 진나라와 강화할 도리를 생각해야만 하오."

더 이상 전진하지 않고 필 땅에 영채를 세웠다. 덕분에 진나라 군사는 황하를 무사히 건널 수 있게 되었다. 그러나 사지를 빠져나온 진나라 군사들은 이미 크게 놀란 까닭에 대오를 이루지 못한 채 어지럽기 짝이 없었다. 이들은 다음날 아침이 되어서야 겨우 황하를 모두 건너게 되었다. 사가들은 이를 필지역邲之役이라고 한다.

당시 정나라 군주는 초나라가 승리했다는 소식을 듣고 곧바로 필 땅까지 갔다. 초나라 군사들을 형옹衡雍 땅으로 안내해 크게 잔치를 베풀고 승전을 축하했다. 이때 초나라 장수가 초장왕에게 건의했다.
"대왕은 어찌해 경관京觀을 만들어 후세의 구경거리로 삼지 않는 것입니까?"

'경관'은 적의 시체를 모아 산처럼 만든 전승기념물을 말한다. 초장왕이 '경관'의 건립을 일언지하에 반대했다.
"원래 무武라는 글자는 싸움을 멈추게 한다는 뜻에서 창을 뜻하는 과戈에 멈출 지止를 더해 만든 글자요. '무'에는 포학을 금하고, 싸움을 그치게 하고, 큰 나라를 보유하고, 천하평정의 공을 세우고, 백성을 편안케 하고, 만민을 화락하게 만들고, 만물을 풍부하게 하는 등 7가지 덕이 있소. 나는 7가지 덕 중 단 한 가지도 이루지 못했소. 장차 무엇으로 후손에게 무덕武德을 보일 수 있겠소? 오직 선군의 사당에 승전을 고하면 그것으로 충분하오. 옛날에 영명한 왕이 불경스런 무리를 토벌하고, 약소국을 병탄하는 불의한 자들을 죽인 뒤 그 시체 위에 흙을 덮어 경관을 만든 것이오. 이는 경관을 본보기로 삼아 간특함을 징계하고자 했던 것이오. 지금 진나라는 죄를 지은 것이 없고 백성들은 충성을 다해 죽음으로써 군명을 받들고 있소. 그러니 어찌 경관을 만들 수 있겠소?"

그러고는 진나라 군사의 시체를 모두 땅에 묻어주었다. 춘추전국 시대를 통틀어 적군의 시체를 모두 땅에 묻어준 군주는 초장왕이 유일했다. 초장왕은 황하 강변에서 하신에게 제사를 지낸 뒤 선군의 사당을 지어 승전을 고하고는 이내 회군했다. 그의 이런 모습은 가히 제환공 및 진문공이 보여준 패자의 모습보다 더하면 더했지 결코 덜하지 않다.

후대인들이 초장왕을 제환공 및 진문공에 뒤이어 아무 주저 없이 춘추시대의 3번째 패자로 꼽은 이유다. 초장왕은 실력뿐만 아니라 도덕적인 명분 면에서도 진나라를 압도했다. 초장왕은 『손자병법』이 화두로 삼고 있는 병도兵道를 달리 표현한 무도武道 내지 무덕武德을 가장 그럴 듯하게 해석한 인물에 해당한다. 무武를 두고 전쟁을 상징하는 과戈와 멈출 지止의 합성어로 파자破字 풀이를 한 최초의 인물이기도 하다. 문무겸전의 진면목이 어떤 것인지를 몸으로 실천한 대표적인 인물에 해당한다.

문무를 겸비한 고구려의 명장 을지문덕

한국의 역사에서 '문무겸전'의 대표적인 장수가 있다. 바로 고구려의 명장 을지문덕이다. 그는 한국의 전 역사를 통틀어 가장 위대한 장수에 속한다. 객관적으로 볼 때 당시 고구려가 그의 계책을 좇아 중원의 어지러운 틈을 타 그대로 치고 내려갔으면 북중국을 석권하고 여세를 몰아 천하를 손에 넣을 수도 있었다. 한국사를 통틀어 이처럼 웅혼한 기개와 뛰어난 책략을 지닌 장수는 드물다.

'문덕'이라는 이름이 보여주듯이 그는 문무를 겸비한 웅대하고 뛰어난 '무덕'을 발휘해 수나라 대군을 격파한 것도 결코 우연으로 볼 수 없다. 다음은 실제로 그가 수나라 장수 우중문에게 보낸 5언절구 「여수장우중문與隋將于仲文」이다.

신기한 책략은 하늘의 이치를 다했고　神策究天文
오묘한 계책은 땅의 이치를 다했다　妙算窮地理
전쟁에 이겨 이미 그 전공이 높으니　戰勝功旣高
만족할 줄 알고 그만 두기를 바라다　知足願云止

은유법을 동원해 속히 물러나지 않을 경우 큰 화를 입을 것이라는 취지를 선명히 드러내고 있다. 천문天文과 지리地理의 대구도 뛰어나고, 리理와 지止의 운율도 절묘하다. 이는 을지문덕이 보인 '문무겸전' 계책의 대표적인 사례에 속한다.

조조나 제갈량에서 보여지듯이 삼국시대 진정한 영웅들은 문무를 겸비하고 있었다. 문무를 겸비해야 하는 이유는 '문'과 '무'가 서로 따로 떨어져 있지 않고, 서로를 보완하며 통일되었을 때 더욱 강력한 힘이 생겨나기 때문이다. 때문에 조조는 위대한 병법서인 『손자병법』을 새로 편찬한 것이고, 제갈량은 꿰뚫을 정도로 병법서를 베껴쓰고 익힌 것이다.

제갈량처럼 앞서가라

우리가 살고 있는 이 세상은 우리가 바라보는 각도에 따라
그 모양을 달리하는 법이다.

- 쇼펜하우어 Shopenhauer

14 '작은 조직'부터 잘 관리하라

무립계
務立計

 나라를 다스리는 일은 집안을 다스리는 이치와 같다. 집안을 다스리는 것은 먼저 근본을 바로세우는 일을 힘쓰는 데서 시작한다. 근본이 바로 서면 나머지 것들은 저절로 올바르게 된다.

_ 『편의16책』 「치국」

단시간 내에 천하삼분지계를 실현한 제갈량의 조직전략

1) 천하평정을 위해서는 우선 가정을 잘 다스려라

2) 가정 내의 사회적 관계부터 근본을 세워야 한다

제갈량은 유비의 삼고초려로 27세에 인재로 발탁되어 40세에 승상이라는 최고의 직위에까지 올랐다. 초고속 출세를 거듭한 셈이다. 그러면서도 제갈량은 가정이나 조직에 오점 하나 남기지 않았고, 죽어서도 많은 사람들에게서 추앙을 받고 있다. 그 가장 큰 이유는 그가 기초적인 관계의 근본을 올바로 정립했기 때문이다.

제갈량은 '나라를 다스리고 천하를 평정하는治國平天下' 일의 가장 근본을 '가정을 다스리는 일齊家'에서 찾았다. 제갈량은 개인보다 '조직'과 '조직 속의 사람의 관계'를 중시했던 사람이다. 당대를 뛰어넘는 통찰력을 갖고 있었던 것이다. 한 사람의 실체는 그 자신만 보아

제갈량처럼 앞서가라

서는 제대로 알 수 없다. 그 사람이 속해 있는 가정과 같은 작은 조
직 속에서 그 사람이 어떻게 자라서 관계 맺고 어떤 역할을 하고 있
는지를 알면 정확한 파악이 가능하다. 제갈량은 사람이 기본적으로
사회적 관계의 존재임을 통찰한 것이다

수신보다 제가가 중요

이는 맹자를 비롯해 성리학을 집대성한 남송의 주희가 수신修身에서
해답을 찾은 것과 대비된다. 수신은 불가의 수행처럼 자신의 심신을
수양하는 것을 말한다. 엄밀히 말하면 제가와도 직접적인 연관이 없
다. 그럼에도 맹자와 성리학자들은 수신이 전제되어야 제가는 물론
치국평천하도 이룰 수 있다는 주장을 펴면서 수신이 곧 제가라는 논
지를 폈다. 전혀 틀린 말은 아니나 난세의 상황에서는 수신을 아무
리 잘할지라도 제가가 안 되는 경우가 많다.

천하와 나라가 어지러운 상황에서는 집안을 가지런히 다스리는
제가 또한 쉽지 않은 과제이다. 부부 사이에도 생각하는 바와 기질
이 다를 수 있고, 부모자식 사이에도 지향하는 바와 현실에 대한 평
가가 다를 수 있기 때문이다.

실제로 가장 가까운 부부와 부모자식 사이일지라도 난세에는 이
해관계가 충돌할 경우 서로 목숨을 노리는 일까지 빚어진다. 『한비
자』「비내備內」에 이를 뒷받침하는 대목이 나온다.

"만승의 대국 군주나 천승의 소국 군주의 경우, 후비后妃와 부인, 적자로서 태자가 된 자들 가운데 간혹 군주의 조기 서거를 바라는 자가 있다. 무엇으로 그러한 것을 알 수 있는가? 부부는 골육의 정이 없다. 사랑하면 가깝지만, 사랑하지 않으면 멀어진다. '어미가 사랑스러우면 그 자식도 품에 안아준다.'는 얘기가 있다 반대로 해석하면 '어미가 미우면 그 자식도 버린다.'는 얘기가 된다. 남자는 나이 50세가 되어도 호색하는 마음이 그치질 않는다. 여자는 나이 30세가 되면 미모가 쇠한다. 미모가 쇠한 부인이 호색한 장부를 섬기면 그자신이 내몰릴까 염려하고, 천시되지 않을까 염려하고, 자식이 보위를 잇지 못할까 염려한다. 이것이 후비와 부인들이 군주의 조기 서거를 바라는 이유이다. 모친이 태후가 되고 자식이 군주가 되어 명을 내리면 실행되지 않는 게 없고, 금령을 내리면 그쳐지지 않는 게 없고, 남녀 간의 환락도 선왕 때보다 줄지 않고, 만승의 대국을 마음대로 하여 서슴지 않는다. 이것이 군주를 독주인 짐주鴆酒로 독살하거나, 은밀하게 목을 졸라 죽이거나 목을 베려는 까닭이다. 옛 사서인『도올춘추檮杌春秋』에서 말하기를, '군주가 병으로 죽는 경우는 절반도 안 된다.'고 했다. 군주가 이를 알지 못하면 환난이 일어날 소지가 많아진다. 그래서 군주의 죽음으로 이익을 얻은 사람이 많을수록 군주는 위험해진다."

이해관계는 부부나 부자 지간도 원수로 만든다

『도올춘추』는 초나라 역사를 다룬 사서를 말한다. 지금은 전해지지 않지만 전국시대 말기 한비자는 이 사서를 읽었다. 춘추전국시대 당시 초나라 군주의 절반 이상이 부인이나 자식 또는 신하 등에 의해 독살毒殺되거나, 목이 졸려 죽는 액살縊殺 또는 목이 잘려 죽는 참살斬殺을 당했다는 지적은 이 사서에서 나온 것이다.

춘추전국시대는 하극상의 시대였다. 군주의 처자식과 신하들이 군주를 죽이는 행위가 비일비재했다. 열국 모두 그러했다. 『춘추좌전』의 기록이 뒷받침하고 있듯이 유독 초나라가 더 심했다. 부왕인 초성왕을 시해한 뒤 초목왕으로 즉위한 태자 상신이 대표적인 경우다. 난세에는 아무리 수신을 잘 할지라도 치국평천하는 말할 것도 없고 제가조차 제대로 이루기 어려울 수 있다는 얘기다. 같은 「비내」의 다음 구절이 이를 뒷받침한다.

"군주의 재난은 사람을 믿는데서 비롯된다. 다른 사람을 믿으면 그 사람으로부터 제압을 받게 된다. 신하는 군주와 골육의 친분을 맺고 있는 게 아니라 군주의 권세에 얽매여 어찌할 수 없이 섬기는 것이다. 신하된 자는 군주의 마음을 엿보고 살피느라 잠시도 쉬지 못하지만, 군주는 그 위에서 게으름을 피우며 교만하게 처신한다. 이 것이 세상에서 군주를 협박하고 시해하는 일이 생기는 원인이다. 군주가 자신의 자식을 지나치게 신임하면 간신들은 그 자식을 이용해 사욕을 채우려 한다. 전국시대 말기 조趙나라 권신 이태李兌가 조왕의 보좌가 되어 상왕인 조무령왕趙武靈王을 굶겨 죽인 게 그 증거다. 군주가 부인을 지나치게 신임하면 간신들이 그 부인을 이용해 사욕을 채우려 한다. 춘추시대 중엽 진헌공晉獻公 때 광대 시施가 진헌공의 여희驪姫의 사주를 받아 태자 신생申生을 죽음으로 몰아넣고 여희 소생의 해제奚齊를 태자로 세운 게 그 증거다. 무릇 아내처럼 가까운 사람과 골육의 친분이 있는 자식조차 신뢰할 수 없는데 나머지 사람들은 더 말할 것도 없다."

국가공동체와 가족공동체의 공통점은 책임자의 의무

난세에는 난세의 논리가 있다. 치세의 논리로 접근할 경우 예외 없이 낭패를 볼 수밖에 없게 된다. 제갈량이 치국의 요체를 '수신'이 아닌 '치가'에서 찾은 것도 이런 맥락에서 이해할 수 있다. 국가공동체와 가족공동체 간의 크고 작은 차이는 있을지언정 공동체라는 점에서는 동일하다. 한 나라의 군주와 한 집안의 가장은 기본임무에서 동일하다. 군주의 기본임무는 나라를 지키며 백성을 편안케 만드는 보국안민保國安民이다. 마찬가지로 가장의 기본임무는 가정을 지키며 일족을 편안케 만드는 보가안족保家安族이다. 이게 제대로 이뤄지지 않을 경우 이내 파열음이 날 수밖에 없다. 심한 경우 군주와 가장은 시해를 당하게 된다. 제갈량이 '치국'과 '치가'의 이치를 동일시한 근본배경이 바로 여기에 있다. 난세의 논리를 통찰한 결과다. 후대의 사가들이 제갈량을 조조와 마찬가지로 유가가 아닌 법가로 본 것도 바로 이 때문이다.

그렇다면 '입본'의 본本은 무엇을 의미하는 것일까? 제갈량의 사상을 가장 잘 드러내고 있다는 평가를 받고 있는 『편의16책』의 「치국治國」은 '본'을 이같이 풀이해 놓았다.

제갈량처럼 앞서가라

"근본은 다른 것에 앞서 시작하는 창시倡始의 작용을 한다. 나머지 것들은 이에 호응한다. 창시는 천지天地이고, 이에 호응하는 것은 만물萬物이다. 만물은 하늘이 없으면 생길 수 없고, 땅이 없으면 자라날 수 없고, 사람이 없으면 이룰 수 없다. 사람과 군주의 행동 모두 하늘에 순응해야 하는 이유다. 마치 북극성이 주군이 되고, 삼태성三台星이 보좌하며 대신이 되고, 별자리인 열수列宿가 속관屬官이 되고, 뭇별인 중성众星이 인민이 되는 것과 같다. 하늘이 상도常道를 잃으면 거스르는 기운인 역기逆氣, 땅이 상도를 잃으면 사물이 말라죽는 고패枯敗, 사람이 상도를 잃으면 우환과 재해인 환해患害가 나타난다."

하늘과 땅과 사람의 천지인天地人 3재三才가 서로 조화를 이루듯이 군주와 신하와 백성이 하나가 되는 것을 '본'으로 간주했음을 알 수 있다. 치국과 치가의 이치를 동일시한 제갈량의 주장에 따르면 가장은 곧 군주, 부인은 신하, 자식은 백성에 해당한다.

객관적으로 볼지라도 '보국안민'의 치국 논리가 '보가안족'의 치가 논리와 다를 리 없다. 제갈량이 치국과 제가를 동일시한 논리적 배경이 여기에 있다. 제가는 물론 치국을 넘어 평천하에 이르기까지 수신의 결과물로 간주한 맹자와 성리학자들의 주장과 극명한 대조를 이룬다.

제갈량은 치국과 제가를 동일시하면서 평생 자신의 논리에 어긋나지 않게 살았다. 제갈량은 개인적으로나 가정적으로나 국가적으로나 도덕적으로 완벽에 가까웠다고 볼 수 있다.

어찌 보면, 삼국시대 그가 이루어놓은 실제적 성과보다 후대의 사람들에게 더욱 추앙과 존경을 받고 있다. 조조나 사마의는 현실의 막강한 권세를 누렸다면, 제갈량은 죽은 지 1,700여 년이 지난 지금까지도 역사와 전설로서 명성을 떨치고 있는 것이다.

누군가에게 책임을 맡기고
그를 신뢰한다는 사실을 알게하는 것만큼
그 사람을 성장시키는 일은 없다.

– 부커 T. 워싱턴 Booker T. Washington

15 '뛰어난 인재'를 영입하라

빙현계
聘賢計

인재를 초빙하는 것은 마치 딸을 시집보내고, 아내를 얻는 이치와 같다. 스스로 시집을 가겠다고 하는 처녀가 없고, 스스로 돈을 들여가며 남의 아내가 되고자 하는 경우는 없다. 여인은 혼례용 재물을 받는 것으로 자신의 정조를 보여주고자 하고, 선비는 빙례용 비단을 받는 것으로 자신의 명성을 떨치고자 한다. 군주가 예를 갖춰 현사를 초빙해야 그 나라가 이내 평안을 얻게 된다.

_『편의16책』「거조」

제갈량이 자신을 '관중과 악의'에 비유한 까닭
 1) 관중과 악의와 같은 뛰어난 인재는 국가의 대업 달성 가능
 2) 뛰어난 인재를 구하려면 많은 노력이 필요하다는 사실 강조

현대 중국의 유명한 역사학자이자 작가인 곽말약은 제갈량의 초당에 '하은주 시대 이래 최고의 인물'이라는 뜻으로 '三代下一人'이라고 써놓았다. 또한 곽말약은 제갈량을 도연명과 비교하면서 "제갈무후는 융중에서 농사를 지었으니 도연명에 못지않게 아름답다. 그러나 도연명은 평생을 나서지 않았지만, 무후는 업적을 스스로 드러내었다"고 하였다.

제갈량처럼 앞서가라

세상에 뛰어난 인재는 많지만 최고의 조직에서 최적의 활약을 펼치기는 쉽지 않다. 인재를 구하려는 자와 인재가 최적의 상태에서 만나야 시너지 효과를 낼 수 있다.

제갈량은 그 스스로가 삼고초려를 통한 유비의 각고의 노력 속에 발탁된 까닭에 인재 영입의 중요성에 대하여 특별히 강조한 것이다. 때문에 제갈량이 『편의16책』「거조」에서 예의를 갖추어 현명한 인재를 초빙해야 한다고 역설한 것은 당연한 이치다. 청년시절의 제갈량은 자신을 패업을 달성한 제나라 관중과 약소국 연나라의 부흥을 이끈 악의에 비유할 정도로 자부심이 대단했다. 뛰어난 인재일수록 뜻이 크고 넓으며 자존감이 강하기 마련이다. 인재 영입은 어려운 일이지만 그만큼 조직의 발전과 성패를 좌우한다. 현대 프로축구에서 천문학적인 돈을 들여 뛰어난 감독이나 선수를 영입하는 것도 이런 이유다. 뛰어난 감독이나 선수 몇 명의 활약 여부에 따라 팀의 성적이 결정적으로 영향을 받기 때문이다.

현명하고 유능한 인재가 조직력의 기본이다
역사상 예를 갖춰 인재를 초빙한 최초의 사례로 주문왕이 태공망 여상을 왕사王師로 모신 것을 들 수 있다. 유비가 제갈량을 군사軍師로 초빙한 것과 닮았다.

『사기』「제태공세가」에 따르면 여상은 동해東海 부근 사람이다. 선조는 일찍이 4악四嶽이 된 후 하나라 우왕이 물과 땅을 정리하는 것을 돕는 대공을 세웠다. 이들은 순임금과 하나라 우왕 시대에 여呂

또는 신申 땅에 봉해졌다. 성姓은 강씨姜氏였다. 하나라와 은나라 때는 방계의 후손이 신과 여 땅에 봉해지기도 했고, 또 서민이 되기도 했다. 상尚은 그 후예이다. 본래의 성은 강씨였으나 이후 봉지인 '여'를 성으로 삼은 까닭에 여상呂尚으로 불린 것이다.

일찍이 여상은 곤궁하고 연로했다. 낚시질로 주나라 서백西伯에게 접근하고자 했다. 이때 서백이 사냥을 하기 위해 먼저 점을 쳤다. 이런 점괘가 나왔다.

"잡을 것은 용도 이무기도 아니고, 호랑이도 곰도 아니다. 잡을 것은 패왕覇王의 보필이다."

서백이 사냥을 나갔다가 과연 위수渭水 북쪽에서 여상을 만났다. 얘기를 나누고는 크게 기뻐했다.

"우리 선대인 태공太公이 이르기를, '장차 성인이 주나라에 올 것이고, 주나라는 그로 인해 일어날 것이다.'라고 했소. 선생이 실로 그분이 아니오? 우리 태공이 선생을 기다린 지 오래됐소."

여상을 '태공망太公望'이라고 부르게 된 이유다. '태공'은 주문왕의 조부인 고공단보古公亶父立를 가리킨다. 주문왕은 이내 여상과 함께 수레를 타고 궁으로 돌아와 왕사王師로 삼았다. 혹자는 이같이 말했다.

"태공은 박학다식해 은나라 주紂를 섬겼으나 주가 포악무도한 모습을 보이자 이내 떠나버렸다. 제후들에게 유세했지만 알아주는 자를 만나지 못했다. 그러다가 마침내 서쪽으로 가서 주 서백에게 의지하게 됐다."

혹자는 이같이 말하기도 했다.

"여상은 처사의 모습으로 바닷가에 숨어 살았다. 서백이 유리羑里에 구금되자 평소 여상을 알고 있던 산의생과 굉요가 그를 불러냈다. 여상이 말하기를, '내가 듣기에 서백은 현명하고 또 어른을 잘 모신다고 하니 어찌 그에게 가지 않겠는가?'라고 했다. 이들 3인은 서백을 위해 미녀와 보물을 구해 은나라 주에게 속죄의 대가로 바쳤다. 서백이 구금에서 풀려나 주나라로 돌아올 수 있었던 이유다."

주문왕과 주무왕의 스승이 되었던 강태공 여상

전설에 따라 여상이 주나라를 섬기게 된 경위를 달리 말하나 그가 주문왕과 주무왕의 스승이 되었다는 점에서는 동일하다. 당시 서백은 유리에서 돌아온 뒤 여상과 은밀히 계책을 세운 뒤 덕행을 열심히 닦아 마침내 은나라를 무너뜨렸다. 뛰어난 용병술과 기묘한 계책을 편 덕분이다. 후대에 용병술과 주나라의 권모權謀를 말하는 자들 모두 태공망 여상을 그 효시로 존경하는 이유다.

서백이 공평한 정사를 하고, 우나라와 예나라의 분쟁을 해결하자 사람들이 서백을 '천명을 받은 문왕文王'이라고 기렸다. 주문왕은 숭崇과 밀수密須 및 견이犬夷 등을 정벌하고, 풍豊을 크게 건설했다. 이를 두고 사마천은 「제태공세가」에서 이같이 칭송했다.

"당시 천하의 3분의 2를 주나라에 귀순하게 한 것은 대부분 여상의 계책에 따른 덕분이었다."

이후 서백은 지금의 섬서성 장안長安 서남쪽 풍하豊河 서쪽에 풍읍豊邑을 건설한 뒤 기산岐山 아래서 이곳으로 천도했다. 『시경』「대아,문왕유성文王有聲」에 '풍'의 명칭이 처음으로 나온다. 이후 주무왕이 이웃한 호경鎬京으로 재차 천도했으나 영대靈臺 등이 존재한 '풍읍'의 궁정을 없애지는 않았다. 후대의 사람들은 풍읍과 호경을 묶어 풍호豊鎬라고 부르고 있다.

훗날 진秦나라는 전국시대 중엽의 진효공秦孝公 때 상앙商鞅의 건의에 따라 풍호의 곁에 함양을 세우고 그곳으로 천도했다. 한고조 유방도 함양 인근의 장안에 도읍했다. 장안은 당나라 때까지 일부 왕조가 낙양洛陽으로 천도한 시기를 제외하고는 계속 역대 왕조의 도성이 되었다. 서주 때부터 계산하면 근 2천년 동안 천하의 정치문화 중심지로 존재한 셈이다. 그 단초를 연 사람이 서백 즉 주문왕이었던 셈이다.

서백은 풍읍으로 천도한 이듬해에 죽었다. 그는 50년 동안 재위하면서 조부인 고공단보를 높여 태왕太王으로 추존하고, 부친인 공계公季를 왕계王季로 높였다. 대략 주나라 왕업이 태왕 고공단보로부터 시작됐다고 보았기 때문인 듯하다. 그의 뒤를 이어 태자가 즉위했는데, 그가 주무왕이다.

주무왕은 즉위 후 여상을 군사 및 용병 등의 자문에 응하는 군사軍師로 삼고, 동생인 주공周公 단旦을 곁에 머물며 국정자문에 응하는 보국輔國에 임명했다. 소공召公과 필공畢公 등은 곁에서 보좌하며 주문왕이 남긴 유업을 배워 널리 펼치는 일을 했다.

글 읽는 선비와 화장하는 여인의 공통점

스스로를 관중에 비유한 제갈량이 『편의16책』「거조」에서 '군주가 예를 갖춰 현사를 초빙해야 그 나라가 이내 평안을 얻게 된다.'고 언급한 것은 결국 정당한 대가를 지불해야만 뛰어난 인재를 곁에 두고 참모로 부릴 수 있다는 것이다. 제갈량은 사람을 얻는 득인得人과 사람을 쓰는 용인用人의 요체를 터득한 것이다.

같은 「거조」에서 '여인은 혼례용 재물인 재빙財聘을 받는 것으로 자신의 정조를 보여주고자 하고, 선비는 빙례용 비단인 현훈玄纁을 받는 것으로 자신의 명성을 떨치고자 한다.'고 언급한 게 그렇다. 이는 마치 전국시대 초기 협객 예양豫讓이 자신을 알아준 주군 지백智伯의 원수를 위해 목숨을 내걸고 복수전에 나선 것에 비유할 만하다. 『전국책』「조책趙策」은 예양의 입을 빌려 이런 명언을 실어 놓았다.

"선비는 자신을 알아주는 사람知己者을 위해 목숨을 바치고, 여인은 자신을 사랑해주는 사람悅己者을 위해 화장을 하는 법이다."

실제로 제갈량은 자신에게 지우지은知遇之恩을 베푼 유비를 위해 죽는 순간까지 온 몸을 내던져 충성하는 모습을 보였다. 21세기 현재까지 후대인들이 그의 충심忠心과 충정忠情을 높이 기리는 것도 이 때문이다.

스티브 잡스가 인재에 관해 이런 말을 했다.

"훌륭한 인재들은 스스로를 관리합니다. 그들은 남의 관리를 필요로 하지 않아요."

맞는 말이다. 삼국시대의 걸출한 인재 제갈량은 그 최적의 표본이다. 그러나 그 전에 그런 인재를 찾는 일은 대단히 어려운 일이다. 현대는 인재전쟁의 시대다. 뛰어난 인재를 영입하기 위한 특별한 방법이 더욱 필요한 시기다.

제갈량처럼 앞서가라

16 '겉치레를 버리고 실질'로 나아가라

취질계
就质計

혼란을 다스리는 치란治乱에 관한 정사는 불필요한 관직을 줄이고 유사한 관직을 합치는 생관병직과, 겉치레를 버리고 실질로 나아가는 거문취질을 말한다.

_「편의16책」「치란」

후대인의 존경과 추앙을 받는 제갈량의 비결

1) 공적으로 공평무사했던 청렴한 지도의 모범
2) 허례허식을 버리고 백성을 위했던 유능한 관리의 표상

조조를 상징하는 대표적인 브랜드의 성격이 '대담성과 능력'이라면 제갈량을 상징하는 브랜드의 특성은 '사심없는 통찰력'일 것이다. 제갈량은 유비의 삼고초려 덕분에 27세의 젊은 나이로 단숨에 조직의 2인자의 자리에 발탁되었지만 죽을 때까지 개인적 이익을 목적으로 하지 않았다. 제갈량은 언제나 1인자 유비의 뜻을 받들고 국가에 목숨을 바쳐 충성했으며, 승상이라는 최고통치자의 자리에서도 결코 사사로운 이익을 얻고자 하지 않았다.

삼국시대는 기본적으로 혼란기였다. 혼란의 시기일수록 조직은 단순하고 효율적일 필요가 있었다. 공평무사하고 청렴한 지도자로서

제갈량은 이 사실을 미리 통찰하고 있었다. 때문에 제갈량이『편의 16책』「치란」에서 '겉치레를 버리고 실질로 나아갈 것'을 강조한 것은 당연한 결과다. 제갈량은 기본적으로 나라의 기반을 튼튼히 하고 백성들의 생업을 안정시키기 위한 전략을 추구한 것이다.

춘추시대 중엽 제환공을 도와 첫 패업을 이룬 관중은 부국강병富國强兵 계책을 흉내 낸 것이다.『관자』「치국」에 이를 뒷받침하는 대목이 나온다.

"무릇 치국의 길은 반드시 우선 백성을 잘살게 하는 데서 시작한다. 백성들이 부유하면 다스리는 것이 쉽고, 백성들이 가난하면 다스리는 것이 어렵다."

관중사상의 가장 큰 특징 중 하나를 '백성을 반드시 부유하게 만든다'는 뜻의 '필선부민必先富民'에서 찾는 이유다. 그는 제자백가 가운데 요즘의 경제학파라 할 수 있는 이른바 상가商家의 효시에 해당한다. 상가는 통상 제자백가의 일원으로 거론되지 않고 있으나 거만의 재산을 모은 공자의 제자 자공子貢의 사례를 통해 알 수 있듯이 분명 하나의 사상적 흐름으로 존재했다. 사마천이『사기』를 쓰면서「평준서」와「화식열전」을 편제한 사실이 이를 뒷받침한다.

요즘으로 치면「평준서」는 경제정책,「화식열전」은 경제경영 이론서에 해당한다. 사마천은「화식열전」에서 관중을 상가의 사상적 비조, 자공을 공부하며 사업을 병행하는 이른바 유상儒商의 효시로 특별히 기록해 놓았다.

「화식열전」과 『국부론』의 유사성

「화식열전」의 내용은 자본주의 이론의 효시로 여겨지는 애덤 스미스의 역저 『국부론』을 방불한다. 실제로 『국부론』에 나오는 모든 내용이 「화식열전」에 수록돼 있다. 관중은 '부민'을 이루는 구체적인 방안으로 농업과 함께 상공업을 진흥시켜야 한다고 주장했다. 이를 농상병중農商竝重이라고 한다. 그는 말업末業으로 치부된 상공업을 본업本業인 농업과 같은 비중으로 중시한 최초의 경제학자에 해당한다. 많은 사람들이 관중의 사상을 '부민주의'로 요약하는 이유다.

'부민'은 부국강병의 기본 전제

동서고금의 역사가 증명하듯이 「화식열전」의 부민부국 이론은 한 치의 착오도 없이 그대로 맞아 떨어졌다. '부민'은 부국강병의 대전제에 해당한다. 이는 부민이 이뤄져야 부국이 가능하고, 부국이 가능해야 강병이 실현된다는 지극히 간단한 이치이다. 당태종은 비록 유가의 중농重農 이론에 치우치기는 했으나 '부민'의 중요성만큼은 당대의 그 누구보다 절감하고 있었다. 『정관정요』「무농」에 이를 뒷받침하는 일화가 나온다. 정관 2년인 628년, 당태종이 좌우 신하에게 물었다.

"무릇 일을 할 때는 근본에 힘써야 하오. 나라는 백성을 근본으로 삼고, 백성은 먹고 입는 것을 근본으로 삼소. 먹고 입는 것은 농사철을 잃지 않는 것을 근본으로 삼소. 농사철을 잃지 않으면 군주는 백성들을 번거롭게 하지 않고 나라를 다스릴 수 있소. 군사동원이 계속되고 토목 사업이 그치지 않으면서 농사철을 빼앗지 않으려고 하면 과연 이게 가능한 일이겠소?"

곁에 있던 시중 왕규가 대답했다.

"전에 진시황과 한무제는 대외적으로 누차에 걸쳐 큰 전쟁을 일으키고, 대내적으로 화려한 궁궐을 짓는데 여념이 없었습니다. 민력이 고갈되자 곧바로 난이 일어났습니다. 그들이라고 어찌 백성들을 안정시키려는 생각을 하지 않았겠습니까? 이는 백성들을 안정시킬 방법을 잃은 탓입니다. 수나라의 패망은 우리 당나라에게 마치 은나라가 가까운 하나라의 패망사례를 거울로 삼아야 한다는 뜻의 은감불원殷鑑不遠에 해당합니다. 폐하는 수나라의 병폐를 직접 이어받은 셈이므로 이를 어떻게 혁파해야 할 지 잘 알고 있을 것입니다. 매사가 그렇듯이 시작은 쉽지만 유종의 미를 거두기란 실로 어려운 일입니다. 엎드려 바라건대 폐하는 처음부터 끝까지 조심하고 삼가서 지치至治를 이루도록 하십시오."

당태종이 칭찬했다.

"그대의 말이 옳소. 무릇 백성들을 평안하게 하고 나라를 안녕하게 하는 것은 오직 군주에게 달려 있소. 군주가 지나치게 욕심을 내면 백성들은 고통스러워할 것이오. 짐이 감정을 억제하며 욕심을 줄이고, 극기하며 스스로 노력하는 이유가 여기에 있소."

제갈량처럼 앞서가라

고금을 막론하고 백성들이 먹고 사는 문제를 해결하지 않고는 바른 정사를 펼 길이 없다. 백성들이 본업에 안심하고 종사토록 군주가 스스로 절제하며 근면한 자세를 견지할 필요가 있다. 같은「무농」에 이를 뒷받침하는 일화가 나온다. 정관 16년인 642년, 풍년으로 인해 전국의 곡물 가격이 평균 1두에 5전, 특히 낮은 곳은 1두에 3전밖에 안 되었다. 당태종이 시신들에게 말했다.

"나라는 백성을 근본으로 삼고, 백성은 밥으로 목숨을 잇소. 짐은 억조億兆 창생의 부모요. 식량이 부족하면 나라는 백성을 온전히 보유할 수 없소. 이번에 풍년이 들어 양식이 풍족해졌으니 짐은 스스로 절검하는 모습을 보이며 반드시 사치하거나 낭비하는 일이 없도록 할 것이오. 짐은 늘 천하 사람에게 상을 내려 모두 부귀하게 만들려는 생각을 갖고 있소. 부역과 세금을 줄이면서 농사철을 빼앗지 않는 식으로 집집마다 모든 사람들로 하여금 안심하고 생업에 종사하도록 만들 생각이오. 이것이 백성들을 부유하게 만드는 길이오. 또 그들에게 예양을 실행하도록 격려해 마을 내에서 젊은이는 어른을 공경하고, 아내는 지아비를 존경하도록 할 것이오. 이는 백성들을 귀하게 만드는 길이오. 천하를 이같이 만들 수만 있다면 짐은 음악도 듣지 않고, 사냥도 가지 않을 것이오. 모든 즐거움은 바로 그 안에 있을 것이오."

지도층의 사치는 조직 발전의 가장 큰 적
당태종이 천하 사람을 모두 부귀하게 만들 생각으로 '부역과 세금을 줄이면서 농사철을 빼앗지 않는 식으로 집집마다 모든 사람들로 하여금 안심하고 생업에 종사하도록 만들 생각이다.'라고 밝힌 점에 주목할 필요가 있다.

예로부터 지도층의 사치는 백성들의 근로의욕을 갉아먹는 원흉이다. 21세기라고 달라질 리 없다. 사회적 약자에 대한 인프라를 촘촘하게 짜는 것은 필요하지만 인민의 근로의욕을 잃게 만드는 퍼주기식의 무차별적인 복지정책을 지양해야 하는 것은 바로 이 때문이다. '용비'와 '용관'의 척결이 전제되지 않으면 아무리 많은 재화를 생산할지라도 재정이 이내 바닥이 나고 만다. 재정이 바닥나면 결국 인민의 호주머니를 터는 식으로 세금 징수가 늘어날 수밖에 없다. 공물과 부역 등을 줄여야 하는 근본 이유가 여기에 있다.

당태종 이세민은 이를 숙지하고 있었다. 『정관정요』「검약」에 나오는 다음 일화가 이를 뒷받침한다. 정관 2년인 628년, 공경들이 이같이 상주했다.

"『예기』「월령」에 따르면 여름의 마지막 한 달은 높이 쌓아올린 망루인 대사臺榭에서 거주할 수 있습니다. 지금 여름이 아직 물러가지 않았고, 가을비가 벌써 내리기 시작한 까닭에 황궁 안의 낮은 곳은 매우 습합니다. 청컨대 누각 하나를 새로 지어 그곳에 머물도록 하십시오."

당태종이 말했다.

"짐은 기력이 쇠약해지는 병을 알고 있소. 어찌 낮고 습한 곳이 좋을 리 있겠소? 그러나 그대들의 요청을 받아들이면 실로 낭비가 많을 것이오. 일찍이 한문제는 노대를 만들다가 10가구 재산에 해당하는 비용을 아까워해 결국 세우지 않았소. 짐은 덕행 면에서 한문제를 따르지 못하고 있는데도 재화의 소비는 그를 넘어서고 있소. 이어찌 백성들의 부모인 군주의 도리라고 할 수 있겠소?"

공경들이 거듭 주청을 했으나 당태종은 끝내 허락하지 않았다. 이는 결코 겉으로 보여주기 위한 제스처가 아니었다. 사치를 멀리 한 검박한 모습은 당태종의 트레이드마크이기도 했다. 같은 「검약」에 나오는 다음 일화가 이를 뒷받침한다. 정관 4년인 630년, 당태종은 좌우 시신에게 이같이 말했다.

"궁궐과 전각을 확장해 꾸미고, 연못의 누대 위에서 노니는 것은 제왕이 원하는 것일 뿐 백성들은 오히려 이를 원하지 않소. 제왕들이 바라는 것은 방탕하게 노니는 것이오. 백성들이 이를 바라지 않는 것은 바로 백성들을 수고롭고 피폐하게 만들기 때문이오. 공자는 『논어』 「위령공」에서 말하기를, '한마디로 평생 실행할 수 있는 글자를 꼽으라면 아마도 남을 내 몸처럼 생각하는 서恕일 것이다. 자신이 원하지 않는 일을 남에게 강요해서는 안 된다!'고 했소. 백성들을 수고롭고 피폐하게 만드는 일은 실로 백성들에게 강요해서는 안 되오. 짐은 제왕의 존귀한 자리에 앉아 있는 덕분에 천하의 모든 부를 한 몸에 지니고 있소. 모든 일은 짐으로부터 나오는 까닭에 스스로 절제해야만 하오. 백성들이 바라지 않는다면 반드시 그들의 정서를 좇아야만 하오."

위징이 화답했다.

"폐하는 본래 백성들을 가련하게 여기면서 늘 스스로 절제하는 식으로 민심을 좇았습니다. 신이 듣건대 '군주가 자신의 욕망을 민정民情에 맞추는 나라는 창성하고, 백성을 수고롭게 만들어 자신의 향락만 꾀하는 나라는 패망한다.'고 했습니다. 수양제는 탐심에 끝이 없어 사치와 향락만 추구했습니다. 군주가 어떤 것을 좋아하면 반드시 아래에서는 경쟁적으로 이를 좇기 마련입니다. 상하가 서로 끊임없이 사치를 다투면 결국 패망에 이르게 됩니다. 이는 역사서에 기록되어 있을 뿐만 아니라 폐하도 직접 목도한 것이기도 합니다."

당태종이 칭송했다.

"그대의 응대가 실로 훌륭하오. 그대가 아니면 짐이 어디서 이런 말을 들을 수 있겠소!"

『정관정요』「논정」에도 유사한 일화가 나온다. 정관 9년인 635년, 당태종이 좌우 시신에게 말했다.

"전에 처음 수나라 도성을 평정했을 때 궐 안은 미녀와 진귀한 보물들로 가득차지 않은 곳이 없었소. 수양제가 만족할 줄 모르고 끝없이 물건을 거둬들인 탓이오. 동서로 정벌을 하느라 힘을 다 썼는데도 전쟁을 다그쳤소. 백성들이 이를 감당하지 못해 결국 패망하고 말았소. 이 모두 짐이 직접 목격한 것이오. 짐이 조석으로 열심히 노력하고 청정무위의 도리로 천하가 평안해지기를 바라는 이유요. 부

제갈량처럼 앞서가라

역이 과도하게 일어나지 않고, 해마다 풍년이 들어 백성들이 안락하기를 기대하는 것이오. 나라를 다스리는 것은 나무를 기르는 것과 같소. 뿌리가 흔들리지 않으면 가지와 잎이 무성해지오. 군주가 청정무위의 도리로 다스릴 수만 있다면 백성들이 어찌 평안하지 않을 리 있겠소!"

거문취질하고 생관병직하라

민생을 안정시키려면 군주 스스로 절제하며 사치를 멀리해야 한다. 그러나 군주가 아무리 절제하는 모습을 보일지라도 황실과 관청이 이를 본받지 않을 경우 그 효과는 반감할 수밖에 없다. 예나 지금이나 개인이나 기업, 국가를 막론하고 지출이 많으면 아무리 수입이 많을지라도 이내 적자로 돌아설 수밖에 없다. 최고통치권자가 천하에 임할 때 할 일 없이 국록을 축내는 관리를 퇴출시키고, 필요하지 않은 사업에 대한 비용을 제거해야 한다. 제갈량이 『편의16책』「치란」에서 겉치레를 버리고 실질로 나아가는 거문취질去文就质과 더불어 불필요한 관직을 줄이고 유사한 관직을 합치는 '생관병직省官幷職'을 역설한 것도 이런 맥락에서 이해할 수 있다.

　지금도 우리는 도처에서 국가 지도층이나 기업조직을 이끌어 가는 사람들의 부패를 자주 보게 된다. 지도층의 탐욕과 부패는 조직이 패망하는 결정적인 지름길이다. 죽은 지 1700년이 지나서도 수많은 사람들의 추앙과 흠모를 받는 제갈량의 모습에서 참다운 지도자의 길이란 어떤 것인가를 깊이 생각해봐야 할 것이다.

개개인의 역량은 물론 매우 중요하다.
그러나, 개개인들의 협업방식과 전략은
개개인의 역량을 조절하는 변수이다.

– 일론 머스크 Elon Musk

제갈량처럼 앞서가라

17 '통 크게 용서'하고 '통 크게 배려'하라

종금계
縱擒計

유비가 죽고 나서 유선이 어리고 약했던 까닭에 크고 작은 일 모두 제
갈량이 전담했다. 이에 밖으로는 동오와 연결하고, 안으로는 남월을
평정했다.

_「삼국지」「촉서, 제갈량전」

일곱 번 잡았다 일곱 번 놓아준 제갈량의 생각

1) 소수민족들이 많은 남만 지역 백성들에 대한 배려
2) 불과 4달 만에 남만 지역의 반란을 성공적으로 진압

223년 유비가 죽고 나서 촉한의 실질적인 최고 통치자이자 군사책
임자가 된 제갈량은 나라 안을 정비한 뒤에 먼저 한 것은 남만 지역
정벌이었다. 유비의 뜻을 이어받아 북벌을 단행하기 전에 우선 후방
지역의 근심을 해결해야 했던 것이다. 진수의 「제갈량전」에는 제갈
량이 북벌을 결행하기에 앞서서 한편으론 군수물자의 배후지를 조
성하고, 한편으론 후방의 근심을 종식시키기 위해 동오와 손을 잡고
남정에 나서는 모습을 설명하고 있다.

이러한 역사적 사실이 나관중의 『삼국연의』에서는 제갈량이 남만
원정에서 남만 지역의 추장인 맹획을 일곱 번 잡았다가 일곱 번 놓

아주는 이른바 '칠종칠금'의 신출귀몰한 군사전 전략으로 묘사되고 있는 것이다.

이후 '칠종칠금'은 상대를 마음대로 잡았다가 마음대로 놓아주는 경지를 이르는 성어로 굳어졌다. '칠종칠금'은 정사『삼국지』가 아닌 역사소설『삼국연의』에 나오는 대표적인 성어다.

『삼국연의』는 '칠종칠금'을 매우 비중 있게 다루고 있다. 제87회부터 제90회에 이르기까지 무려 4회에 걸쳐 당시 상황을 묘사하고 있는 게 그렇다. 상당부분이 허구로 역사적 사실과는 차이가 있으나 제갈량이 당시 지금의 운남성과 귀주성 일대의 이민족을 효과적으로 제압하여 '불평불만'을 미리 제거하고 군수물자의 배후지로 조성한 것만은 분명하다. 더구나 21세기 현재까지도 '칠종칠금' 성어가 널리 회자되고 있는 만큼 그 배경을 자세히 알아보자.

진수『삼국지』에 나오는 칠종칠금의 대목

진수의『삼국지』에는 건흥 3년인 225년에 제갈량이 남정을 성공적으로 마침으로써 '군자軍資가 여기서 나온 까닭에 나라가 부유하고 풍요로워졌다.'는 구절만 나올 뿐이다. 다만 배송지 주에 인용된『한진춘추』에 맹획에 대해 '칠종칠금'을 행함으로써 심복하게 만들었다는 내용이 간략히 소개돼 있을 뿐이다.『삼국연의』가 무려 4회에 걸쳐 상세히 묘사해 놓은 것과 비교할 수조차 없다. 설령 소설적 허구의 과장이 있다고 할지라도 전혀 터무니없는 얘기가 아닌 만큼 제갈량의 뛰어난 용무用武를 엿볼 수 있는 대목에 해당한다.

초기 전투에서 제갈량이 일종의 간첩 작전을 활용해 반기를 든 옹개를 죽인 것은 역사적 사실에 가깝다. 그러나 월수군越巂郡에 사는 수족叟族의 추장 고정을 이용해 장가牂柯 태수 주포를 처치한 것은 허구이다. 옹개와 고정 모두 제갈량에 의해 죽임을 당했다. 「촉서, 마충전」과 『화양국지華陽國志』「남중지南中志」는 마충馬忠이 주포를 죽이고 장가군을 점령한 것으로 기록해 놓았다.

당시 맹획은 옹개와 고정 및 주포 등이 모두 죽었다는 소식을 듣고 크게 놀랐다. 곧바로 패잔병들을 이끌고 노수瀘水를 건넌 뒤 지금의 운남성 회택인 당랑堂狼을 거쳐 건녕으로 후퇴해 전열을 정비했다. 제갈량은 여세를 몰아 전군을 이끌고 노수를 건너 맹획을 추격하기 시작했다. 『삼국연의』는 이때 제갈량이 영창군의 아전 여개呂凱가 바친 지도를 토대로 남만정벌을 성사시키게 되었다고 묘사해 놓았으나 당시 그런 지도가 있었는지 의문이다. 비록 사서에 나타나지는 않지만 제갈량은 당시 현지인으로부터 큰 도움을 받았을 것으로 짐작된다.

귀주 거주 토착인 추장의 도움
이와 관련해 귀주성 일대에서는 제갈량의 남만정벌과 관련해 특이한 전설이 내려오고 있다. 그것은 귀주에 거주하던 토민의 추장인 제화濟火의 도움으로 제갈량이 공을 세우게 되었다는 전설이다. 제화는 비록 중국의 사서에는 나오지 않고 있으나 지방지를 비롯한 여러 책에 등장하고 있다. 『귀주통지貴州通志』에 따르면 제화는 장가군에 살았던 이민족이 수령이었다. 『귀주통지』는 그의 모습을 이같이 묘사해 놓고 있다.

"눈이 크고 키가 크며 얼굴 생김새가 이상했다. 이가 희고 흑두건으로 머리를 둘렀는데 머리에는 뿔이 났다. 싸움을 잘하고 신의를 존중하며 백성을 잘 어루만져 만족에게서 수령으로 추앙되었다. 제갈량이 남만을 정벌한다는 소식을 듣자 그는 식량을 쌓아 길을 순조롭게 하고 무후의 서남이西南夷 정벌을 도와 맹획을 생포했다."

제갈량은 불모의 땅으로 들어갔을 때 군량미도 부족했고 지리도 어두웠다. 만일 누군가가 군량미를 지원하고 길 안내를 하지 않았다면 반드시 여러 번 곤경에 처했을 가능성이 높다. 더구나 단기간에 전과를 올리기도 어려웠을 것이다.

제갈량의 남정을 환영한 남만지역의 백성들

그렇다면 『귀주통지』에 나온 것과 같이 과연 제화가 자신의 부족을 이끌고 나와 길 안내를 하며 식량을 바치고 맹획 등을 포획하는데 일조한 것일까?

청조의 도광조道光朝가 지은 『대정부지大定府志』는 지금의 귀주 대방현大方縣이 제화의 봉지로 기록하고 있다. 대방현의 문화재 관리소가 보관하고 있는 '제화공덕비'에는 귀주 일대의 토착민인 검인黔人들이 사용하는 독특한 문자인 이문彝文으로 쓴 기록이 남아 있다. 검인들은 지금도 제갈량을 제사지낼 때에는 반드시 제화의 상을 만들어 옆에 모시고 같이 예의를 드리고 있다. 명청대에 귀양貴陽의 무후사에는 제화의 조각상이 있었다. 귀주의 대정大定과 고주古州 등지에도 제화의 업적을 기리는 제화사濟火祠가 지금도 남아 있다.

그러나 사서에는 당시 제갈량이 귀주지역으로 진입했다는 기록이 전혀 나타나지 않고 있다. 제화에 관한 일은 모두 귀주 지역에만 전해지고 있는 것도 의문이다. 후세에 누군가가 제갈량과 제화를 연결시키기 만들어낸 허구일 가능성도 있다. 그러나 제갈량이 불과 4달 만에 반란을 성공적으로 진압한 데에는 분명히 그 지역 소수 민족의 지지가 있었기 때문에 가능했다고 보아야 한다. 나아가 제화에 관한 고사는 당시 남만지역의 백성들뿐만 아니라 그들의 후손에 이르기까지 제갈량의 남정을 매우 긍정적으로 수용하고 있다는 증거라고 볼 수 있다.

제갈량의 '칠종칠금' 계책은 역사적 사실로 간주해도 큰 무리는 없다. 제갈량의 남정은 기본적으로 '융중대' 때 언급한 '무화책撫和策'에서 출발한 것이다. '무화책'은 남방을 안정시켜 이민족과 한족이 서로 편히 지내는 사이를 만드는 게 목표였다. 제갈량은 남정을 통해 이를 완성시킨 셈이다. 중국이 3세기 초 서남쪽 이민족이 사는 지금의 운남성과 귀주성 일대를 판도에 끌어들인 것은 전적으로 제갈량의 공으로 보아야 한다.

제갈량은 실제적인 전쟁의 와중에서도 '용서와 배려'를 통해 군사

작전의 목표를 극대화시켰다. 때문에 2천년 가까운 시간이 흐른 지금도 남만 지역에 해당하는 운남성과 귀주성 일대에는 제갈량을 모시는 사당이 수없이 많고, 많은 사람들이 흠모와 존경을 하고 있는 실정이다.

와룡묘

서울 남산에 위치한 제갈량을 모시는 신당.

제갈량처럼 앞서가라

『삼국연의』속에 나오는 맹획에 대한 칠종칠금

현지인들의 신뢰를 받던 맹획

당시 맹획은 현지에 사는 이민족 및 한인들의 신뢰를 받고 있었던 까닭에 제갈량으로서도 신중을 기하지 않을 수 없었다. 『삼국연의』는 당시의 상황과 관련해 '칠종칠금' 고사를 상세히 묘사해 놓았다.

이에 따르면 맹획이 맹렬히 진격에 나서자 촉한의 군사들이 짐짓 패하는 체 물러났다. 맹획이 신이 나 20여리를 쫓아갔을 때 문득 좌우편에서 촉나라 군사들이 일시에 뛰쳐나와 맹획의 퇴로를 차단했다. 앞뒤로 협공을 당한 맹획의 병사들이 사방으로 패주하자 맹획이 간신히 포위망을 벗어나 영채를 향해 내달렸다. 겨우 수십 기를 이끌고 산골짜기로 들어갔으나 뒤에서 바싹 추격해오자 좁은 길을 빨리 달리지 못하는 말을 버리고 걸어서 산을 타고 고개를 넘어 달아나다가 이내 붙잡히고 말았다. 제갈량이 좌우에 명해 포로들의 포승을 풀어주게 한 뒤 이같이 말했다.

"여러분은 모두 죄 없는 백성인데 불행히도 맹획에게 붙잡혀 이번에 죽을 곡경曲境을 치렀소. 내가 생각해 보니 여러분의 부모형제와 처자들이 필시 문에 기대어 여러분이 돌아오기를 고대할 터인데 만일 싸움에 패했다는 소식을 들으면 가슴이 미어지고 눈에서 피눈물을 흘릴 것이오. 내 이제 여러분을 모두 돌려보내 여러분의 부모형제와 처자들의 슬픔을 덜어주려 하오."

말을 마치자 각각 술과 밥을 먹이고 또 식량도 주어 보냈다. 이어 맹획이 결박당한 채 끌려나오자 제갈량이 호통을 쳤다.

"선제가 당신을 박대하지 않았는데 어찌하여 배반한 것인가?"

맹획이 대답했다.

"나로 말하면 대대로 이곳에 살아온 사람인데 당신들이 무례하게 내 땅에 쳐들어와 놓고도 어찌하여 나보고 배반했다고 하는 것이오."

제갈량이 속으로 뜨끔해했다. 이내 말을 돌려 엄한 어조로 물었다.

"내가 당신을 사로잡았으니 진심으로 항복하는 게 어떻겠소?"

맹획이 대답했다.

"산간의 길이 좁아 잘못하여 당신 손에 걸린 것인데 어찌 항복하겠소?"

제갈량이 다시 물었다.

"그렇다면 그냥 놓아 보내주고자 하는데 어찌 생각하오?"

맹획이 대답했다.

"나를 놓아주면 돌아가서 다시 군마를 정돈해 당신과 자웅을 결해 보겠소. 당신이 만약 나를 다시 사로잡는다면 그때는 항복토록 하겠소."

제갈량이 좌우에 명해 그의 포승을 풀어주게 한 뒤 술과 음식을 내주고 말까지 내줘 타고가게 했다. 여러 장수들이 제갈량에게 물었다.

맹획은 남만의 수괴인데 왜 놓아줍니까?

"맹획은 남만의 수괴입니다. 그를 다행히 사로잡아 남방이 평정된 셈이었는데 승상은 어찌하여 그냥 놓아 보내는 것입니까?"

제갈량이 웃으며 말했다.

"내가 그를 사로잡는 것은 주머니 속의 물건을 꺼내는 이른바 낭중취물囊中取物과 진배없소. 그러나 그를 심복시켜야만 이곳을 평정할 수 있소."

영채로 돌아간 맹획은 여러 부족의 추장들에게 명해 노수 주변의 배와 뗏목을 모두 남쪽 언덕에 끌어다 매놓고 일대에 토성을 쌓게 했다. 또 산이나 벼랑을 낀 곳에 높은 망루를 세우고 그 위에 궁노수를 배치하는 등 장기전에 대비했다. 제갈량이 군사를 이끌고 노수로 온 뒤 여러 장수들을 모아놓고 이같이 명했다.

"지금 맹획이 노수 남쪽에 군사를 주둔시켜 놓고 해자를 깊이 파고 보루를 높이 쌓은 채 우리 군사와 싸우려 하고 있소. 내가 이미 군사를 이끌고 이곳에 이른 이상 어찌 그냥 돌아갈 수 있겠소? 제장들은 우선 수목이 무성한 곳에 주둔하며 인마人馬를 쉬게 하시오."

그리고는 여개를 보내 노수로부터 1백리 떨어진 곳에 그늘지고 서늘한 곳을 가려 영채 4곳을 세우게 한다. 이어 휘하 장령 왕평王平과 장익張翼 등으로 하여금 각기 영채 하나씩을 지키되 영채 안팎에 초막을 지어 장병과 말들이 더위를 피하게 조치했다. 어느 정도 휴식을 취한 뒤 토착민을 앞세우고 맹획의 영채를 급습해 맹획을 다시 사로잡았다. 제갈량이 맹획이 끌려오는 것을 보고는 크게 웃으며 물었다.

"당신은 전에 다시 사로잡히면 항복하겠다고 말했소. 과연 오늘은 어떠하오?"

맹획이 대답했다.

"당신이 능하기 때문이 아니라 내 수하의 놈들이 서로 잡아먹으려 들어 이렇게 된 것인데 내가 어찌 항복을 하겠소?"

제갈량이 다시 물었다.

"이제 다시 놓아주면 어쩌겠소?"

맹획이 대답했다.

"만일 나를 다시 놓아준다면 꼭 군사를 이끌고 와 다시 한 번 승부를 결해보겠소. 만약 이번에도 사로잡히면 그 때는 정말 항복해 감히 딴 마음을 품지 않을 것이오."

제갈량이 다짐을 받았다.

"다음에 또 사로잡히고도 항복하지 않으면 그때는 결코 용서치 않겠소."

3 번째 잡아서 3 번째 풀어주다

이어 맹획의 포승을 풀어주게 한 뒤 먼저처럼 술과 음식을 주었다. 그리고는 영채에 쌓아놓은 군량과 병기 등을 보여준 뒤 묻는다.

"우리 군세가 어떠하오?"

맹획이 냉소하며 대답했다.

"내가 종전에는 허실을 몰라 실패했소. 그러나 지금 허락을 받아 군영과 병진兵陣을 모두 둘러보니 만일 이 정도라면 다음번엔 틀림없이 쉽게 이길 자신이 있소."

제갈량이 웃으며 맹획을 놓아 보내주었다. 맹획이 본채로 돌아가 부중들과 의논하며 말했다.

"내가 제갈량의 허실을 다 알고 왔으니 이번에는 반드시 이길 수 있을 것이오."

그리고는 일부 부중을 거짓으로 투항시켜 이들이 밤에 불을 놓는 것을 군호로 급습하는 계책을 꾸몄다. 그러나 이 또한 제갈량에 의해 오히려 역이용당해 오히려 영채 근처에 왔다가 또다시 잡히고 만다. 제갈량이 맹획에게 항복을 권하자 맹획이 또 고개를 내저으며 이같이 말한다.

"이번에는 내 부하들이 똑똑치 못해 패한 것이오. 만일 내가 직접 군사를 이끌고 왔으면 반드시 성공했을 것이오."

제갈량이 물었다.

"이번이 3번째인데도 왜 항복을 하지 않는 것이오?"

맹획이 머리를 숙인 채 말이 없자 제갈량이 웃으며 말했다.

"내가 다시 놓아 보내주겠소."

진실로 맹획의 마음을 복종시키다

맹획이 사로잡혔던 부하들과 도망치듯 가자 제갈량이 삼군에 크게 상을 내리고 제장들을 장하에 모아놓고 이같이 말한다.

"맹획에게 우리 영채의 허실을 보게 한 것은 바로 그로 하여금 겁채하러 오게 만들려는 것이었소. 내가 그를 3번 사로잡고도 죽이지 않은 것은 진실로 그의 마음을 복종시키려는 것이오."

결국 제갈량은 『삼국연의』가 제87회부터 제90회에 이르기까지 4회에 걸쳐 상세히 묘사한 것처럼 '칠종칠금'의 계책을 구사해 맹획을 감복시키는데 성공했다. 각 회별로 요약하면 다음과 같다.

제87회의 '만왕초수집蠻王初受執' 대목에서는 왕평과 관색關索이 일부러 패한 척하여 맹획을 유인하고 조운과 위연 등에게 후방을 습격케 해 맹획을 생포한다.

제88회의 '도노수재박번왕渡瀘水再縛番王' 대목에서는 맹획의 부장 동도나董荼那가 싸우지도 않고 후퇴했다는 이유로 맹획에게 채찍질을 당한 것을 이용한다. 동도나는 각 부족의 추장들과 함께 맹획을 붙들어 제갈량에게 넘긴다. 제88회의 '식사항삼금맹획識詐降三擒孟獲' 대목에서는 맹획이 동생 맹우孟優를 거짓 항복시켜 안팎으로 호응해 촉군을 공격하지만 제갈량은 맹우를 취해 뻗게 하고 맹획이 공격해 오는 것을 기다려 이들을 대파한다. 맹획은 단기로 도망치지만 만병으로 가장한 마대馬岱에게 사로잡힌다.

제89회의 '무향후사변용계武鄕侯四番用計' 대목에서는 제갈량이 거짓으로 후퇴하여 맹획을 유인한 뒤 조운으로 하여금 맹획의 후방을 공격케 한다. 대패한 맹획이 십여기를 이끌고 도망치다가 제갈량과 맞닥뜨리자 무턱대고 덤비다 함정에 빠져 붙잡힌다. 제89회의 '남만왕오차조금南蠻王五次遭擒' 대목에서는 맹획에 반감을 가진 은야동주銀冶洞主 양봉楊鋒이 다섯 명의 아들과 함께 군사 3만 명을 이끌고 와 맹획을 도와준다고 약속한 뒤 돌아간다. 환영하는 연회가 벌어지자 양봉은 다섯 아들에게 맹획을 사로잡아 제갈량에게 인도한다.

제90회의 '구거수육파만병驅巨獸六破蠻兵' 대목에서는 맹획이 목록대왕木鹿大王에게 도움을 청하지만 제갈량이 나무로 만든 화려하고 현란한 색채의 큰 짐승으로 진짜 맹수를 쫓아 보내 적을 대파한다. 그 후 맹획의 처남 대래동주帶來洞主가 맹획을 묶고 나타나 거짓 항복하여 제갈

제갈량처럼 앞서가라

량을 찔러 죽이려다가 오히려 전원 생포되고 만다.

제90회의 '소등갑칠금맹획燒藤甲七擒孟獲' 대목에서는 제갈량이 올돌 골兀突骨이 이끄는 등갑병藤甲兵에게 화공을 퍼붓고 맹획에게 기습공격을 가해 패주시킨다. 맹획은 단기로 포위를 뚫고 도망치지만 다시 마대에게 포획된다. 이에 맹획은 더 이상 어쩔 수가 없자 심복하게 된다.

한마디로 말해 제갈량의 '칠종칠금' 고사는 거의 전기적傳奇的인 내용으로 꾸며져 있다. 비록 나관중의 상상력에 의해 창작된 것이기는 하지만 그렇다고 전혀 근거가 없는 것도 아니었다. 배송지 주에 인용된 습착치의 『한진춘추漢晉春秋』의 기록에 근거한 게 그렇다. 『화양국지華陽國志』에도 유사한 이야기가 나오기 때문이다.

18 '계획을 세운 뒤'에 움직여라
대략계
大略計

무릇 용병의 길은 먼저 책략을 정한 후에 시행하는데 있다. 구체적으로 말하자면 다음과 같다.

첫째, 천지의 도리를 깊이 헤아린다. 둘째, 민심의 동향을 살핀다. 셋째, 전투훈련을 철저히 한다. 넷째, 상벌의 이치를 명확히 한다. 다섯째, 적의 모획謀劃을 파악한다. 여섯째, 도로의 험조險阻를 조사한다. 일곱째, 안위安危의 요처要處를 구별한다. 여덟째, 피아彼我인 주객主客의 전력을 분석한다. 아홉째, 진퇴進退의 시기를 정확히 안다. 열째, 기회가 왔을 때 적극 순응한다. 열한째, 수어守御의 장비를 철저히 점검한다. 열두째, 정벌의 위세를 강화한다. 열셋째, 사졸士卒의 전투 능력을 높인다. 열넷째, 성패의 계책을 심사숙고한다. 열다섯째, 생사를 가르는 싸움에 대해 거듭 세심히 생각한다. 연후에 가히 출군出軍을 결정하고, 장수를 임명하고, 진세를 펼쳐 적을 공략한다.

이것이 용병의 대략大略이다.

_『편의16책便宜十六策』「치군治軍」

시대를 통찰하는 제갈량의 기본적 독서 방향

1) 유가와 역사서를 기본으로 한 제자백가의 책을 읽는다

2) 병가와 상가인 『한비자』『관자』『육도』 등을 읽는다

이릉대전에서 패배한 뒤 63세의 나이로 병사하면서 유비는 17세의

제갈량처럼 앞서가라

아들에게 유언을 남기는데 다음은 그 일부다.

"『한서』『예기』를 읽다 틈이 날 때 제자백가의 책이나『육도』『상
군서』를 훑어본다면 더욱 뜻과 지혜가 길러질 것이다. 듣건대 승상
께서『신자』『한비자』『관자』『육도』를 베껴 쓰고 그 뜻에 이미 전부
통했으며, 읽어보지 못한 책이 없다고 하니 물어 보면 큰 도움이 될
것이다."

인간적 도리와 신의를 중시하는 제갈량은 인의예지를 기본으로
하는 공자와 같은 유가의 책들은 기본적으로 읽었을 것이다. 그리고
'그 뜻에 이미 전부 통'하고, '베껴 쓸' 정도인『한비자』『관자』『육
도』와 같은 법가와 상가, 병가의 책들까지 꿰뚫고 있었다. 때문에 제
갈량은 안정기의 나라를 다스리는 전략을 물론 전쟁 시기에 군대를
운용하는 용법과 병법까지 통달하고 있었다.

군대를 움직이기 전에 반드시 점검해야 할 사항
『편의16책』「치군」에 나오는 앞의 대목은 출병을 하기 전에 반드시
점검해야 할 15가지 사항을 상세히 논한 점에서 매우 독보적이다.
내용 면에서는『손자병법』「시계」에서 언급한 용병의 전제조건과 통
하고 있다. 이를 뒷받침하는「시계」의 해당대목이다.
"군주는 5가지 사안에서 적과 아군을 분석하고, 양측이 처한 7가
지 상황을 비교해 승부의 흐름을 잘 짚어내야 한다. 5가지 사안은 병
도兵道, 천시天時, 지리地利, 장수將帥, 법제法制다. 또 군주는 양측이 처

한 다음 7가지 상황을 면밀히 검토해 승부의 흐름을 잘 짚어내야 한다. 첫째, 군주는 어느 쪽이 더 치도에 부합하게 다스리고 있는가? 둘째, 장수는 어느 쪽이 더 유능한가? 셋째, 천시와 지리는 어느 쪽이 더 유리하게 작용하는가? 넷째, 법령은 어느 쪽이 더 잘 집행하는가? 다섯째, 무기는 어느 쪽이 더 강한가? 여섯째, 병사들은 어느 쪽이 더 훈련을 잘하고 있는가? 일곱째, 상벌은 어느 쪽이 더 공평히 시행하고 있는가? 나는 이들 7가지 상황을 비교하는 7계七計를 통해 전쟁 승패를 미리 알 수 있다."

큰 틀에서 보면 「치군」에 나오는 용병의 15가지 전제조건은 「시계」에 나오는 12가지 전제조건에 비해 상대적으로 구체적이다. 그렇다고 「시계」에서 제시한 12가지 전제조건이 이보다 못한 것은 아니다. 오히려 용병의 모든 조건을 '도道, 천天, 지地, 장將, 법法'의 5가지로 압축한 것은 『손자병법』만의 핵심이다.

원래 『손자병법』에 나오는 모든 전략전술은 기본적으로 앞서 언급한 것처럼 노자의 『도덕경』이나 조조가 『손자약해』 서문에서 강조한 것처럼 평시에는 무기를 거두었다가 전시에 무기를 들고 대응하는 게 요체다. 그렇다면 「시계」에서 '부득이용병' 내지 '집이시동'의 구체적인 방안으로 거론한 도道, 천天, 지地, 장將, 법法은 과연 무엇을 뜻하는 것일까?

「시계」에서 말하는 '도'는 『도덕경』에서 역설하고 있듯이 '덕의 본질'을 의미한다. '덕'을 두고 노자는 무위지치, 장자는 무위자연, 공자는 인, 묵자와 맹자는 의, 순자는 예, 한비자는 법, 손무는 무라고 했다. 이처럼 제자백가 모두 '덕'을 언급하고 있지만, 모두가 최상으로 여겼던 것은 무위지치無爲之治다.

'무위지치'는 제왕의 통치가 마치 해와 달이 만물을 고루 비추듯이 지극히 공평무사한 것을 말한다.

노자 「도덕경」과 「손자병법」의 공통점

노자는 인위 즉 유위有爲가 개입되면 무위지치가 불가능해진다고 본 까닭에, 유가에서 말하는 인의예지 등의 인위적인 덕목을 하덕下德으로 깎아내렸다.

『도덕경』은 인의예지를 싸잡아 '하덕'으로 깎아내렸지만 인仁만큼은 하덕 목록에서 빼줄 필요가 있다. 노자에게 하덕은 나라를 다스리는 단위에서만 통용될 뿐이다. 천하를 다스리기 위해서는 도의 본체에 가까운 '무위' 덕목이 기준이 되어야 한다는 것이다. 노자가 역설한 '무위지치'의 핵심이다.

실제로 동서고금의 모든 전쟁은 선악과 윤리도덕의 시비라는 잣대를 무리하게 적용한 데서 비롯된 것이다. 이는 수천 년 동안 이어지고 있는 중동의 종교전쟁을 통해 쉽게 이해할 수 있다. 종교는 본래 오류를 전혀 인정하지 않는 '무오류'의 전제 위에 서 있다. 이를 종교적 교조나 독단을 뜻하는 '도그마'라고 한다.

'도그마'에는 이성적이고 논리적인 비판과 증명이 허용되지 않는다. 21세기 현재 드러나는 바와 같이 이슬람교와 기독교가 수천 년 동안 적대적 관계로 지내고 있는 게 그렇다. '팍스 아메리카'와 같은

'팍스' 체제가 유지되기 위해서는 막강한 힘을 배경으로 전 세계 모든 나라가 기꺼이 승복할 수 있으며 공평무사한 중재를 할 수 있는 힘이 필요하다. 객관적으로 볼 때 미국은 확실히 기독교 쪽으로 편향되어 있다. 『손자병법』이 '병도'를 역설한 것은 완력만 믿고 함부로 주먹을 휘두르면 그 주먹이 이내 부메랑이 되어 자신을 해치게 된다고 경고한 것이나 다름없다. 「시계」의 '도'를 『도덕경』이 역설한 '부득이용병'의 병도로 해석해야 하는 이유가 여기에 있다.

『도덕경』은 제30장에서 무력을 동원해 도치를 이루는 방법을 구체적으로 제시하고 있다.

"용병에 능한 자는 오직 과감할 뿐 감히 강포한 모습을 취하지 않는다. 과감하되 뽐내거나 자랑하거나 교만해 하지 않는다. 과감하되 부득이할 때에 한해 용병하고, 과감하되 강포한 태도를 취하지 않은 까닭이다. 모든 사물은 장성하면 곧 노쇠하기 마련이다. 강포한 모습은 도에 맞지 않는다. 도에 맞지 않는 것은 일찍 끝나기 마련이다."

부득이해 군사를 동원했으나 오직 위난을 구제하는 데 그칠 뿐 무력을 이용해 강포한 모습을 드러내지 않는 것이 바로 병도의 핵심이다. 많은 사람들이 이를 '도덕적인 정치' 등으로 해석하고 있으나 이는 병가의 기본이치를 제대로 파악하지 못한 탓이다. 「시계」에서 말하는 병도와 전도 및 쟁도는 상호 불가분의 관계를 맺고 있는 까닭에 따로 떼어 놓고 봐서는 안 된다.

『손자병법』이 말하는 병도와 전도, 쟁도를 종합정리하면 대략 다음과 같다.

첫째, 병도이다. 전쟁을 최대한 피하는 대원칙 즉 병도는 난세에 적용되는 치도인 난세지도亂世之道, 뛰어난 무위武威 자체로 싸움을 멈추게 해 무武의 기본이념을 실현하는 도리인 무인지도武人之道, 크게 주고 크게 얻는 도가의 치국평천하 도리인 대여대취지도大予大取之道, 폭력을 힘으로 제압해 천하를 손에 거머쥐는 도리인 취천하지도取天下之道, 도덕 대신 힘으로 난세를 평정하는 패자의 도리인 패업지도覇業之道, 부득이할 때 최후의 수단으로 무력을 동원하는 부득이용병不得已用兵, 평시에 무기를 거둬들였다가 불가피할 때 움직이는 집이시동戢而時動을 일컫는다.

둘째, 전도이다. 전투를 최대한 피하는 대원칙 즉 전략에는 상대방과 나를 안 연후에 용병하는 지피지기용병知彼知己用兵, 도천지장법道天地將法의 5사를 검토하고 상대방과 내가 처해 있는 7가지 상황에 대한 비교가 끝난 후 비로소 용병하는 5사7계용병五事七計用兵, 최선책인 벌모伐謀와 차선책인 벌교伐交 및 차차선책인 벌병伐兵을 포함한 모공용병謀攻用兵, 최단기간 내에 승부를 결정지어 전승 효과를 극대화하는 속전속결용병速戰速決用兵, 국가재정과 재화의 확충을 전제로 백성의 요역을 최소화하는 국용유족용병國用有足用兵, 공평한 법집행의 도리인 무사법치용병無私法治用兵, 공과 과에 따라 상과 벌을 엄히 시행하는 도리인 신상필벌용병信賞必罰用兵이 있다.

셋째, 쟁도이다. 전화戰禍를 최대한 줄이는 대원칙 즉 전술에는 속임수로 상대방을 함정에 빠뜨리는 궤도詭道, 상황에 따라 도덕과 정반대되는 계책을 과감히 구사하는 권도權道, 상대방의 변화를 좇아 자유자재로 변신하는 권변權變, 때와 장소의 다양한 차이를 감안해 수시로 계책을 달리하는 임기응변臨機應變, 상대방으로 하여금 허와 실을 구분하지 못하도록 유도하는 허허실실虛虛實實, 통상적인 용병과 변칙적인 용병을 섞어 사용하는 기정병용奇正竝用, 때가 오면 이를 놓치지 않고 결단하는 결기승승決機乘勝, 무궁무진한 포석으로 용병하는 병무상형兵無常形, 나에게 유리한 쪽으로 판을 짜 나감으로써 주도권을 쥐는 인리제권因利制權, 두꺼운 얼굴과 은밀한 속셈으로 상대방을 착각케 만드는 면후심흑面厚心黑, 달빛 아래 은밀히 칼을 갈며 때를 기다리는 도광양회韜光養晦가 있다.

이를 통해『손자병법』이 말하는 모든 전략전술이 첫머리에서 얘기한 병도와 불가분의 관계를 맺고 있다는 사실을 알 수 있다. 병도는 노자의 무위지치를 병가의 관점에서 새롭게 풀이한 것으로 곧 도가의 도치道治 즉 제도帝道를 달리 표현한 것이다.

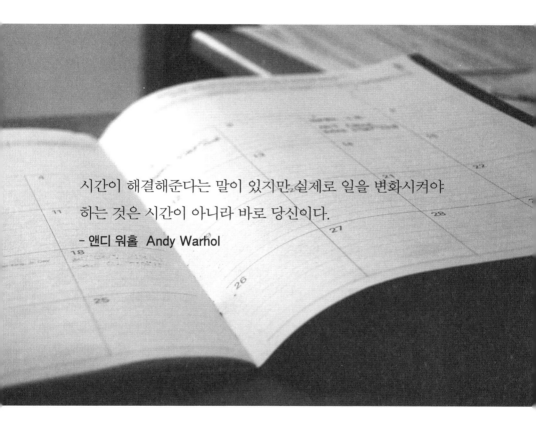

시간이 해결해준다는 말이 있지만 실제로 일을 변화시켜야
하는 것은 시간이 아니라 바로 당신이다.

- 앤디 워홀 Andy Warhol

BACK TO BASICS

역사상 모든 성공한 지도자와 조직은 기본을 중시하였다. 때문에 큰 성공이나 큰 실패와 같은 급변하는 상황이거나 일상적인 상황에 상관없이 개인이건 집단이건 항상 초심과 기본으로 돌아갈 것을 강조하는 것이다. 기본으로 돌아가는 것은 우선 목적이 무엇인지를 다시금 되새기게 하고, 다음으로 현재의 위치에 대한 냉철한 파악을 가능하게 한다.

이 장에서는 제갈량이 기본에 충실하고 사실에 근거하여 조직을 움직이고 실행전략을 짜나가는 모습을 살펴본다.

기본에 충실하고
사실에 근거하라

4

19 공격은 '선제적으로 신속히' 하라

정제계
整齊計

제갈량이 이끄는 군사의 대오가 정연하고, 상벌이 엄격하고, 호령이 분명했다. 남안南安과 천수天水, 영안永安 등 3개 군郡이 위나라를 배반하고 제갈량에 호응하자 관중關中 일대가 진동했다.

_「삼국지」「촉서, 제갈량전」

제갈량이 북벌에 앞서 올린 〈출사표〉

 1) 진수『삼국지』「제갈량전」에 실린 심금을 울리는 명문
 2) 한황실을 부흥시키고, 유비의 뜻을 계승하고자 하는 의지

남만 지역을 평정한 제갈량은 227년부터 위나라를 공격하기 위해 북벌을 준비하기 시작한다. 대군을 이끌고 북쪽으로 가서 한중 지역에 주둔했는데, 그 당시 유비의 아들이자 촉한의 2대 황제로 오른 유선에게 제갈량이 올린 글이 바로 그 유명한 〈출사표〉이다. 중국의 역대 산문 가운데 최고의 명문으로 꼽히는 〈출사표〉에서 제갈량은 유비의 뜻을 이어 받아 나라를 안정시키려는 의지를 절절하게 표현하고 있다.

　〈출사표〉에는 자신의 주군이자 최상의 파트너였던 유비와의 평생의 의리와 절개, 그리고 촉한을 부흥시키고자 하는 정치적 포부가

제갈량처럼 앞서가라

잘 드러난다. 새로운 황제 유선과 조정의 신하들이 단합하는 중요한 계기를 준 것이다.

제갈량의 6출기산, 그 첫 번째 북벌

건흥 6년인 228년에 제갈량은 드디어 첫 번째 북벌을 단행했다. 제갈량의 북벌을 놓고 흔히 6번에 걸쳐 기산으로 출격했다는 의미의 '6출기산六出祁山'으로 부르고 있다. 일부에서는 '5출기산五出祁山'으로 부른다. 태화 4년인 230년 가을에 감행된 제4차 북벌은 위나라 대장군 조진이 적극적인 공세를 펼치고 들어온데 따른 수비로 일관했기에 북벌에 넣을 수 없다는 판단이다.

그러나 엄밀히 얘기하면 '6출기산'과 '5출기산' 모두 잘못된 표현이다. 제갈량이 기산에 출격한 것은 태화 2년인 228년 봄의 제1차 북벌과 태화 5년인 231년 3월의 제5차 북벌 뿐이기 때문이다. 따라서 정확히 표현할 경우 제갈량의 북벌은 '5공1수五攻一守, 2출기산二出祁山'으로 표현하는 게 옳다. 그러나 오랜 세월 동안 '6출기산'으로 명명해 온 데다 북벌을 단행하기 위한 군사적 움직임이 여섯 차례 있었기 때문에 '6출기산'이라고 해도 큰 무리는 없다.

삼국연의 속의 6출기산

'6출기산'은 『삼국연의』 후반부에 나오는 가장 중요한 대목 가운데 하나이다. 『삼국연의』는 제91회에서 제104회에 이르기까지 총 14회에 걸쳐 '6출기산'을 정밀하게 묘사하고 있다. 이는 전체의 10분의 1

에 해당하는 방대한 분량이다. 많은 공을 들여 묘사해 놓은 『삼국연의』의 가장 중요한 장면 중 하나인 '적벽대전'보다 훨씬 더 길다.

'6출기산' 고사는 워낙 유명해 예로부터 많은 시인묵객과 위정자들이 입버릇처럼 사용해 왔다. 이들 대부분이 『삼국연의』의 '6출기산' 대목을 역사적 사실로 믿었다. 그러나 여기에는 역사적 사실과 다르게 표현된 곳이 매우 많다. 우선 사곡斜谷은 본래 기산에서 동쪽으로 수백 리나 떨어진 곳인데도 『삼국연의』는 두 곳을 서로 이웃하는 고을로 묘사해 놓았다.

제97회에 나오는 '진창의 소로를 통해 사곡으로 나와 기산을 바라보고 진격했다'는 구절이 대표적이다. 또 제100회에 나오는 '기산은 앞으로는 위수를 굽어보고 뒤로는 사곡에 의지해 있다'는 구절도 잘못이다. 같은 회에 나오는 '조진은 군사들을 이끌고 기산의 서쪽인 사곡입구에 주둔했다'는 구절도 이치에 맞지 않는다. 역사지리에 관해 어느 정도 지식을 갖춘 독자들은 사곡이 진창의 동쪽, 기산이 진창의 서쪽에 위치해 있다는 사실을 알고 있다. 이는 역사지리를 훤히 꿰고 있는 독자들에게는 흥미를 반감시키는 요소로 작용할 수밖에 없다.

결과적으로 오늘날 제갈량의 '6출기산'은 모두 실패로 끝났다는데 별다른 이견이 없다. 다만 제갈량이 그 유명한 〈출사표前出師表〉를 쓰고 출전한 제1차 북벌은 처음에는 성공적이었으나 가정전투의 패배로 인해 실패로 끝났다고 해석하는 견해가 많다. 객관적으로 볼지라도 초반의 싸움은 제갈량이 나름 철저히 준비를 한 만큼 성공적이었다. 만일 마속馬謖이 가정街亭전투에서 패하지만 않았다면 결코 북벌이 불가능한 것도 아니었다.

삼국시대 당시 실질적인 군사적 맞수는 위 나라와 오 나라

당시 위나라는 유비가 죽은 뒤의 촉한에 대해서는 그다지 큰 걱정을 하지 않고 있었다. 위나라의 입장에서 볼 때 촉한의 존재는 그리 대단한 것이 아니었다. 하후연이 장안에 머물며 촉한을 견제한 것도 바로 이 때문이다.

위나라가 가장 경계했던 나라는 손권의 동오였다. 계략이 풍부한 사마의를 완성에 주둔시키면서 동오의 준동을 제압하도록 한 까닭이다. 위나라 입장에서 볼 때 가장 두려운 상황은 촉한과 동오가 협공해 오는 것이었다. 그럼에도 『삼국연의』는 역사적 사실과 달리 사마의를 제갈량의 첫 북벌 때부터 등장시켜 제갈량의 맞수로 묘사해 놓았다. 제갈량이 심혈을 기울인 제1차 북벌이 실패로 돌아간 사실을 희석시키기 위한 것이라고 보는 견해가 지배적이다.

역사적으로 볼 때 마속을 가정에서 패퇴시킨 위나라 장수는 장합이었다. 제갈량의 제1차 북벌이 실패로 돌아간 것은 장합 때문이다. 사실상 그토록 공을 들여 신비한 인물로 꾸며온 제갈량의 형상에 큰 흠이 될 것을 우려한 것이다. 제갈량이 첩보작전을 활용해 사마의를 완성 쪽으로 쫓아내는 허구를 삽입시킨 것은 바로 완성에 있는 사마의를 등장시키기 위한 복선이라고 할 수 있다.

군사적 역량의 절대적 열세에도 불구하고 위를 공격한 제갈량

객관적으로 볼 때 당시 촉한의 국력으로 위나라를 공략하는 것은 여러모로 무리한 일이었다. 그럼에도 제갈량은 북벌에 나선 것이다. 당시 관서지역의 일부가 제갈량에 의해 위협을 받게 되자 조예가 하후무夏侯楙에게 명하여 즉시 관서의 병마를 소집해 대응하게 했다. 당시 제갈량은 제장들을 모아놓고 본격적인 위나라 공략방안을 논의하고 있었다. 승상사마 위연魏延이 건의했다.

"제가 듣건대 하후무는 아무런 고생 없이 곱게 자란 권귀權貴의 자손으로 매우 겁이 많고 지략도 없다고 합니다. 지금 저에게 정병 5천 명을 주면 5천 명 분의 식량을 갖고 곧바로 보중褒中을 출발해 진령秦嶺을 끼고 동쪽으로 가 관중에서 한중에 이르는 남북통로인 자오도子午道에 이른 후 북쪽으로 올라가면 10일도 채 안 돼 장안에 이를 수 있습니다. 장안에 있는 하후무는 제가 창졸간에 들이닥쳤다는 소식을 들으면 반드시 성을 버리고 도망갈 것이니 장안성에는 오직 어사御史와 경조태수京兆太守만을 두면 됩니다. 그리 되면 횡문橫門의 창고에 비축해 둔 양곡과 백성들이 버리고 간 양식으로 군사들을 충분히 먹일 수 있을 것입니다."

제갈량이 말했다.

"그 계책은 만반의 준비책이 아니오. 공은 중원에 훌륭한 인물이 없는 줄로 알지만 만일 누가 계책을 써서 산간벽지에 군사를 보내 길을 끊고 치면 정병 5천 명이 해를 입을 뿐만 아니라 우리의 예봉이 크게 꺾일 것이오."

제갈량처럼 앞서가라

위연이 다시 말했다.

"위나라가 동쪽에서 군사를 모아 장안으로 오기까지는 약 20여 일 가량 걸릴 터이니 그 사이에 승상은 사곡斜谷을 빠져 나와 충분히 장안에 이를 수 있습니다. 이리 하면 일거에 가히 함양 이서지역을 평정할 수 있습니다. 그렇지 않으면 공연히 오랜 시일을 헛되이 보낼 것이니 어느 때에 중원을 도모하겠습니까?"

제갈량이 말했다.

"내가 농우를 취하고 탄탄대로를 따라 병법대로 진행한다면 어찌 이기지 못할 리가 있겠소."

결국 제갈량이 위연의 계책을 쓰지 않았다. 이를 두고 사마광은 『자치통감』에서 이같이 평해 놓았다.

"제갈량은 위연의 계책이 많은 위험을 안고 있어 안전하게 대로를 따라 위로 올라가 농우지역을 평정하는 것만 못하다고 생각했다. 그는 10번 싸워 모두 이기는 십전필극十全必克을 하면서도 전혀 후환이 없어야 한다는 생각에 위연의 계책을 쓰지 않았던 것이다."

사마광의 역사적 평가를 통해 짐작할 수 있듯이 오랜 세월 동안 제갈량이 위연의 계책을 쓰지 않은 것과 관련해 많은 논란이 있었다. 현재 위연의 제안은 당시로서는 최상의 전략이었다고 보는 견해가 많다. 원래 위연은 형주목 유표의 부장이었다. 유비가 익주를 탈취할 때 여러 번 전공을 세웠다. 위연 나름대로 생각한 바가 있어 이런 제안을 한 것이다.

그러나 제갈량을 옹호하는 사람들은 당시 제갈량이 자오곡이 계책을 쓰지 않은 데에는 나름 이유가 있다고 주장한다. 이들은 우선 맹달이 경솔하게 사마의에게 제거된 점을 들고 있다. 맹달의 죽음으로 인해 제갈량은 위나라의 내부에서 소동을 일으켜 이를 틈타 관중으로 진출한다는 당초의 복안이 타격을 입게 되었고 따라서 신중하지 않을 수 없는 입장에 있었다는 것이다.

　나아가 위연의 계책은 상대를 무시하는 데다가 위험부담이 너무 많았다고 지적한다. 만일 하후무가 관문을 닫아건 채 싸우려 하지 않고 촉한의 군사가 피로해지기를 기다리는 작전으로 나오면 심각한 위기국면을 맞을 수밖에 없다는 것이다. 게다가 협공이라도 받아 주력을 손상당하면 이를 보충하기가 쉽지 않았던 점을 든다.

　결국 제갈량을 옹호하는 사람들은 당시의 제갈량으로서는 전망도 불투명한데다 병력손실의 위험이 큰 계책을 맹달마저 죽은 상황에서는 도저히 받아들일 수가 없었다고 주장하는 것이다. 훗날 나관중의 『삼국연의』를 뜯어고쳐 현재의 역사소설 『삼국연의』를 완성한 청대의 모종강도 『삼국연의』의 관련 대목에 관한 총평에서 제갈량의 결정을 옹호해 이같이 주장했다.

　"위연이 바쳤던 자오곡의 계책이 옳지 않다고 한 것은 아니었다. 무후가 위험한 계책이라 여겨 사용치 않았던 것은 아마도 하늘의 뜻을 돌이킬 수 없다는 사실을 미리 알고 모험을 하지 않았을 뿐이다. 승산도 없는 계책을 가지고 모험을 하는 것은 현자가 꺼리는 일이기도 하다."

그러나 모종강을 비롯해 제갈량을 옹호하는 사람들이 내세우는 논거에는 적잖은 문제가 있다. 원래 전쟁이란 대치한 쌍방 간 지혜와 힘을 겨루는 일이기 때문에 한 치의 위험도 없는 일이란 있을 수 없는 것이다. 사마광의 지적처럼 제갈량은 지나치게 조심한 나머지 천재일우로 찾아온 승리의 기회를 놓치고 말았을 수도 있다.

그 결과 위나라 군사는 시간을 벌게 되어 군사들을 적절히 재배치할 수 있었던데 반해 촉한의 군사는 마침내 가장 바람직하지 못한 상황에 처하고 말았다. 전투가 진지전으로 이어지고 적의 견고한 방어물만 지속적으로 공격하는 소모전으로 진행된 것이다.

읍참마속의 실제적 진행과정

제갈량이 여러 불리한 측면에도 불구하고 북벌을 성공시켜 한실을 부흥시키고자 했다면 병법의 기본이치인 궤계詭計를 마다하지 않고 온갖 기병기모奇兵奇謀를 구사하는 게 옳았다. 당시 촉한은 위나라에 비해 나라도 작고 군사도 적어 국력이 크게 열세였다. 소모전을 벌여서는 결코 승산이 없었다. 게다가 험준한 지형은 지키기는 쉬우나 밖으로 공격하기는 어려운 곳이다. 무엇보다도 도로가 평탄치 않아 군량을 지속적으로 공급하기가 어려웠다. 이런 상황 아래서 기발한 계책을 내어 작전을 펼치지 않으면 전쟁의 주도권을 잡아 승리를 얻기란 매우 어려운 일이었다.

그럼에도 제갈량은 위연의 계책을 받아들이지 않고 굳이 농우隴右로부터 평탄한 대로를 따라 원칙대로 정직하게 진군했던 것이다. 당시 조운은 제갈량의 명을 좇아 등지와 함께 의병疑兵으로 기곡箕谷을 빼앗으려고 했다. 이때 제갈량은 사곡도로 나아가 미현郿縣을 공격한다고 겉으로 떠벌이면서 조운을 지원하는 한편 직접 대군을 이끌고 지금의 감숙성 예현 동쪽인 기산祁山을 공격했다. 진수는 「제갈량전」에서 바로 이 장면을 두고 제갈량의 군진이 매우 정제되어 있었고 호령이 명확하고 엄했다고 기록한 것이다. 제갈량이 제1차 북벌 당시 나름 매우 치밀하게 준비했다는 사실을 보여준다.

보고를 받은 위명제 조예가 대장군 조진曹眞에게 명해 군사를 이끌고 가 촉한의 군사를 막도록 했다. 조진이 곧 대군을 이끌고 장안에 도착한 뒤 곧이어 위수 서쪽으로 건너가 영채를 세우고 적과 대치했다. 제갈량은 조진이 대군을 이끌고 왔다는 소식을 전해 듣고 곧 장수들을 불러 모아 대책을 숙의했다. 『삼국연의』는 당시 제갈량이 이미 기산으로 진출했다고 묘사해 놓고 있으나 이는 사실과 다르다. 제갈량은 맹달이 죽은 이후에야 기산으로 출격했다.

이때 문득 백제성을 지키고 있는 이엄이 아들 이풍李豊의 서신을 갖고 왔다. 당시 제갈량은 남만을 정벌한 이후 줄곧 맹달에게 서신을 보내 그의 귀환을 부추기고 있었다. 맹달은 줄곧 확답을 하지 않고 있다가 이때에 이르러 처음으로 귀환할 뜻을 밝혔던 것이다. 제갈량이 크게 기뻐하며 자신이 기산을 나가 장안을 칠 때 금성과 신성新城 및 상용 등 세 곳의 군사를 일으켜 곧장 낙양을 취해줄 것을 당부하는 밀서를 보냈다. 원래 맹달은 조비의 총애를 받은 데다 하후상 등과도 매우 친하게 지내다가 조비와 하후상이 죽자 크게 불안해했다.

투항을 권하는 제갈량의 거듭된 서신에도 불구하고 계속 머뭇거리다가 제갈량이 북벌에 나서기로 했다는 소식을 듣자 이내 결단하여 이엄을 통해 투항의 뜻을 전한 것이다. 맹달이 다시 촉한으로 마음이 기울어지게 된 것은 맹달이 자발적으로 위나라를 배반한 것으로 보기보다는 제갈량의 2년간에 걸친 포섭공작의 결과로 보아야 한다.

그러나 맹달은 이내 전격작전을 구사한 사마의에 의해 목이 잘리고 말았다. 제갈량은 한중의 영채에서 장수들과 대책을 논의하다가 이 소식을 접했다.

"사마의가 매일 길을 갑절씩 서둘러 8일만에 신성에 이르러 맹달이 미처 손을 쓰지도 못한 사이 성을 공격해 결국 맹달은 난군 속에서 죽고 말았습니다."

이에 제갈량이 크게 탄식했다. 이때 장수 가운데 마속이 나서 이같이 말했다.

"원래 승상이 북벌을 단행할 때 맹달을 염두에 두었던 것은 아니니 그가 죽었다고 해서 너무 낙담할 필요는 없을 듯싶습니다. 당초의 계획대로 관서關西로 진입해 관중을 진동시킨 후 장안을 점거하게 되면 가히 대사를 도모할 수 있을 것입니다."

제갈량이 말했다.

"지금 우리 대군이 관서로 진출하려면 반드시 진령秦嶺을 넘어가야만 하는데 진령의 서편에 길이 하나 있소. 그 길에 가정街亭이라는 곳이 있소. 이곳은 한중의 인후咽喉에 해당하오. 우리가 성공적으로 관서를 제압하려면 반드시 이곳을 차지하고 있어야만 하오. 누가 군사를 거느리고 가서 가정을 지키겠소?"

가정 전투의 선봉을 자원한 마속

이때 마속이 자원하고 나서자 제갈량이 물었다.

"가정이 비록 작은 곳이기는 하나 여러 면에서 매우 중요한 곳이오. 만약 가정을 잃는 날에는 우리 대군은 양도가 끊겨 앞으로 전진할 수도 없으려니와 퇴로마저 차단당하여 큰 곤경에 처하게 되오. 참군이 비록 책략에 능통하다고는 하나 그곳에는 성곽도 없고 또 요해지도 없어 지키기가 쉽지 않은데 어찌 할 생각이오?"

마속이 끝내 가정을 맡겠다고 장담하자 제갈량이 이를 승낙하면서 부장副將 왕평王平을 불러 신중히 대처할 것을 당부했다. 이때 제갈량은 위연에게 명해 가정의 후방에 머물며 유사시를 대비하게 했다. 나름 여러 방비책을 세운 셈이다.

당시 제갈량의 명을 받고 선봉으로 나선 조운과 등지는 이내 위나라 지경으로 들어가 성공적으로 작전을 펼쳤다. 덕분에 남안군과 안정군 및 천수군이 촉한의 수중에 떨어졌다. 『삼국연의』의 기록과 달리 당시 처음부터 군사들을 이끌고 나아가 제갈량의 침공을 저지한 위나라 장수는 장합이었다. 『삼국지』 「위서, 조진전」에 따르면 당시 위나라 대장군 조진은 대군을 이끌고 와 우부풍의 미현郿縣에 주둔하고 있었다. 제갈량과 전투를 벌일 일이 없었다.

제갈량의 북벌에서 촉한이 초반에 나름 큰 승리를 거둔 것만은 확실하다. 그러나 곧바로 이어진 가정전투의 패배로 인해 그 의미가 사라지고 말았다. 당시 마속은 가정의 지세를 살펴본 뒤 휘하 장수들을 불러놓고 영채 세울 곳을 논의했다. 그는 가정으로 들어오는 길목의 어귀에 영채를 세워야 한다는 왕평의 주장을 물리치고 산 위에 군사를 주둔시키고자 했다.

왕평이 계속 반발하자 군사 1천 명을 이끌고 산에서 10리쯤 떨어진 곳에 영채를 세우게 했다. 그러고는 멋대로 산 위에 군사를 주둔시켰다. 제갈량은 왕평이 보내준 군사 주둔 그림을 보고 크게 놀랐다. 얼마 후 가정을 위나라 군사에게 빼앗기고 퇴각하고 있다는 급보가 올라왔다. 제갈량이 장탄식을 했다.

뼈아픈 가정전투의 패배

당시 제갈량은 가정이 무너지는 바람에 관중關中에 거점을 잡아 중원으로 진격할 가능성이 사라지게 됐다. 어쩔 수 없이 몰래 철수하게 된 배경이다. 제갈량은 제1차 북벌전이 초반의 승리에도 불구하고 가정전투의 패배로 결국 실패로 끝나자 태화 2년인 228년 5월 마속 등을 군법에 회부하기 위해 이들을 모두 옥에 가두었다. 이는 한중으로 돌아와 군마를 점검하면서 가정에서 죽은 군사가 매우 많은 데 따른 문책이기도 했다.

그러나 제1차 북벌 당시 제갈량이 이끄는 군사의 대오가 정연하고, 상벌이 엄격하고, 명령체계가 분명했던 것은 사실이다. 그만큼 준비가 철저했다는 반증이기도 하다. 진수가 「제갈량전」에서 '남안과 천수, 영안 등 3개 군이 위나라를 배반하고 제갈량에 호응하자 관중 일대가 진동했다.'는 표현은 결코 과장이 아니었다.

객관적으로 보자면 제갈량은 막대한 군사적 열세 속에서 선제적으로 위나라를 공격했다. 위나라를 정복하거나 결정적 타격을 준 것은 아니지만, 어린 황제 유선이 통치하는 촉한이 정치적 안정을 꾀할 수 있는 최고의 방어적 정책이었을 수도 있다.

제갈량은 한편으로는 죽은 유비와의 신뢰를 지키고, 한편으로는 불안한 촉한의 정치적 안정을 도모하는 전략적 선택을 했을 가능성이 높은 것이다.

제갈량처럼 앞서가라

20 반드시 '상과 벌을 엄격히' 실행하라

상벌계
賞罰計

충성을 다해 세상에 보탬이 되는 盡忠益時 자는 비록 원수일지라도 반드시 상을 내리고, 법을 어기고 나태한 모습을 보이는 犯法怠慢 자는 비록 가까운 자일지라도 반드시 벌을 주었다. 죄를 인정하고 반성하는 服罪輸情 자는 비록 무거운 죄를 지었을지라도 반드시 석방하고, 교묘한 말재간으로 자신의 죄과를 덮으려는 游辭巧飾 자는 비록 가벼운 죄를 지었을지라도 반드시 주륙을 가했다. 선행에는 작은 사안일지라도 포상하지 않은 적이 없고, 악행에는 사소한 사안일지라도 문책하지 않은 적이 없다.

_ 『삼국지』「촉서, 제갈량전」

조직을 지휘하고 관리하는 제갈량의 원칙

1) 법을 공정하게 집행하고 사사로움이 없게 한다
2) 작은 상이라도 반드시 주고, 작은 벌이라도 반드시 내린다

제갈량은 "내 마음은 저울과 같아, 사람에 따라 무게가 달라질 수 없다"고 했다. 법을 집행하는 지휘자는 저울처럼 공평하고, 엄격한 기준에 따라 판단해야지 사람마다 달라서는 안된다는 사실을 강조한 것이다. 제갈량은 엄격하고 공정한 군대의 규율이 부대의 실전능력에도 결정적인 영향을 준다고 보았다.

무엇보다 중요한 것은 신상필벌의 원칙을 세우는 것

제갈량이 평상시에 나라를 다스리고 군대를 운용할 때 엄한 법치를 시행했다. 『편의16책』「상벌」에도 이를 뒷받침하는 대목이 나온다.

"포상과 형벌을 행하는 상벌賞罰에 관한 정사는 선행을 한 자에게는 상을 주고 악행한 자에게는 벌을 주는 것을 말한다. 포상을 시행하는 이유를 알면 용사勇士는 사력을 다할 바를 알게 되고, 형벌刑罰을 가하는 이유를 알면 사악邪惡한 자는 두려워할 바를 알게 된다. 상을 허투루 주어서도 안 되고, 벌을 함부로 가해서도 안 되는 이유다. 상을 허투루 주면 공적을 쌓은 노신勞臣이 원망하고, 벌을 함부로 가하면 바르게 사는 선비들은 한을 품는다."

상과 벌은 전시뿐만 아니라 평시에도 국가공동체를 비롯해 모든 조직을 유지하는 기본조건이다. 상벌이 분명치 않으면 기강이 잡히지 않고, 기강이 무너지면 그 조직은 이내 와해되고 만다. 이는 국가공동체는 말할 것도 없고 최소 단위의 조직인 가족공동체와 중간공동체인 기업공동체에도 예외 없이 적용되는 기본원칙이다. 특히 전시와 같은 난세 상황은 말할 것도 없다. 상벌을 분명하고 엄히 해야 하는 이유다. 『편의16책』「상벌」은 상벌이 분명치 않아 나라에 해악을 끼치는 장수의 다섯 가지 위험을 언급해 놓았다.

"장수는 부하를 살리고 죽일 수 있는 권한을 쥐고 있다. 나라에 해악을 끼치는 장수의 5가지 위험이 있다. 첫째, 반드시 살려야 할 자를 죽도록 만드는 것必生可杀과 반드시 죽여야 할 자를 살도록 만드는 것必杀可生이다. 둘째는, 분노를 이유 없이 폭발시키는 것忿怒不详이다. 셋째는, 상벌의 기준이 일정하지 못한 것赏罚不明이다. 넷째는, 지시와 명령이 수시로 바뀌는 것教令不常이다. 다섯째는, 사적인 일을 공적인 일로 꾸미는 것以私为公이 그것이다. 이것이 이른바 나라를 망하게 하는 5가지 위험国之五危이다.

상벌이 밝지 않으면 아랫사람에게 공을 세우길 바랄 수 없고, 정치체계가 부당하면 법령이 지켜지지 않고, 사적인 일을 공적인 일로 꾸미는 행위가 만연하면 사람들은 다른 마음을 품게 된다. 여러 사람이 행하는 간사한 짓众奸을 금하지 못하면 나라가 오래갈 수 없다. 전쟁 중의 병사들이 흩어져 달아나면 병력은 반드시 적어진다.

군사적 질서가 잡혀 있지 않으면 적을 보고도 대항하지 못한다. 아랫사람에게 공을 세우길 권하지 못하면 윗사람은 강력한 보필을 받을 길이 없고, 법령이 지켜지지 않으면 일이 혼란스러워져 수습할 길이 없고, 사람들이 '다른 마음'을 품으면 나라가 위태로워진다. 간사한 짓을 방지하고, 근검으로 사치를 근절하고, 충직한 사람으로 하여금 옥사를 관장케 하고, 청렴하고 공평한 사람으로 하여금 상벌을 관할케 해야 한다. 상벌이 왜곡되지 않으면 사람들은 목숨을 바쳐 복종하게 된다.

굶주린 자가 노상에 있는데도 자신의 마구간에 살찐 말이 있다면 남을 망쳐 자신만 살린다는亡人自存 말이나, 남을 박대하고 자신만 부자로 산다는薄人自厚 말을 들을 만하다. 군주가 먼저 재물을 모은 뒤 포상하고, 먼저 법령을 선포한 뒤 처벌을 하는 이유다. 그러면 사람들은 친히 가까이 다가오고, 두려워하며 사랑하고, 명령을 내리지 않아도 실천에 옮길 것이다. 상벌이 공정하지 못하면 충신은 비죄非罪로 죽고, 간신은 비공非功으로 중용될 것이다. 포상을 행할 때는 비록 원수라 할지라도 피하지 말아야 한다.

춘추시대 중엽 첫 패업霸業을 이룬 제환공齊桓公은 자신을 죽이려 했던 관중을 발탁해 보필을 받은 게 그렇다. 벌을 내릴 때는 비록 친척이라 할지라도 피하지 말아야 한다. 주나라 건국공신인 주공 단이 친동생인 관숙을 죽이고, 채숙을 추방한 게 그렇다. 『서경』「주서, 홍범洪範」에서 이르기를, '치우침과 사심이 없으면無偏無黨 왕도가 거침없이 행해지고王道荡荡, 사심과 치우침이 없으면無黨無偏 왕도가 널리 고르게 행해진다王道平平'고 했다. 바로 이를 말한 것이다."

진수가 「제갈량전」에서 '충성을 다해 세상에 보탬이 되는 진충익시盡忠益時를 행한 자는 비록 원수일지라도 반드시 상을 내리고, 법을 어기고 나태한 모습을 보이는 범법태만犯法怠慢을 행한 자는 비록 가까운 자일지라도 반드시 벌을 주었다.'고 칭송했다. 왜냐하면 제갈량이 엄정한 상벌을 행한 덕분에 그나마 촉한이 조씨의 위나라 및 손씨의 동오와 어깨를 나란히 할 수 있었기 때문이다.

제갈량은 군대가 출정할 때에도 반드시 지휘부와 병사들이 혼연일체가 되어, "물러설 때는 산이 이동하는 것 같고, 나아갈 때는 비

제갈량처럼 앞서가라

바람과 같으며, 적을 맞아 싸우는 것이 호랑이 같아야 한다고” 생각했다. 이를 위해서는 반드시 법의 공평하고 엄격한 집행이 전제되어야 하는 것이다. 때문에 “명령은 어길 수 없고, 명령을 어긴 자는 참수해야 한다”고 강력히 제어한 결과 제갈량은 빠른 시일 내에 정예 부대를 육성할 수 있었다.

조조의 위나라나 손권의 오에 비해 상대적 절대적 열세의 촉한이 위를 공격하는 북벌을 단행했다. 그 기본적 바탕에는 이렇듯 상과 벌을 분명히 하고 인센티브를 명확하게 제시했던 제갈량의 시대를 앞서간 통찰력과 공평무사함이 있었다.

21 '창의적으로 발상'하라

'제갈량은 선천적으로 교묘한 생각에 뛰어났는데, 기존의 활을 개조한 연노連弩라든가 목우유마 등이 모두 그의 머리와 생각에서 나온 것이다. 기존의 병법을 응용하는 추연推演을 통해 팔진도八陳圖를 만들기도 했다. 모두 무기의 요체를 얻었다고 했다.

_ 「삼국지」 「촉서, 제갈량전」

창의적으로 혁신을 이룬 제갈량의 지혜

1) 운반수단의 혁신을 가져온 목우 유마
2) 공격능력의 혁신을 가져온 개조된 활, 연노

나관중의 『삼국연의』 102화에 보면 험준한 길로 군량을 운반하기가 힘들자 제갈량이 목유와 유마라는 운송기구를 만들었다고 나온다. 목우와 유마는 '물과 음식이 필요 없으므로 밤낮으로 운반을 계속할 수 있고, 흡사 살아서 움직이는 것 같고, 산을 오르내리는 데 너무나 편리할 뿐만 아니라, 정교한 장치가 있어 목우와 유마의 입속에 있는 혀를 돌리면 곧바로 움직이지 못했고, 혀를 비틀어 놓으면 다시 움직인다'고 묘사되어 있다.

『삼국연의』에 묘사된 정도로 신비한 능력을 가진 것은 아니라 할지

제갈량처럼 앞서가라

라도 목우유마의 역사적 사실은 입증되고 있다.

　진수는 「제갈량전」에서 건흥 9년인 231년에 제갈량이 기산祁山으로 출병하면서 목우木牛를 이용해 군량을 운송했다고 기록해 놓았다. 이어 다시 제갈량의 생전 행보를 평하면서 목우유마木牛流馬를 언급했다. 제갈량이 새로운 군량 및 군수물자 운반체인 목우유마를 제작한 것만은 분명한 사실인 듯하다.

다연발 공격용 활과 혁신적 운송수단 목우유마
예로부터 제갈량의 '목우유마'를 높이 평가한 것은 촉한 땅의 이 지형적 특성과 관련이 있다. 역사적으로 볼 때 목우유마가 신비화된 것은 송원대 이후의 일이다. 원대에 나온 『삼국지평화』에는 사마의가 이같이 말하는 대목이 나온다.

　"촉나라 군사들이 『목우유마경』의 경문을 읽기만 하면 목우유마가 명령대로 움직인다고 한다."

「삼국연의」에 나온 제갈량의 목우유마
명대에 나온 나관중의 『삼국연의』는 황당한 내용으로 구성된 『목우유마경』 대목은 빼고 대신 목우유마의 '혀'를 창안해낸 뒤 제갈량이 위나라 군사를 골탕 먹이는 장면을 삽입시켜 놓은 것이다. 이에 심취한 후대의 독자들은 목우유마를 거의 하늘에서 내려온 천마天馬로 여겼다.

그러나 객관적으로 볼 때 목우유마는 제갈량이 현지 사정에 맞도록 4륜 수레를 개량해 만들어낸 운송도구로 보는 게 합리적이다. 사마광이 『자치통감』을 저술하면서 목우유마에 관한 이야기를 아예 뺀 사실이 이를 뒷받침한다.

그럼에도 당시 제갈량이 개량된 수레를 이용해 군량수송의 어려움을 상당 수준 덜었던 것은 분명한 사실로 보인다. 요즘으로 치면 제갈량이 고심 끝에 일종의 '디자인혁명' 제품을 만들어낸 셈이다. 제갈량이 이룬 '디자인혁명'을 살펴보기 위해 비록 허구이기는 하나 목우유마를 묘사한 『삼국연의』 제102회 '제갈량조목우유마諸葛亮造木牛流馬' 대목을 간략히 살펴보기로 하자.

제갈량은 사마의가 영채를 굳게 지킨 채 교전에 응하지 않자 작은 수레를 타고 위수 동서의 지형을 답사했다. 그러다가 어떤 계곡 어귀에 이르렀을 때 그 형상이 마치 표주박처럼 생긴 곳을 발견했다. 그곳은 능히 1천여 명의 군사를 주둔시킬 만했다. 양 옆의 산 또한 완만하게 골짜기를 형성하고 있어 4-5백 명은 능히 매복시킬 만했다. 이 지역의 배후에는 두 산이 서로 끼고 돌아 겨우 말 한 필과 사람 하나 정도 겨우 지나갈 수 있을 정도로 좁고 긴 협도가 길게 이어져 있었다.

이를 본 제갈량이 크게 기뻐하며 향도관에게 이곳의 지명을 묻자 향도관이 이같이 대답했다.

"이곳은 상방곡上方谷입니다. 일명 호로곡葫蘆谷이라고 합니다."

제갈량처럼 앞서가라

제갈량이 곧 영채로 돌아온 뒤 군중에 있는 공병대원 1천여 명을 호로곡 안으로 들여보내 목우와 유마를 제작하게 했다. 목우유마가 완성되자 장병에게 명해 검각에서 기산의 본영까지 군량을 운반하게 했다. 이를 탐지한 사마의는 장료의 아들 장호와 악직의 아들 악침에게 명해 목우유마를 몇 두 빼앗게 하고 숙련된 장인을 불러 이를 비슷하게 3천 개를 만들게 했다. 이어 목우유마를 사용해 잠위岑威 등에게 끊임없이 농서의 군량을 운반하게 했다.

제갈량은 이 소식을 듣고 위나라의 군량미를 탈취할 계획을 세웠다. 우선 왕평에게 위군 병사를 가장한 병사 1천 명을 맡겨 잠위의 식량 수송대를 습격하게 하여 목우유마의 혀를 모두 비틀어버렸다. 옹주자사 곽회郭淮가 이끄는 위나라 군사가 와서 다시 빼앗았지만 아무리 해도 전혀 움직이지 않는다. 이때 위연과 강유가 습격해 곽회의 군사를 격퇴시켰다. 왕평이 병사들에게 명해 목우유마의 혀를 원래대로 되돌리게 한 뒤 유유히 돌아왔다.

곽회의 군사가 추격했지만 제갈량의 명을 받은 장의가 이끄는 귀신같이 날랜 정예병 5백 명에게 막혀 도망치고 말았다. 군량미를 빼앗기고 곽회군이 대패했다는 소식을 접한 사마의는 몸소 군사를 이끌고 구원에 나섰다. 그러나 그 역시 요화에게 쫓기며 숲속을 빙빙 돌며 도망친 끝에 금 투구를 떨어뜨린 채 황급히 달아나고 말았다.

목우유마에 관한 여러 가지 논란
이상이 '제갈량조목우유마' 대목의 개략적인 내용이다. 그러나 원래 삼국시대에는 '상방곡'이라는 지명이 존재하지 않았다. '호로곡'이라는 별칭도 있을 리 없다. 나관중은 목우유마를 신비스럽게 보이기 위해 이런 허구를 삽입시킨 것이다. 목우유마는 수레를 개량한 것일 가능성이 높다.

그럼에도 목우유마에 관한 일반인들의 관심은 상상 이상이었다. 목우유마를 만든 장소와 관련한 논쟁이 오랫동안 지속된 게 그렇다. 여러 설이 존재했으나 가장 오래된 견해로는 '호로곡설'을 들 수 있다. '호로곡설'은 『삼국연의』의 기술을 그 근거로 삼고 있다. '호로곡설'을 주장하는 사람들은 오장원五丈原에서 약 10킬로미터 떨어진 현재의 섬서성 기산현岐山縣 일대에서 그 지형이 표주박처럼 생긴 계곡을 찾아냈다. 그러나 '호로곡설'은 당시 '상방곡'이라는 지명이 존재하지도 않았던 데다가 『삼국연의』의 기술을 근거로 삼고 있기 때문에 설득력이 떨어진다.

현재 가장 널리 받아들여지고 있는 것은 이른바 '면양설'이다. '면양설'은 『삼국지』 「촉서, 후주전」의 기록을 근거로 삼고 있다. 「후주전」의 건흥 10년조에 이런 기록이 나온다.

"제갈량이 병사들을 쉬게 하고 황사黃沙에서 농경을 장려했다. 목우유마를 완성하고 병사들에게 군사훈련을 시켰다."

황사진黃沙鎭은 당시 한중군 면양현沔陽縣에 속해 있었다. 면양현은 지금의 섬서성 면현에 해당한다. 면양은 당시 제갈량이 주둔한 방어 지역에 속하였으므로 제갈량이 직접 목우유마를 만들기에 매우 적합한 장소였다고 보는 게 옳다. 제갈량은 건흥 11년인 232년에 군사를 면양 부근의 황사진으로 보내 농사를 지으며 군사훈련을 받게 한 적이 있다. 현재의 섬서성 면현 황사진의 북쪽 대로 옆에 청조 동치 5년인 1866년에 세워진 비석이 있다. 여기에는 '한제갈무후제목우유마처漢諸葛武侯制木牛流馬處'라는 글이 새겨져 있다. 이는 이미 오래전에 이곳이 목우유마를 만든 곳이라는 고증이 끝났음을 의미한다. 굳이 목우유마의 제작 장소를 찾는다면 『삼국지』「촉서, 후주전」의 기록에 나와 있는 바와 같이 면양으로 보는 것이 옳다.

제갈량을 신비화시키는 목우유마

목우유마의 제작 장소에 관한 이런 논란은 말할 것도 없이 수천 년 동안 지속된 제갈량에 대한 숭배에서 비롯되었다. 역사적으로 볼 때 목우유마가 신비화된 것은 송원대 이후의 일이다. 원대의 『삼국지평화』에는 심지어 사마의가 이같이 말하는 대목이 나온다.

"촉군들이 「목우유마경木牛流馬經」을 읽는데 경문을 읽기만 하면 목우유마가 명령대로 움직인다고 한다."
나관중의 『삼국지연의』 역시 제갈량을 더욱 신비스런 인물로 만들기 위해 목우유마를 이용해 위나라 군사의 식량을 탈취하고 사마의의 목숨을 거의 빼앗는 지경에까지 이르는 삽화를 끼워 넣었다. 이로 인해 후세에는 목우유마를 거의 하늘에서 내려온 '천마天馬'와 같은 것으로 여기는 상황이 빚어졌다.

그러나 역사적으로 볼 때 비록 제갈량이 목우유마를 만들었다고 하더라도 군량운송의 어려움이 근원적으로 해결된 것은 아니었다. 험난하기 그지없는 '촉한의 도로사정' 때문이었다. 제갈량이 병사들을 면양에 주둔시키며 농사를 짓게 한 것도 군량 문제를 근원적으로 해결코자 하는 의도에서 나온 것이다.

삼국시대 당시 산악지대의 운송수단은 기본적으로 사람과 가축이었다. 기산으로 나아가는 길은 산과 계곡으로 이뤄져 있어 말이 끄는 4륜거로는 군량을 운송하는데 한계가 있었다. 제갈량은 고심 끝에 기존의 4륜거를 개량해 목우유마를 만들어낸 것이다. 실제로 촉한의 군사는 군량수송의 어려움을 상당 수준 덜 수 있게 되었다.

목우유마와 같은 편리한 운송기구를 만들어낸 제갈량의 지혜는 높이 평가받을 만하다. 촉한의 군사가 목우유마를 이용해 식량운반에 따른 병력손실을 막게 된 것은 전적으로 제갈량의 공이라고 할수 있다. 진수는 「제갈량전」에서 '제갈량은 선천적으로 기발한 발상인 교사巧思에 뛰어났다.'고 평했다. 목우유마를 만든데 이어 화살을 연이어 발사하는 기계장치인 연노連弩를 개선했다는 「제갈량전」의 기록역시 제갈량의 창의적인 모습을 보여준다.

제갈량은 삼국시대의 모든 인물 가운데 지금까지도 가장 많은 존경과 추앙을 받고 있다. 가장 큰 이유는 이렇듯 제갈량이 제한된 조건 속에서도 최고의 창의력을 발휘했기 때문이다.

역사서 「배송지」에 나온 목우유마

배송지 주에 인용된 「제갈량집」에 목우유마 제작에 관한 상세한 내용이 나오는 것도 이런 추측을 뒷받침한다. 「제갈량집」의 해당 대목이다

"목우는 각이 진 배에, 구부러진 머리를 했다. 다리 하나에 4개의 발이 달려 있다. 머리는 목에 달려있고, 혀는 배에서부터 나와 있다. 많은 것을 실을 수 있으나 걸음은 느렸다. 대량수송에는 사용할 수 있지만, 작은 일에 쓰기에는 적당치 않다.

하나는 수십 리를 가지만, 무리를 지어가는 것은 20리밖에 가지 못했다. 구부러진 부분은 소의 머리, 쌍으로 있는 것은 소의 다리라고 했다. 옆으로 누워있는 것은 소의 목, 굴러가는 것은 소의 발, 뒤집혀진 것은 소의 등이며, 각이 진 것은 소의 배이고, 밖으로 드리워진 것은 소의 혀, 구부러진 것은 소의 갈비뼈, 조각하듯 깎여진 것은 소의 이빨, 우뚝 서 있는 것은 소의 뿔, 가늘게 된 것은 소의 굴레, 팽팽하게 당겨진 것은 마소의 꼬리에 거는 소의 추축鞦軸이라 했다.

소는 수레의 앞 양쪽에 대는 긴 채인 1쌍의 원轅을 쳐다보고 있고, 사람이 가면 6척尺의 거리를 소는 네 걸음에 간다. 1번에 한 사람이 1년치 식량을 싣고, 하루에 20리를 간다. 사람이 큰 수고를 하지 않아도 되었다. 유마의 치수를 보면 갈비의 길이는 3척 5촌, 넓이는 3촌, 두께는 2촌 3분으로 좌우가 같다. 수레바퀴의 한가운데 구멍에 끼는 긴 나무인 앞의 축軸의 두 개의 검은 구멍에서 머리까지는 4촌, 지름은 2촌이다. 앞 다리에는 2촌 가량 되는 두 개의 검은 구멍이 있다. 그곳에서 앞 축 구멍까지는 4촌 5분, 넓이는 1촌이다. 앞부분의 작은 다리 구멍에서 앞

다리의 두 개의 구멍까지는 2촌 7분, 구멍의 크기는 2촌, 넓이는 1촌이다. 뒤축의 구멍에서 앞부분의 작은 다리에 난 두 개의 검은 구멍까지는 1척 5분으로 크기는 앞부분과 같다. 뒷다리의 구멍 뚫린 부분에서 뒤축 구멍까지는 3촌 5분, 크기는 앞부분과 같다. 뒷부분의 작은 다리에 난 구멍에서 뒷다리의 두 개 구멍까지는 2촌 7분, 뒷부분의 물건 싣는 곳에서 뒷부분의 작은 다리에 난 구멍까지는 4촌 5분이다. 앞부분의 작은 다리의 길이는 1척 8촌, 넓이는 2촌, 두께는 1촌 5분이다. 뒷부분에는 작은 다리와 함께 가지런히 놓인 판자가 있고, 사방에 주머니와 두 개의 나무줄기가 있다. 두께는 8분, 길이는 2척 7촌, 높이는 1척 6촌 5분, 넓이는 1척 6촌이다.

각 나무의 줄기는 쌀 2곡斛 3두斗를 실을 수 있다. 윗부분을 따라 작은 다리에 난 구멍에서 갈빗대 아래까지는 6촌으로 앞뒤가 모두 같다. 앞부분의 작은 다리의 구멍에서 아랫부분에 난 두 개의 작은 다리의 구멍까지는 1척 3촌, 구멍의 길이는 1촌 5분, 넓이는 7분으로 8개의 구멍은 같다. 앞뒤로 4개의 다리가 있다. 넓이는 2촌, 두께는 1촌 5분이다. 그 모양은 코끼리와 같다. 가죽의 길이는 4촌, 면의 길이는 4촌 3분이다. 구멍의 지름에는 세 개의 작은 다리가 있다. 길이는 2척 1촌, 넓이는 1촌 5분, 두께는 1촌 4분으로 작은 다리는 모두 같다."

당시의 기준에서 볼 때 뛰어난 발명품에 해당한다. 진수가 「제갈량전」에서 '모두 무기의 요체를 얻었다.'고 평한 게 과장이 아님을 알 수 있다. 당시 제갈량이 북벌을 위해 철저하게 준비한 사실이 짐작된다. 여러모로 열세인 촉한의 군사를 이끌고 북벌에 나선 배경일 수 있다.

목우유마의 실체 – 선구적 개량 수레

그러나 목우유마의 생김새를 정확히 파악키가 쉽지 않다. 예로부터 이에 관한 논란이 끊임없이 이어진 것도 바로 이 때문이다.

『남제서南齊書』「조충지전祖沖之傳」에는 당대의 수학자이자 천문학자인 조충지가 목우유마를 모방하여 제작한 사실이 기록돼 있다. 북송北宋 때 고승高承이 편찬한 『사물기원事物紀原』에는 "제갈량이 처음 제작했다는 목우는 오늘날 앞쪽에 끌채가 있는 작은 수레와 같은 것이고, 유마는 오늘날 혼자서 밀고 다니는 운송도구인 강주江州의 독륜거獨輪車와 같은 것이다."라고 했다.

지난 2000년에 작고한 건축학자 진종주陳從周는 문헌자료를 두루 살피고 옛 잔도棧道의 유적지를 조사한 뒤 목우는 앞쪽에 끌채가 있어 사람이나 가축이 끌면 뒤쪽에 있는 사람이 밀어주는 형식의 운송도구로 파악했다. 수레에 바퀴가 있고, 몸체 길이는 4척, 폭은 3척 정도 된다고 보았다. 또 유마는 목우와 거의 비슷하나 다만 앞쪽에 끌채가 없어 뒤쪽에서 미는 형식의 운송도구로 보았다. 몸체가 좁고 길어 말의 형상과 비슷하다는 게 그의 주장이다.

군량물자 수송의 해결책 – 목유유마

목우유마는 원래 군량운송의 어려움을 해결하고자 한 데서 나온 것이었다. 기산 일대는 삼국시대에도 그러했지만 지금까지도 중원에서 사천 지방으로 가는 길목 중 가장 험난한 지역으로 손꼽히고 있다. 군량을 수송코자 할 경우 커다란 어려움에 직면할 수밖에 없다. 이는 제갈량이 북벌을 감행하면서 장기전으로 나아갈 수밖에 없었던 주된 원인 가운데 하나로 작용했다.

 예로부터 제갈량의 공적을 평가할 때 목우유마가 빠지지 않고 거론
된 것도 이 때문이다. 그만큼 촉도는 예나 지금이나 험산준령을 가로지
르는 위험하기 그지없는 길이다. 당나라 때 활약한 시선詩仙 이백李白은
『촉도난蜀道難』에서 촉蜀으로 가는 길의 험난함을 이같이 읊은 바 있다.

    아아, 아아
    위험하고 높기만 하구나
    촉도의 험난함이여
    푸른 하늘 오르기보다 더 어려워라
    ……
    (이하 생략)

목우유마 木牛流馬
중국 삼국 시대에, 제갈량이 식량을 운반하기 위
하여 만들었다. 정확히는 목우와 유마로 소와 말
의 형상을 하고 있다.

제갈량처럼 앞서가라

22 전쟁은 '명분이 확실해야' 한다

군대는 생존키 위해 미리 공격에 대비해야 하고, 부득이한 경우에만 싸워야 한다. 평시에는 질서를 꾀하고, 전시에는 위엄을 지녀야 한다.

_「편의16책」「치군」

절대적 열세를 이끌고 북벌에 나선 제갈량의 속뜻

1) 밖으로 위를 공격하여 수비를 대신한다
2) 한황실 회복이라는 명분을 통해 안으로 나라를 단결시킨다
3) 돌아가신 주군 유비의 뜻을 이어 받든다

제갈량은 기본적으로 병법에 뛰어난 인물이었다. 문무를 겸비한 데다가 병법에 능통한 제갈량이 위나라에 비해 절대적으로 군사적인 열세였음에도 불구하고 북벌을 단행한 것은 그 나름의 분명한 이유가 있었다.

첫째로는 자신의 주군이었으며 최상의 파트너였던 유비와의 신의를 지키는 것이다.

둘째로는 촉한의 정치적 명분으로 한황실의 부흥이다.

마지막으로는 강력한 적인 위를 선제적으로 공격하여 상대적으로 약한 촉한의 정치적 안정을 꾀하는 것이다.

병법의 기본적인 세 가지 이치

병법에는 기본적으로 세 가지 이치가 있다.

첫째, 군대는 생존하기 위해 미리 공수攻守에 대비해야 한다. 둘째, 군대는 부득이한 경우에만 싸워야 한다. 셋째, 평시에는 질서를 꾀하고, 전시에는 위엄을 지녀야 한다.

'군대는 생존키 위해 미리 공수에 대비해야 한다'는 첫 번째 구절은 공격과 수비는 동전의 양면처럼 불가분의 관계를 맺고 있다는 병법의 기본원리를 언급한 것이다. 제갈량이 여러 차례 북벌에 나선 것을 두고 공격을 수비로 삼는 이른바 이공위수以攻爲守로 풀이하는 견해도 이런 기본원리에 기초한 것이다.

이를 최초로 공식 거론한 사람은 명나라 말기의 유명한 학자 왕부지王夫之다. 그는 사마광의 『자치통감』에 대한 일종의 '북리뷰'에 해당하는 『독통감론讀通鑑論』에서 제갈량의 북벌은 애초부터 불가능했던 것이라며 그 원인을 이같이 분석해 놓았다.

"제갈공은 천하대세의 흐름을 마음 속으로 파악하고 있었다. 그래서 위나라는 하루아침에 무너뜨릴 수도 없고 촉한의 한 구석에 있는 후주의 힘으로는 천하를 통일할 수 없다는 것도 알고 있었다. 그가 군사를 일으켜 북벌에 나선 것은 공격을 통해 수비以攻爲守를 꾀한 결과다. '공격을 통한 수비'는 다른 사람에게 보일 수 없는 것이다. 그가 위연의 계책을 받아들이지 않은 것도 바로 이 때문이다."

왕부지가 주장하는 '공격을 통한 수비'의 논리는 약간의 문제가 있다. 천하대세를 대국적으로 관찰했다는 점에서는 타당하지만, '공격을 통한 수비'라는 주장으로는 굳이 국력을 기울이는 북벌을 그토록 여러 차례에 걸쳐 펼칠 필요가 있느냐는 질문에 대해 명쾌한 해답이 되지 못하기 때문이다.

공격으로서 수비를 대신한다

그러나 제갈량의 형세분석은 언제나 한발 앞서 있었다. 현재 많은 전문가들이 '이공위수以攻爲守' 주장에 수긍하는 것도 이 때문이다. 약소국인 촉한이 북벌에 성공하리라고 기대하는 것 자체가 망상에 불과하다는 견해를 내놓고 있기도 하다. 이는 왕부지의 주장을 변용한 견해라고 볼 수 있다.

그러나 또한 이에 대한 반론도 만만치 않다. 촉한의 국력만으로 위나라를 치는 것은 쉽지 않은 게 사실이었으나 전혀 불가능한 것만도 아니라는 주장이 그렇다. 이들 가운데 상당수는 만일 동오와 연계해 협공을 펼쳤다면 천하통일을 이룰 수 있었는데도 이를 제대로 추진하지 못한 탓에 결국 실패하게 됐다고 주장한다.

"제갈량은 몇 번이나 북벌을 시도했지만 기본적으로 한 곳으로의 진공으로 시종일관하면서 사전에 동오와 연합해 밀접하게 호응하는 양면전을 펼치지 않았다. 그는 '융중대'에서 언급한 '결호동오結好東吳'의 원칙을 고수해 정립지세鼎立之勢까지 만들어 놓고도 북벌 성패의 관건인 '결호동오'를 적극 추진하지 않은 것이다. 결국 실패를 자초한 셈이다."

천하통일의 기본 계책은 옳았으나 도중에 정세의 변화가 생긴 까닭에 이내 실패로 귀결됐다는 주장도 비슷한 유형이다.

"제갈량의 북벌이 전혀 불가능한 것은 아니었다. 그러나 그에게는 형주를 잃은 것이 가장 큰 타격이었다. 당초 '융중대'에서 제시한 형주와 익주에서의 양면협공 계책이 불가불 수정될 수밖에 없었던 이유다. 또 하나의 원인으로 이릉대전의 패배를 들 수 있다. 이때의 패배로 촉한 군사의 사기가 크게 꺾이고 군사력이 결정적으로 약화됐다. 이는 당초 제갈량이 계산에 넣지 못했던 것이고, 쉽게 만회할 수 있는 문제도 아니었다. 결국 이런 문제가 겹쳐 '6출기산'은 실패로 끝나고 말았다."

촉한이 단독으로 천하통일을 이룰 수도 있었음에도 주변 여건이 부정적으로 전개된 나머지 실패로 귀결됐다는 주장이다. 이는 『삼국연의』의 입장과 유사하다. 오랫동안 이 견해가 주류를 이루어 왔다.

객관적으로 볼 때 제갈량이 동오와 손을 잡고 위나라에 협공을 가했다면 그 결과를 예측하기가 쉽지 않았다. 나아가 형주를 잃지 않고 이릉대전의 패배가 없었다면 촉한 단독의 북벌이 전혀 불가능한 것도 아니었다. 제갈량이 시도한 '6출기산'의 실패에는 여러 가지 원인이 복합적으로 작용했다고 보는 게 합리적이다.

진수가 「제갈량전」에서 평했듯이 제갈량의 임기응변의 전략과 전술이 군사를 정비하는 수준보다는 미치지 못했을 수도 있다. 제갈량

에 대한 진수의 평가는 정곡을 찌른 것이라고 할 수 있다. 그가 직필
直筆을 고집한 사가史家였다는 점에서 볼 때 제갈량을 두고 '장략'이
'치융'만 못했다는 그의 평은 나름 객관성을 띤 평가로 보는 게 합당
하다.

실제로 그는 제갈량에 대한 존경심의 표현으로 총 24편에 달하는
제갈량의 글을 하나로 모은 『제갈량집』을 편제해 서진의 조정에 바
친 인물이다.

손자병법의 기본 – 군대는 부득이한 경우에만 싸워라

'군대는 부득이한 경우에만 싸워야 한다'는 제갈량의 말은 현존『손
자병법』의 원형인 조조의 『손자약해孫子略解』의 서문에 나오는 대목
을 인용한 것이다. 제갈량이 생전에 조조가 쓴『손자약해』를 읽었을
가능성이 높다.『손자약해』서문의 해당 대목이다.

"조조가 말하기를, '예로부터 칼의 힘에만 의지하는 자도 패망하
고, 붓의 힘에만 의지하는 자도 패망했다. 춘추시대 말기의 오왕 부
차夫差와 서주시대 초기의 서언왕徐偃王이 바로 그런 자들이다.'라고
했다."

내용상『손자병법』첫 편인「시계始計」의 첫머리에 나오는 병도兵道
의 취지를 밝힌 것과 다름없다. 조조는 이를 위해 두 사람을 예로 들
었다. 춘추시대 말기의 오왕 부차와 서주시대 중엽의 서언왕이 그들
이다. 부차는 춘추5패의 일원이다. 그러나 그는 오자서의 간언을 무

시하고 막강한 무력에만 의지하다가 끝내 월왕 구천에게 패망하고 말았다. 지나치게 잦은 용병과 지나친 자신감이 화근이었다. 그는 오직 칼의 힘만 믿는 전형적인 유형에 해당한다.

『후한서』「동이전」 등의 기록에 따르면 그는 주목왕 때 인정仁政을 펼쳐 장강과 회수 사이의 제후 가운데 36국이 그를 따랐다. 그러나 주목왕이 초나라를 시켜 토벌케 했을 때 백성들을 너무 사랑한 나머지 접전을 피하다가 목숨을 잃고 나라마저 패망했다고 한다. 오왕 부차와 정반대로 서언왕은 오로지 붓의 힘만 믿은 전형적 유형에 해당한다.

조조가 오왕 부차와 서언왕을 거론한 것은 평소 무기를 거두어 들였다가 부득이할 때에 한해 용병하는 병법의 대원칙을 설명하기 위해서다. 이를 집이시동戢而時動이라고 한다. '집이시동'은 『손자병법』이 첫 편인 「시계」에서 전쟁을 국가대사의 일환으로 파악한 것과 동일한 취지에서 나온 것이다. 조조는 병도가 바로 '집이시동'임을 통찰한 것이다. 이는 노자의 무위지치를 병가의 입장에서 재해석한 것이다. 이를 뒷받침하는 『도덕경』 제32장의 해당대목이다.

"병기는 상서롭지 못한 기물로 군자가 사용하는 기물이 아니다. 부득할 때 용병해야 한다. 용병은 담백한 마음을 높이 친다. 이겨도 이를 좋게 여기지 않는 이유다. 이를 좋게 여기는 자는 살인을 즐기는 자이다. 무릇 살인을 즐기는 자는 천하에 뜻을 얻을 길이 없다."

노자는 비록 반전反戰의 입장에 서 있기는 했지만 부득이한 경우에 한해 전쟁을 용인했다. 『도덕경』은 이를 '부득이용병不得已用兵'으로 표현해 놓았다.

엄정한 군율과 군기를 유지했던 제갈량

병도는 기본적으로 노자와 공자의 치국평천하 사상과 일치한다. 노자는 물론이고 공자 역시 스스로를 낮추는 겸하謙下와 남에게 양보하는 예양禮讓을 역설하며 부득이한 경우에 한해 전쟁에 나설 것을 주문했다. 『손자병법』의 첫머리에서도 이를 강조한 것이다. '백성의 생사와 국가의 존망'은 표면상 전쟁을 결정할 때 신중에 신중을 거듭해야 함은 물론 국가의 이익을 중대하게 생각해야 하기 때문이다.

동서고금의 모든 전쟁은 본질적으로 이익 다툼에서 비롯된다. 명분 차이만 있을 뿐이다. 역사적 사례가 보여주듯이 전쟁은 아무리 정의로운 전쟁을 전면에 내세울지라도 속성상 사람을 강압하는 무력이 수반되는 까닭에 반드시 억울한 사람이 나오기 마련이다. 피해를 당한 당사자의 적개심과 복수심을 자극할 수밖에 없다. 피는 피를 부른다. 이를 미연에 방지하기 위해 엄격한 군율과 군기를 유지해야 한다. 실제로 제갈량은 명분이 확실한 전쟁을 했으며, 출병할 때마다 한 치의 착오도 없이 엄정한 군율과 군기를 유지했다.

비록 북벌로 인한 결과가 보잘 것 없었다 할지라도, 사실상 제갈량은 명분 면에서는 역사에 길이 남을 전쟁을 한 것이다. 당대의 현실에서 제갈량의 북벌은 무엇보다 먼저 최상의 파트너였던 유비와의 약속을 지킨 것이고, 몇십 년이 흐른 뒤 결국 위나라에게 멸망하기는 했지만 촉한의 정치적 안정에 기여를 한 최상의 방안이었다고 볼 수 있다.

때문에 삼국시대 최대의 실권자였던 조조나 나중에 삼국을 최종적으로 통일한 역사적 현실의 최종적 승자인 사마의보다 제갈량을 많은 사람들이 '지혜의 신'이자 '신의의 표상'으로 흠모하고 있는 것이다.

제갈량처럼 앞서가라

23

자출계
自出計

'지도자가 모범'을 보여라

건흥 7년인 229년, 제갈량이 진식을 보내 무도와 음평을 쳤다. 위나라 옹주자사 곽회가 군사를 이끌고 진식을 치려고 하자 제갈량이 직접 건위까지 출병했다. 곽회가 퇴각해 돌아갔다. 마침내 무도와 음평 2개 군을 평정했다. 유선이 제갈량에게 조책詔策을 내렸다.

"가정전투의 패배는 마속으로부터 비롯된 것이다. 그대는 그 잘못을 자신에게 돌리고 지나치게 스스로를 폄하해 벼슬을 깎아내렸다. 짐 또한 그대의 마음을 거스르지 않고 군이 고수하려는 바를 순순히 들어주었다. 지난해에 그대는 무력을 빛내며 왕쌍을 격침했다. 또 올해에는 다시 출정해 곽회를 둔주遁走케 만들었고, 저족氐族과 강족羌族을 투항케 해 안정시켰다. 무도와 음평 2개 군을 다시 회복하고, 무위로 흉포한 자들을 진압하여 공훈이 뚜렷하다. 바야흐로 지금 천하가 소요하고, 주모자인 원악이 아직 효수되지 않고 있다. 그대는 대임을 받아 나라의 중요한 일을 감당해야 하니 오랫동안 스스로 관직을 낮추고 물러나 있는 것은 선제의 공업을 크게 빛내고 드날리는 바가 아니다. 오늘 군을 다시 승상의 자리에 복귀시키니 그대는 사양치 마라."

_「삼국지」「촉서, 제갈량전」

내부의 반대를 돌파하는 제갈량의 전략

1) 몸을 낮추고 정성을 다해 반대세력을 설득하라

2) 원칙을 지키고 앞서서 솔선수범하라

제3차 북벌의 성공으로 다시 승상의 자리에 오른 제갈량

제갈량은 제3차 북벌 당시 무도군과 음평군을 공략하면서 일정한 성과를 올린 덕분에 다시 승상의 자리에 복귀하게 되었다. 제갈량이 시도한 '6출기산' 가운데 가장 성공적인 것은 제3차 북벌이었다. 제1차 북벌은 일시 3개 군을 점거해 큰 공을 세우기는 했으나 가정전투의 패배로 인해 물거품이 되었다.

제2차 북벌은 위나라 장수 조휴曹休가 동오에 패전했다는 소식을 듣고는 크게 고무되어 이뤄진 것이다. 「제갈량전」의 배송지 주에 인용된 『한진춘추』는 당시 제갈량이 북벌에 나서게 된 배경을 이같이 기록해 놓았다.

"제갈량은 손권이 조휴를 깨뜨리자 위나라 군사들이 남쪽으로 내려가 관중이 허약해졌다는 소식을 듣게 되었다."

제갈량은 바로 관중이 허한 틈을 노려 출정한 것이다. 원래 제갈량은 이런 때가 올 것을 예상하고 만반의 준비를 했다고 보아야 한다. 제갈량이 제2차 북벌에 나설 당시 촉한의 조정대신들 대부분이 아직 경술히 움직일 때가 아니라며 출병을 반대했다. 유선도 쉽사리 결정을 내리지 못했다. 이때 제갈량이 조정의 반대를 정면돌파하기 위해 제출한 것이 바로 온갖 일을 마다않고 허리를 굽혀 몸소 행하면서 온갖 정성을 다했다는 뜻의 국궁진력鞠躬盡力이다. 그 근거는〈후출사표後出師表〉이다.

후출사표는 제갈량이 쓴 것이 아닌가?

주목할 것은 '국궁진력'의 전거인 〈후출사표〉가 〈전출사표〉와 달리 후대인의 위작이라는 주장이 줄곧 제기돼 온 점이다. 21세기 현재도 〈후출사표〉를 후세의 위작으로 보는 견해가 제법 많다. 〈전출사표〉에 비해 그 내용이나 문장구성 등에서 훨씬 격조가 떨어진다는 이유 때문이다. 특히 〈후출사표〉는 『삼국지』 본문에 나오는 〈전출사표〉과 달리 배송지의 주에 인용된 장엄의 『묵기』에만 나오고 있어 위작 논란의 배경이 되고 있다.

상식적으로 볼 때 〈후출사표〉가 제갈량의 작품이라면 응당 「제갈량전」을 비롯해 『제갈량집』과 『소명문선』 등에 두루 언급되어 있는 게 옳다. 그런데도 이들 전적에 그 명칭조차 언급돼 있지 않다. 〈전출사표〉가 「제갈량전」은 물론 『소명문선』 등에 두루 언급돼 있는 것과 대비된다.

반면 〈후출사표〉를 제갈량의 작품으로 보는 사람들은 『자치통감』을 주요 논거로 삼는다. 사실 『자치통감』을 저술한 사마광이나 『자치통감』에 주를 단 호삼성 모두 사료를 엄밀하게 검증하는 것으로 유명하다. 〈후출사표〉를 위작으로 몰아가려면 왜 『자치통감』에 〈후출사표〉가 잘못 실리게 되었는지를 증명해야 한다. 위작을 주장하는 사람들은 이에 대한 명쾌한 해답을 제시하지 못하고 있다. 『자치통감』에 〈후출사표〉가 실리게 된 배경을 제대로 반박하지 못하는 것은 극히 치명적이다. 현재의 상황에서는 〈후출사표〉를 제갈량의 작품으로 보는 게 타당하다.

〈후출사표〉의 압권은 '국궁진력'이라는 표현이다. 『자치통감』에 나오듯이 '국궁진력' 이라는 표현은 당시 제갈량이 처해 있던 심경을 잘 드러내고 있다.

신중함을 바탕으로 유인책을 쓴 제갈량

제2차 북벌과 달리 제3차 북벌에서는 한 번도 패하지 않고 무도군과 음평군을 함락시켰다. 제2차 북벌 당시의 좌절을 거울삼아 학소郝邵가 머물고 있던 진창陳倉을 피해 다른 쪽으로 공격해 나간 게 주효했다. 당시 그는 부장 진식陳式에게 명해 군사 2만 명을 이끌고 가 무도군과 음평군을 치게 했다. 위나라 조정은 이 소식을 접하자 곧바로 옹주자사 곽회郭淮에게 명하여 장합과 함께 이들을 저지하게 했다.

곽회가 장합에게 장안을 지키도록 당부한 뒤 군사들을 이끌고 밤을 도와 무도군과 음평군 방향으로 달려갔다. 도중에 음평군이 이미 함몰되었고 무도군 역시 함몰 직전에 있다는 보고가 올라왔다. 곽회가 기산에 이르는 위수 남쪽에 영채를 차리고 휘하 장수에게 일부 군사를 나눠주어 영채를 지키게 한 뒤 나머지 군사를 모두 이끌고 무도군과 음평군 쪽으로 달려갔다.

진식은 돌연 곽회가 대군을 이끌고 달려오자 중과부적을 우려해 곧바로 철군했다. 제갈량이 진격방향을 바꿔 사곡을 지나 무도군 내에 있는 건위建威 쪽으로 나아갔다. 첩보를 접한 곽회가 곧 영채를 건위 쪽으로 옮겨 세운 뒤 문을 닫고 영채를 굳게 지켰다. 제갈량이 매일 위연을 보내 싸움을 걸어도 곽회는 오직 영채를 굳게 지킨 채

제갈량처럼 앞서가라

꿈쩍도 하지 않았다.

마침내 제갈량이 짐짓 퇴각하는 모습을 연출해 곽회를 유인했다. 여러 장수들의 성화를 이기지 못한 곽회가 마침내 영채를 나와 촉한의 군사를 추격했다. 제갈량의 명을 받은 촉한의 병사들은 일면 싸우면서 일면 후퇴했다. 위나라 군사는 촉한의 군사가 진짜 퇴각하는 것으로 믿고 더욱 세게 밀어붙였다. 그 사이 촉한의 병사들이 위나라 군사의 영채를 공격했다. 급보를 접한 곽회가 즉시 군사를 이끌고 돌아가면서 위나라 병사들이 어지럽게 달아났다.

상황이 역전되자 촉한의 병사들이 위나라 군사의 후미를 매섭게 몰아쳤다. 결국 위나라 군사는 이 전쟁에서 크게 패했다.

죽은 유비와의 약속을 끝까지 지킨 제갈량

당시 제갈량은 대군을 한중에 주둔시켜 놓은 뒤 성도로 돌아갔다. 문무관원들의 영접을 받고 유선을 알현한 후 승상부로 가자 이내 승상의 자리에 복귀시킨다는 내용의 조서가 당도했다. 진수가 「제갈량전」에서 조서의 내용을 기록하면서 '무도와 음평 2개 군을 다시 회복하고, 무위로 흉포한 자들을 진압하여 공훈이 뚜렷하다.'고 언급한 것은 제3차 북벌이 매우 성공적으로 이뤄졌음을 뒷받침한다.

객관적으로 볼 때 제3차 북벌은 제갈량의 완전한 승리라고 할 수 있다. 그러나 이 또한 물론 천하통일의 결정적 전기를 마련할 수 있는 사건은 아니었다. 그러나 유비와의 약속을 지키고 촉한 내부를 단결시키기에는 충분한 역할이었다.

융중대에서 스스로 밝혔듯이 제갈량은 '사람의 계획'이 '천시'를 이길 수 있다고 보았다. 그래서 결국 유비와 함께 천하삼분지계를 구체적으로 실행하고 촉한을 건국할 수 있었던 것이다.

　　제갈량은 유비가 죽고 난 뒤에 유비의 뜻을 받들어 위나라를 공격하는 북벌을 단행하면서도 항상 지도자로서 솔선수범하는 모범을 보였다. 당대는 삼국 정립의 상황이라 할지라도 위나라와 오나라에 비해 촉한은 정치 군사적으로 매우 열세였다.

　　그럼에도 불구하고 제갈량은 정치적 지도자로서 올바른 명분을 제시하고, 군사적 지도자로서 타개책을 제시하며 앞서간 실행가였기 때문에 그의 인간적 위대성이 존재하는 것이다.

지력이 뛰어날수록 고통에도 민감한 편이지만
그는 뛰어난 통찰력과 굳센 의지로 세상에 맞설 줄 안다.

- 쇼펜하우어 Shopenhauer

24 '결정적인 때를 대비'하라

건흥 3년, 제갈량이 군사를 이끌고 남정에 올라 그해 가을 모두 평정
했다. 군사물자가 여기서 나온 까닭에 나라가 부유하고 풍요로워졌다.
이내 군사를 정비하고 무예를 강습하며 크게 일으킬 때를 기다렸다.

_ 『삼국지』 「촉서, 제갈량전」

기회를 만들어가는 제갈량의 지혜

 1) 여유로울 때 유사시를 준비하라

 2) 상황의 변화에 따라 이해득실을 정확히 판단하라

유비를 뒤를 이은 유선은 건흥 원년인 223년에 제갈량을 무향후
에 봉하고, 승상부를 열어 정무를 처리하도록 했다. 얼마 후 익주목
을 겸하게 했다. 이를 계기로 크고 작은 정무사안 모두 제갈량을 거
쳐 결정했다. 이 와중에 지금의 운남성과 귀주성 및 사천성 남부에
해당하는 남중 지역의 여러 군이 일거에 반란을 일으켰다. 제갈량은
막 유비의 장례를 치르는 국상을 만난 까닭에 곧바로 군사를 동원할
수 없었다. 유사시를 대비해 오나라에 사자를 보내 동맹을 맺었다.

 당시 제갈량이 취한 이런 행보는 '2보 전진을 위한 1보 후퇴'에 해
당했다. 실제로 그는 건흥 3년인 225년에 군사를 이끌고 남정에 올

제갈량처럼 앞서가라

라 그해 가을에 모두 평정하는 전과를 올렸다. 이후 촉한의 군사물자가 모두 여기서 나왔다. 주목할 것은 당시 제갈량이 나라가 부유해지는 것을 기다렸다가 군사를 정비하고 무예를 강습했던 점이다. 쉼 없이 실력을 닦으며 때가 오기를 기다린 셈이다.

당초 유비는 이릉대전의 패배로 인해 영안궁에 머물며 회복을 꾀했으나 병세가 더욱 악화되었다. 그는 마침내 자신의 목숨이 얼마 남지 않은 것을 알고 사자를 시켜 성도에 있는 제갈량과 상서령 이엄 등을 불렀다. 제갈량이 태자 유선에게 성도를 지키게 하고 유비의 작은 아들 노왕 유영 및 양왕 유리와 함께 영안궁으로 유비를 보러 갔다.

당시 한가태수 황원은 제갈량이 꺼리는 인물이었다. 그는 유비가 병이 중하다는 소식을 듣고 후환이 있을까 두려워했다. 1개 군을 들어 반기를 든 뒤 임공성을 불태웠다. 제갈량은 동쪽으로 가 유비를 간병하고 있었기에 성도의 방비가 매우 허술해 사실상 거의 비어있는 것이나 다름없었다. 황원은 더욱 거리낄 게 없었다.

익주치중종사 양홍이 태자 유선에게 건의해 장군 진물과 정작을 보내 황원을 토벌케 했다. 사람들은 황원이 만일 성도를 포위하지 못하면 사천성 서창현 동남쪽의 월수를 떠나 남중을 점거할 것으로 생각했다. 양홍이 유선에게 건의했다.

"황원은 평소 성질이 흉포한데다 신의가 없는데 어찌 능히 그런 일을 하겠습니까? 단지 배를 타고 흘러 동쪽으로 내려가는 것에 불과합니다. 그는 곧 결박돼 처형될 것입니다. 설령 그리 안 될지라도 그는 겨우 오나라로 도망가 목숨을 이을 수 있을 뿐입니다. 지금 진물과 정작에게 명하여 남안의 협구를 막도록 하면 능히 그를 잡을 수 있습니다."

유비 사후에 실질적인 촉한의 통치자가 된 제갈량

과연 황원이 싸움에 패하여 강을 따라 동쪽으로 내려가다가 진물과 정작에게 잡혀 죽임을 당했다. 성도가 위기를 넘기게 되었다. 제갈량은 영안궁에 이르러 유비의 병이 위중함을 보고 조석으로 시약侍藥하며 유비의 쾌유를 기원했다. 그러나 제갈량의 이런 헌신에도 불구하고 유비의 병은 더욱 깊어져 도저히 회복될 기미가 없었다.

마침내 유비가 임종 직전 제갈량을 불렀다. 제갈량이 황망히 용탑 아래 엎드렸다. 유비가 제갈량에게 용탑 곁으로 올라와 앉을 것을 권한 뒤 그의 등을 어루만지며 말했다.

"짐이 승상을 얻어 다행히도 제업을 이루었으나 워낙 아는 것이 없어 승상의 말을 듣지 않고 스스로 낭패를 볼 줄이야 어찌 알았겠소? 그 일을 몹시 후회하다가 병이 들어 목숨이 조석에 있소. 사자嗣子가 잔약孱弱해 부득불 대사를 부탁하기 위해 승상을 부른 것이오."

유비가 말을 마치고는 눈물을 비 오듯 흘렸다. 제갈량 역시 눈물을 흘리며 속히 쾌유할 것을 빌었다. 그러나 유비는 자신이 죽을 시간이 다 되었음을 알고 모든 신하를 전각 안으로 불러들이게 한 뒤 종이와 붓을 가져다 유조遺詔를 쓰게 해 제갈량에게 주었다. 그러고는 이같이 탄식했다.

"성인이 이르기를 '새가 장차 죽으려 하니 그 울음소리가 슬프고 사람이 장차 죽으려 하니 그 말이 착하다.'고 했소. 짐이 본디 경들과 함께 조적曹賊을 멸하고 또한 함께 한실을 붙들어 세우려 했으나 불행히 중도에 헤어지게 되었소. 승상은 부디 유조를 태자 유선에게 전해주시오. 이를 예삿말로 여기지 말고 모든 일을 승상이 가르쳐 주기 바라오."

제갈량을 절대적으로 믿었던 유비
목숨을 걸고 유비와 촉한에 충성하고 신의를 지킨 제갈량

제갈량이 엎드려 울며 말했다.

"바라건대 폐하는 용체를 편히 하십시오. 신 등이 견마의 수고를 다해 폐하의 지우지은知遇之恩에 보답하겠습니다."

유비가 내시에게 분부해 제갈량을 붙들어 일으키게 한 후 한 손으로 눈물을 닦고 또 한 손으로 그의 손을 잡으며 말했다.

"짐은 이제 죽거니와 짐의 심중에 있는 말을 한마디 하려고 하오."

제갈량이 물었다.

"무슨 말씀이십니까?"

유비가 대답했다.

"승상의 재주가 조비보다 10배나 나으니 반드시 나라를 안정시키고 대사를 마무리 지을 수 있을 것이오. 만약 짐의 아들이 도울 만하거든 돕고 만일 그럴 만한 자질이 못되거든 승상이 스스로 성도의 주인이 되시오."

이 말을 듣자 제갈량이 온몸에 진땀을 흘렸다. 손과 발을 떨면서 말했다.

"신이 어찌 감히 고굉의 노력과 충절을 다하지 않겠습니까? 죽어도 그치지 않을 것입니다."

말을 마치고는 머리를 땅에 부딪쳐 피를 흘렸다. 유비는 다시 제갈량을 청해 침상 위에 앉게 하고는 노왕 유영과 양왕 유리에게 앞으로 나오라 한 뒤 분부했다.

"너희들은 모두 짐의 말을 명심해라. 짐이 세상을 떠난 뒤 너희들 모두 승상을 부친으로 섬기고 태만하지 말라."

분부를 마친 유비는 두 아들에게 명하여 제갈량에게 절을 시켰다. 그러자 제갈량이 울먹이며 말했다.

"신이 비록 목숨을 바친다肝腦塗地한들 어찌 이 지우지은에 보답할 수 있겠습니까?"

유비가 모든 신하들을 보고 당부했다.

"짐은 이미 승상에게 자식들을 부탁하고 사자로 하여금 그를 아비로 섬기게 하였소. 경들은 조금이라도 태만하여 짐의 소망을 저버리는 일이 없도록 하시오."

유비는 이 말을 마치고 곧바로 숨을 거두었다. 당시 그의 나이 63

세였다. 때는 황초 4년인 223년 여름 4월 24일이었다. 이를 두고 진수는『삼국지』에서 이같이 평했다.

"유비는 도량이 넓고 의지가 강하며 마음이 너그러운 인물을 알아보고 선비를 예우할 줄 알았다. 그는 한고조 유방의 풍모를 갖고 있었으니 실로 영웅의 그릇이었다. 그가 제갈량에게 국가를 들어 의지하며 마음에 전혀 의심을 두지 않은 것은 참으로 군신의 지극한 공심公心으로 고금을 통해 보기 드문 일이었다. 유비는 임기응변의 재간과 책략에서 조조에 미치지 못했기 때문에 국토 또한 협소했다. 그러나 그는 좌절해도 굴복하지 않았기에 끝까지 조조의 신하가 되지 않았다. 아마도 조조의 도량으로는 틀림없이 자신을 받아들이지 못할 것을 예측하여 그와 이익을 다투지 않음으로써 해를 피하려고 했던 듯하다."

제갈량과 사마의의 '탁고유명'

그 유명한 탁고유명託孤遺命 대목이다. 삼국시대에 나타난 또 하나의 유명한 '탁고유명' 대목을 들라면 위나라 명제 조예가 어린 조방曹芳을 사마의에게 맡긴 것을 들 수 있다. 그러나 유비의 탁고유명과 조예의 탁고유명은 전혀 다른 결과를 낳았다.

제갈량은 어린 유선을 끝까지 돌보며 충성으로 나라를 지킨竭忠報國 데 반해, 사마의는 어린 조방을 폐위하고 왕위를 찬탈하는弑君簒位 길을 열었다. 유비와 제갈량 사이에 이뤄진 탁고유명이 더욱 그 빛을 발하게 된 배경이다.

제갈량은 동오를 견제하기 위해 곧바로 이엄을 중도호中都護로 삼아 영안에 남아 진수케 했다. 제갈량이 모든 관원들과 함께 돌아오자 태자 유선이 성 밖으로 나와 영구를 맞아들여 정전 안에 안치하고 유조를 받아 읽었다.

"사람이 50세에 죽으면 요절이라 하지 않는데 나는 이미 60여 세이니 무슨 유감이 있겠는가. 단지 너의 형제가 마음에 걸릴 뿐이다. 노력하고 또 노력하라. 악이 작다고 행하지 말고 선이 작다고 버리지 말라. 현명한 덕만이 비로소 사람을 신복시킬 수 있다. 네 아비는 덕이 박하여 네가 배울 만한 것이 없다. 태자는 승상과 같이 일을 처리하면서 승상을 부모 모시듯이 섬겨야 한다."

17세에 촉한의 2대 황제로 오른 유선

유비가 죽은 지 꼭 열흘 쯤 되는 황초 4년인 223년 5월 초 태자 유선이 촉한의 두 번째 황제로 즉위했다. 당시 그의 나이는 17세였다. 유선은 곧바로 연호를 건흥으로 고치고 천하에 대사령을 내렸다. 유선은 자가 공사公嗣였는데 대부분의 사서는 그가 결단력이 없고 귀가 얇아 남의 말을 잘 들었다고 기록해 놓았다.

유선은 보위에 오르자마자 유비를 혜릉에 장사지낸 뒤 시호를 소열이라고 하고 생모인 황후 오씨를 높여 황태후라고 했다. 이어 제갈량의 벼슬을 더해 영익주목으로 삼고 무향후에 봉했다. 제갈량은 곧바로 관직을 간소화하고 법제를 정비하면서 어린 황제의 즉위로

제갈량처럼 앞서가라

흔들리기 쉬운 국기를 튼튼히 다져나갔다.

유비의 죽음은 제갈량의 생애에 커다란 전환점이라고 할 수 있다. 제갈량은 삼고초려 이래 16년 동안 줄곧 핵심참모의 입장에서 유비를 보좌해 왔지만 이제부터는 혼자의 힘으로 촉한의 운명을 지켜내야만 했다. 제갈량이 지금의 운남성 및 귀주성 일대에 대한 남정을 행하게 된 것도 이런 맥락에서 이해할 수 있다. 장차 북벌을 단행하기 위한 배후지를 확보키 위한 심모원려의 일환이었다.

원래 익주는 유언과 유장 부자에 의해 수십 년 동안 다스려진 까닭에 백성들이 유비의 통치를 쉽게 받아들이지 않았다. 더구나 유비가 이릉대전에서 참패한 뒤 얼마 뒤 죽자 모반의 기운이 더욱 짙어졌다. 이런 상황에서는 제갈량이 아무리 노력할지라도 일정한 한계가 있을 수밖에 없었다. 익주 자체가 매우 넓어 고루 통치권이 미치지 못한 것은 물론 옹개와 같은 토호들은 거의 반독립적인 할거세력으로 군림하면서 '성도정권'의 권위를 인정하지 않았기 때문이다.

마침내 황초 6년인 225년 정월, 익주군으로부터 제갈량에게 문득 급보가 날아왔다. 맹획이 건녕 일대의 옹개와 결탁해 10만 대군을 일으켜 변경을 침공하자 장가태수 주포와 월수태수 고정이 이들과 합세해 반기를 들었다는 내용이었다.

원래 유비는 서촉을 장악한 후 익주자사 관할 하에 있는 월수와 장가, 익주, 영창 등 4개 군 안에 있는 소수민족을 세력권에 끌어들이려고 했으나 남중의 소수민족을 이끌고 있는 대성大姓의 설득이 쉽지 않았다. 이들 대성은 진시황 때 난을 피해 들어온 유민과 전한 때 서남도를 뚫을 때 파견되었던 한인들의 후예가 이 지역에 남아 지방 세력으로 성장한 자들이었다. 후한 말에는 이들 대성 세력들이 지배적 지위를 차지하고 있었다. 그들은 토착세력의 추장들과 함께 서남지역의 토호세력으로 성장해 있었다.

옹개와 맹획은 익주군에 근거를 두고 있었고, 주포는 장가군의 태수로 있으면서 장가군을 거점으로 삼았고, 소수민족의 수령 고정은 월수군을 장악했고, 여개와 일부 파견 관리들은 영창군을 중심지로 삼고 있었다. 그런데 촉과 오가 서로 대립하게 되자 남중 일대가 각기 촉과 오를 따르는 양파로 갈리게 됐다. 옹개는 촉한에 반대하는 입장에 선 대표적인 인물이었다.

유비는 익주를 점거하자마자 곧바로 익주자사 자리를 부활시켜 등방을 내항도독 및 주제태수로 임명하여 남창으로 들여보냈다. 그러나 남중 세력의 거센 반발로 부임할 수가 없었다. 남중의 중추세력인 옹개는 촉한을 효과적으로 제지하고 자기 세력을 공고히 하기 위해 손권과 손을 잡으려고 했다.

교주에 있는 오나라 관원들과 교신하자 오나라도 촉한과 형주문제로 인해 화의가 깨진 상태였기 때문에 옹개의 제의를 기꺼이 받아들였다. 동오가 전에 교지태수를 지낸 사섭을 시켜 옹개와 연맹을 맺도록 하자 옹개는 곧 익주태수 정앙을 죽이고 태수 장예를 잡아 손권에게 압송했다. 이를 계기로 동오도 본격적으로 남중 경략에 나

제갈량처럼 앞서가라

서게 되었다.

유비는 황제의 자리에 오른 직후 촉한에 투항해 온 이회를 등방 대신 내항도독으로 임명하여 남중으로 다시 파견했다. 이회는 장가군 평이현까지 진주했으나 더 이상 진입하지 못했다. 이때 오나라는 다시 유장의 아들 유천을 익주자사로 임명했다. 이는 익주의 원래 주인이라고 할 수 있는 유천을 이회와 대치시킴으로써 장차 파촉 일대를 빼앗아 촉한을 멸망시키려는 속셈에서 나온 것이다. 남중의 혼란은 바로 동오와 촉한의 이해대립이 빚어낸 결과였던 셈이다.

유비가 죽고 나서 벌어지는 상황들

유비가 죽고 유선이 촉한의 제위를 이어받자 남중의 세력들은 공개적으로 촉한에 반대하며 독립을 외치기 시작했다. 옹개는 오나라로부터 영창태수에 임명된 후 영창으로 진격하자는 기치를 내걸었고, 고정은 촉한의 월수태수 초황을 살해한 뒤 왕으로 칭하면서 반기를 들었다. 주포는 근거지인 장가군을 중심으로 이들에게 호응하고 나섰다. 오직 영창군의 공조 여개와 부승 왕항만이 옹개에 항거하며 촉한에 동조했다.

따라서 군주는 어리고 백성들은 나라를 믿지 못하는 상황에 처한 촉한의 입장에서는 남중의 평정은 그야말로 절체절명의 과제이기도 했다. 남중을 잃게 될 경우 곧 파군巴郡이 위험해진다. 이는 익주까지 위기에 처하게 되는 것을 의미한다. 촉한이 이 반란을 제대로 처리하지 못할 경우 한나라의 부흥은커녕 위나라 및 오나라와 삼국 정립의 상태를 유지하는 것조차 불가능하게 된다.

문제는 대규모 군사를 출동시킬 경우 단기간에 승리를 거두어야 하는데 남중은 길이 멀고 험해 원정이 쉽지 않은 데 있었다. 설령 일시 점거했다 할지라도 언제 다시 반기를 들지 알 수 없었다. 정벌의 시일이 길어질 경우 오나라가 형주에서 곧바로 서진하거나, 위나라가 한중을 탈취한 후 남하할 게 뻔했다.

장가군과 월수군 등의 남부지역이 옹개 등의 반군세력에게 점거될 경우 촉한은 내부분란으로 인해 북벌에 나서기도 전에 스스로 붕괴하는 위기상황에 처하게 된다. 더구나 제갈량은 마침 국상 중이었다. 그가 군사를 즉각 일으키지 못하고 때를 기다리며 신중히 대처한 이유다. 그는 익주로 들어오는 관문을 틀어막은 뒤 백성들이 휴식을 취해 어느 정도 안정되고 양식이 풍족하게 될 때를 기다려 용병하고자 했다. 마침내 시기가 무르익었다고 생각한 제갈량이 입조해 유선에게 건의했다.

"남만이 불복하는 것을 보니 실로 나라에 큰 우환거리입니다. 직접 대군을 이끌고 가 정벌하지 않을 수 없습니다."

유비 유선이 물었다.

"동에는 손권이 있고 북에는 조비가 있는데 지금 승상이 짐을 버리고 나갔다가 만일 오와 위가 와서 치기라도 하면 어찌하오?"

제갈량이 대답했다.

"동오는 우리와 갓 강화한 터이니 다른 생각이 없으리라고 생각합

제갈량처럼 앞서가라

니다. 만일 다른 생각이 있다 하더라도 육손을 감당할 만한 이엄이 백제성에 있습니다. 조비는 패배한 지 얼마 되지 않아 예기가 이미 꺾였으니 아직 먼데를 도모하지 못할 것입니다. 또한 마초가 한중의 여러 관소를 지키고 있으니 근심할 것이 없습니다. 이제 신은 먼저 가서 만방蠻方을 소탕한 연후 북벌하여 중원을 도모해 선제의 삼고 지은三顧之恩과 탁고유명託孤遺命에 삼가 보답하고자 합니다."

간의대부 왕련王連이 제갈량의 남정을 만류했다.
"남방으로 말하면 불모의 땅이고 무더운 습기에 따른 풍토병인 장역瘴疫이 심한데 승상이 나라의 중심을 잡는 균형鈞衡의 중임을 맡은 몸으로 친히 원정함은 온당치 않은 일입니다. 또한 옹개 등은 하찮은 것들이니 대장 한 사람을 보내 치더라도 능히 성공할 수 있을 것입니다."

제갈량이 반박했다.
"만방은 촉에서 멀리 떨어져 있어 덕화德化를 알지 못하는 자가 많소. 그들을 수습해 복종시키기는 매우 어려우니 내가 직접 가서 치지 않을 수 없고 또 형편을 보아 강유剛柔를 분별해야 하므로 다른 사람에게 맡길 일이 못되오."

왕련이 재삼 간했으나 제갈량이 끝내 듣지 않았다. 원래 제갈량의 남정은 이미 오래전부터 계산되고 기획된 것으로 보아야 한다. 제갈량이 유비에게 제시한 '융중대'의 골자 중에 서쪽으로 융족戎族과 화합하고 남쪽으론 이월夷越을 진무한다는 내용이 들어 있는 게 바로 그 증거다. 당시의 상황과 관련해『삼국연의』는 제갈량이 무려 군사 50만 명을 동원했다고 기록했으나 이는 허구이다. 그 경우 익주의 인구 가운데 절반가량이 출전하는 셈이 된다. 있을 수 없는 일이다. 대략 3~5만 명가량 동원된 것으로 보고 있다.

당시 제갈량은 대군을 이끌고 세 길로 나누어 반적들을 동시에 토벌하는 전술을 구사했다. 제갈량은 가는 곳마다 승리를 거두어 곧바로 옹개와 고정의 목을 베었다. 출병한지 불과 4개월 만에 남중을 모두 평정하고 회군했다. 「제갈량전」에서 '군사를 정비하고 무예를 강습하는 치융강무治戎讲武로 군사를 크게 일으킬 때를 기다렸다.'고 언급한 것은 바로 제갈량이 남중을 정벌한 배경을 설명한 것이다. 군사적 정벌의 결정적인 시기가 오기를 기다리며 실력을 기른 대표적인 사례다.

성공으로 가는 중요한 열쇠 한 가지는 자신감이고
자신감을 얻는 중요한 열쇠는 준비성이다.

– 아서 애시 Arthur Ashe

CRISIS

청각장애를 비롯해 온갖 난관을 뚫고 위대한 음악을 만든 베토벤은 이렇게
말했다.

"역사상 위대한 인간의 단 한 가지 공통점은 고된 환경에 처해 있더라도 끈
기로 무장해 참고 견디는 것이다."

장비와 관우가 죽고 223년, 드디어 촉한의 1대 황제 유비마저 죽었다. 도원
결의로 뭉친 3인 1세대가 모두 없어진 상태의 촉한의 결정적 위기 앞에서
제갈량은 조직의 안정과 미래를 위하여 무엇을 어떻게 하는가? 이 장에서
는 제갈량의 위기관리 능력을 살펴본다.

5

위기 앞에서 강해져라

25 '남과 다른 방법'을 써라

 위나라 사마의와 서로 대치할 당시 대치한 지 100여 일이 지난 건흥 12년인 234년 8월, 제갈량이 질병으로 군중軍中에서 사망했다. 당시 54세였다. 촉한의 군사가 물러나자 사마의가 제갈량의 영루營壘와 처소處所 등을 둘러보고 말하기를, "천하의 기재奇才다!"라고 했다.

_『삼국지』「촉서, 제갈량전」

6차 북벌에서 사마의와 맞선 제갈량

제갈량은 234년에 6번째로 북벌에 나서 기산祁山으로 출격했다.『삼국연의』의 묘사와는 달리 이때 처음으로 사마의와 대치하게 됐다. 사마의가 접전을 피하는 바람에 제갈량은 100여 일 가까이 대치 국면에서 벗어날 길이 없었다. 배송지 주에 인용된『위씨춘추魏氏春秋』에 따르면 당시 사마의는 촉한의 사자에게 제갈량의 침식寢食과 군무軍務의 번간煩簡 여부를 물었다. 제갈량의 사자가 이같이 대답했다.

"제갈공諸葛公은 일찍 일어나 늦게 자는 숙흥야매夙興夜寐를 합니다. 장杖 20대 이상의 형은 모두 친히 검열합니다. 먹는 밥의 양은 남 얼마 되지 않습니다."

그러자 사마의가 이같이 말했다.

"제갈량이 조만간 죽을 것이다."

제갈량처럼 앞서가라

이는 역사적 사실에 가깝다. 『삼국연의』에는 당시 제갈량이 사마의에게 모욕을 주어 싸움에 응하게 할 요량으로 부녀용 두건과 꾸미개인 건괵巾幗과 부인들이 입는 흰옷을 함에 넣어 보내는 것으로 되어 있지만 이는 소설적 허구이다.

『한진춘추漢晉春秋』는 이때 제갈량이 누차 도전을 했고, 사마의가 마침내 싸움에 응하고자 하는 표문을 위명제 조예에게 올렸다는 일화를 실어 놓고 있다. 이는 정황에 비춰 대략 역사적 사실에 부합하는 것으로 보인다. 이에 따르면 사마의의 표문을 접한 조예가 위위衛尉 신비辛毗에게 명령을 내려 부절符節을 갖고 가 사마의의 교전을 제지케 했다. 사마의가 곧 군중에 하령해 조명에 의한 교전 불가의 입장을 전했다. 첩보를 통해 이 사실을 알게 된 촉한의 장수 강유姜維가 제갈량에게 말했다.

"신비가 부절을 가지고 왔으니 사마의가 다시는 출전하지 않을 것입니다."

그러자 제갈량이 이같이 말했다.

"사마의는 원래 싸울 생각이 없었소. 그가 교전을 청하는 표문을 올린 것은 장병들에게 용무用武에 자신이 있다는 사실을 보여주기 위한 것일 뿐이오. 장수는 본래 전장에 있으면 군명君命을 받지 않는 법이오. 만일 능히 나를 제복制服할 수 있다면 어찌 사자를 시켜 1천 리나 먼 길을 달려가 교전을 청하는 표문을 올리도록 하겠소?"

"제갈량은 천하의 기재다!"

『삼국연의』에 나오는 비상식적인 건괵巾幗 송달의 일화와 달리『한진춘추』의 이 일화는 당시의 정황에 비춰 대략 역사적 사실에 부합하는 것으로 보인다. 주목할 것은 촉한의 군사가 물러나자 사마의가 제갈량의 영루營壘와 처소處所 등을 둘러보고 말하기를, "천하의 기재奇才다!"라고 말한 대목이다.

당대 최고의 병법가인 사마의가 이런 칭송을 한 것은 제갈량의 용무用武가 간단치 않았음을 시사한다.『삼국연의』는 적벽대전 당시 제갈량이 동남풍을 부르는 교차동풍巧借東風과 위나라 군사의 화살을 대거 수거하는 초선차전草船借箭 등의 기책을 구사한 것으로 묘사해 놓았으나 이는 소설적인 요소가 다분하다. 정사『삼국지』에 소개된 제갈량의 용무 사례는 그렇게 많지 않다. 그렇다고 제갈량이 구사한 기이한 계책에 관한 일화가 전혀 없는 것도 아니다.

대표적인 예로 건안 16년인 211년에 행해진 익주益州 탈취 작전을 들 수 있다. 익주목益州牧 유장劉璋은 자가 계옥季玉으로 명석한 판단력이 부족하고 귀가 얇아 다른 사람의 말을 잘 들었다. 자신을 옹립했던 조위趙韙 등과 틈이 벌어진 모반 사건이 빚어진 게 대표적이다. 파군巴郡 태수 방희龐羲는 한중 일대를 점거하고 있던 장로張魯가 군사를 일으켜 익주를 취하려 한다는 사실을 알고는 급히 유장에게 보고했다. 유장이 문무관원과 대책을 논의하자 익주별가 장송張松이 유비를 끌어들이는 방안을 제시했다. 유장이 이를 받아들여 법정法正

을 사자로 보냈다. 유비가 법정을 만난 뒤 곧바로 제갈량을 불러 파촉으로 진군할 일을 의논하자 제갈량이 이같이 말했다.

"형주는 중요한 곳이니 군사를 남겨두고 지켜야 합니다."

유비가 이를 좇아 제갈량과 관우 등에게 명해 형주를 지키도록 하고, 자신은 황충 및 방통과 함께 수만 명의 군사를 이끌고 익주로 들어갔다. 유장이 유비를 크게 영접했다. 이때 장로가 병마를 정돈해 가맹관葭萌關을 친다는 보고가 들어왔다. 유장이 곧바로 유비에게 병력을 증원시켜 주며 이를 막게 했다.

유비는 가맹관까지 군사를 이끌고 가서는 즉각 장로를 치지 않고 널리 은덕을 베풀며 민심을 수습하는데 진력했다. 마침 손권이 조조의 공격을 받고 급히 유비에게 사자를 보내 구원을 청하자 유비가 곧 방통을 불러 대책을 논의했다. 방통이 건의했다.

"은밀히 정병을 선발해 밤낮으로 달려가 곧바로 성도를 습격해야 합니다. 유장이 군사를 모르는데다 평소 방비를 소홀히 했을 터이니 대군이 갑자기 나타나 일거에 평정할 수 있습니다. 이것이 상책입니다. 양회楊懷와 고패高沛는 유장의 명장으로 각자 강병을 거느리고 관문을 지키고 있습니다. 그들은 여러 차례 유장에게 장군을 형주로 돌아가도록 하라고 간했습니다. 장군이 사람을 보내 형주에 긴급한 사정이 있어 구원하려 한다며 돌아가는 모습을 취하면 두 사람 모두 장군의 회군을 기뻐할 것입니다. 그들이 반드시 경기輕騎로 장군을 배송할 터이니 이때 그들을 사로잡은 뒤 진군하여 그들의 부대를 취하고 곧 성도로 향하는 것이 중책입니다. 마지막으로 백제성白帝城으로 물러나 형주와 연계해 서서히 익주를 도모하는 계책이 있는데 이는 하책입니다. 만일 머뭇거리며 결단을 내리지 못하면 커다란 곤경에 빠지는 일이 곧 닥칠 것입니다."

유비가 중책을 취했다. 양회와 고패를 제거한 뒤 성도로 향하자 유장의 군사들이 다투어 항복했다. 이때 문득 가맹관을 지키던 장수 곽준으로부터 유장이 병사를 보내 가맹관을 포위했다는 급보가 올라왔다. 형주와 연락이 끊길 것을 우려한 유비가 제갈량에게 서신을 보내 속히 장비와 조운을 이끌고 성도로 들어오게 했다.

제갈량이 유비의 서신을 받아보고는 급히 군사들을 소집시켰다. 관우에게 형주를 지키도록 조치한 뒤 장비 및 조운 등과 함께 군사를 이끌고 성도를 향해 출발했다. 그는 강을 거슬러 올라가 파군태수 엄안이 지키고 있는 파동을 공략할 생각이었다. 곧 장비에게 정병 1만 명을 주어 큰 길을 따라 파주와 낙성의 서쪽으로 가도록 하고, 조운에게는 나머지 군사들을 이끌고 강을 거슬러 올라가 성도로 직행하게 했다. 자신은 간옹과 장완을 이끌고 조운의 뒤를 따랐다.

맹장 엄안을 의리로 풀어주다
이는 장비와 조운의 기질과 장점을 훤히 꿰고 최상의 효과를 내기 위한 조치였다. 『삼군연의』는 제63회의 '의석엄안義釋嚴顏' 대목에서 장비가 성도로 진군하는 도중 유장의 맹장 엄안을 의리로써 풀어주는 장면을 세밀히 묘사해 놓았다. 주목할 것은 나관중이 이 장면을 묘사하면서 '의석엄안'은 제갈량의 계책에서 나온 것이라는 설명을 달아놓은 점이다. 『삼국연의』 전체를 통틀어 장비가 가장 혁혁한 공을 세운 대목이 바로 이 장면이다.

설령 나관중이 제갈량을 미화할 요량으로 '의석엄안' 대목을 과장되게 표현한 게 있을지라도 이는 사소한 것에 지나지 않는다. 장비와 조운을 이끌고 성도로 들어가는 전 과정을 지휘한 사람은 제갈량이다. 이 과정이 물 흐르듯 순조롭게 풀린 것은 '의석엄안'의 계책을 낸 제갈량의 공으로 평가할 수밖에 없다. 유비도 익주를 취한 뒤 이를 인정해 제갈량을 군사장군軍師將軍으로 삼았다. 이를 통해 사마의가 제갈량의 영루 등을 둘러보고 '천하의 기재이다!'라고 평한 게 결코 과장이 아님을 알 수 있다.

⋘❖❖⋙

『다르게 보는 힘』이라는 책에 보면 이런 구절이 나온다.

"1킬로미터의 질주보다 1도의 방향전환이 낫다!"

충분히 공감가는 이야기다. 그런데 역사 속에서 제갈량만큼 남과 다른 시각으로 세상과 사물을 바라보고 미래적 통찰력을 제시하고 실행했던 사람은 찾기가 드물다.

제갈량처럼 앞서가라

역사상 가장 대표적인 기묘기책

초한전 당시 한신의 배수진

초한전 당시 유방의 책사로 활약한 한신의 배수진背水陣을 들 수 있다. 한신이 구사한 배수진은 통상적인 병법의 이치를 거꾸로 적용한 것이어서 놀라운 바가 있다. 『사기』「회음후열전」에 따르면 한신은 위나라와 대 땅을 모두 석권한 지 불과 1달 뒤인 기원전 204년 10월, 곧바로 남하해 지금의 산서성 태원太原에 이른 뒤 동쪽으로 방향을 틀었다. 험하기로 유명한 정형井陘의 협곡을 지나 조나라의 심장부인 도성 한단으로 돌진코자 한 것이다. 정형의 협곡 입구를 흔히 정형구井陘口라고 한다. '정형구'의 형陘은 산맥이 끊긴 두 산 사이가 좁게 형성되어 '입구口'자의 형상을 이룬 곳을 말한다. 지키기는 쉽고 공격하기는 어려운 천혜의 험지로 일종의 관문에 해당한다. 정형구를 정형관井陘關으로 부르는 이유다.

태항산맥에는 이런 관문이 모두 8곳 있다. 정형관은 5번째 관문에 해당한다. 정형구는 태항산맥 사이에서 현재의 산서성 태원과 하북성 석가장石家莊을 잇는 기다란 지구대地溝帶의 입구에 해당한다. 원래 지구대는 나란히 뻗어 있는 단층 사이의 지반이 푹 꺼져 만들어진 좁고 긴 계곡을 말한다. 천혜의 험준한 지역이다.

당시 한신은 자신의 군사를 20만 명이라고 내세웠다. 이에 맞선 조나라의 진여陳餘도 20만 명의 대군을 정형구에 배치했다. 진여도 나름 병법에 일가견이 있는 인물이다. 그러나 그는 참모로 있던 이좌거李左車의 건의를 무시해 패배를 자초했다. 당시 이좌거는 이같이 건의했다.

"천리 길을 양식을 운송하며 가면 병사에게 주린 기색이 있고, 아무 준비 없이 급히 나무나 풀을 베어다가 밥을 해먹이면 군사들이 계속 배부르지 못하다는 이야기가 있습니다. 지금 정형구는 길은 매우 좁아 수레 두 대가 병행하여 갈할 수 없고, 말도 대오를 지어 갈 수 없습니다. 행군의 길이는 수백 리에 이를 것이고, 형세로 보아 양식 또한 반드시 후미에 있을 것입니다. 원컨대 제가 기병奇兵을 구사하고자 하니 그대는 저에게 군사 3만 명을 빌려주십시오. 그러면 샛길로 가서 그들의 치중輜重을 끊어버리겠습니다. 그대가 해자를 깊이 파고 보루를 높인 채 저들과 교전하지 않으면 저들은 앞으로 나아가 싸울 수가 없고, 뒤로 물러나 환군할 수도 없고, 들에서 노략할 것도 없게 됩니다. 열흘도 채 못 돼 한신과 장이의 머리를 가히 그대 앞에 갖다놓겠습니다. 그리 하지 않으면 우리는 반드시 저들의 포로가 되고 말 것입니다."

그러나 진여는 병서인 『사마법司馬法』에서 역설하는 의병義兵을 중시하며 속임수와 기병奇兵의 계책을 쓰지 않는 것을 자랑으로 삼았다. 그가 반박했다.

"내가 들은 바에 의하면 『손자병법』에서 적의 10배면 상대를 포위하고, 2배면 싸운다고 했소. 지금 한신의 군사는 수만이라고 하지만 실제로는 수천 명에 지나지 않소. 게다가 천리 길을 달려와 우리 군사를 치는 까닭에 지금 크게 지쳐 있을 것이오. 이런 약한 군사를 피하고 정면

제갈량처럼 앞서가라

으로 공격하지 않으면 장차 더 큰 대군이 공격해올 때 어찌해야 한단 말이오? 제후들은 틀림없이 나를 겁쟁이로 업신여기며 가벼이 보고 곧장 공격해 올 것이오!"

한신이 첩자를 통해 진여가 이좌거의 계책을 쓰지 않은 것을 알고는 크게 기뻐했다. 곧바로 군사를 이끌고 적진이 있는 정형구로 내려갔다. 당시 태항산의 완만한 경사면은 물론 우뚝 솟은 절벽에도 나무가 띄엄띄엄 있었다. 낮에도 어두운 협곡을 행군해 출구에 해당하는 정형구에서 불과 30리도 못 미치는 곳에서 행군을 멈추고 영채를 차렸다.

한신이 배수진을 친 곳은 면만수

한밤중에 한신은 출병의 전령을 내렸다. 날쌘 기병 2천 명을 뽑아 각기 한나라를 상징하는 붉은 깃발을 하나씩 가지고 샛길을 이용해 산속에 몸을 엄폐한 뒤 조나라 군사의 동정을 살펴보게 했다. 이때 한신이 병사들에게 이같이 경계했다.

"조나라 군사는 내가 도망치는 것을 보면 반드시 영루를 비우고 나를 쫓아올 것이다. 그때 그대들은 영루로 재빨리 들어가 조나라 깃발을 뽑아낸 뒤 우리 한나라의 붉은 깃발을 세우도록 하라."
이어 휘하 장수들 앞에서 장담했다.
"오늘은 조나라 군영을 깨뜨린 후 그곳에서 회식할 것이오."

그러고는 1만 명의 군사들을 먼저 나아가게 했다. 그들이 출병하자 이내 배수진을 쳤다. 당시 한신이 배수진을 친 곳은 병주에서 시작해 북쪽으로 흐르다가 정형현의 경계지역으로 들어가는 면만수綿蔓水였다. 조나라 군사들이 이를 바라보며 크게 웃었다. 새벽을 넘긴 시점에 한신이 대장군의 깃발을 세운 뒤 우렁찬 군악소리와 함께 북을 치면서 정형구를 빠져나갔다. 강물을 건너 동쪽으로 집결하자 이를 본 조나라 군사들이 이내 영루의 문을 열고 공격했다. 진여는 한신을 사로잡을 기회가 왔다고 판단해 전군에 총공격을 명했다.

큰 전투가 제법 오래 지속되었다. 도중에 한신과 장이가 짐짓 깃발과 북을 버린 뒤 강가에 만들어 놓은 영채로 달아났다. 한신의 병사들이 진여 군대의 추격을 힘겹게 방어하면서 더 이상 물러서지 않고 맹렬히 저항했다. 얼마 후 과연 조나라 군사들이 완승을 거둘 생각으로 영루를 비운 채 총출동하여 한나라의 깃발을 다퉈 빼앗으며 한신의 뒤를 쫓았다. 그러나 한신의 군사가 결사적으로 저항하자 조나라 군사는 이들을 이길 수가 없었다.

이 사이 한신의 명을 좇아 산등성이에 매복하고 있던 2천여 기병이 조나라 영루로 급히 들이친 뒤 조나라 깃발을 모두 뽑아 버리고 한나라의 붉은 깃발 2천 개를 세웠다. 조나라 군사들은 한신 등을 잡는 것이 어렵게 되자 이내 영루로 귀환하다가 영루가 온통 한나라의 붉은 깃발로 둘러쳐져 있는 것을 보고 경악했다. 이들은 한나라 군사가 이미 영루에 있던 조왕의 장령들을 모두 포획한 것으로 생각했다. 조나라 병사들이 마침내 혼란에 빠져 달아나기 시작했다. 조나라 장수들이 비록 달아나는 군사들의 목을 베며 저지하고자 했으나 이미 늦었다.

진여의 목을 치고 건왕을 사로잡다

한나라 군사가 조나라 군사를 협공해 대파한 뒤 남쪽으로 몇 십리 밖에 있는 저수泜水 가에서 진여의 목을 치고 조왕 조헐을 사로잡았다. 한신이 구사한 '배수진'은 후대인들로부터 한신이 구사한 여러 계책 가운데 가장 멋지고 기발한 계책으로 평가받고 있다. 싸움이 끝난 뒤 제장들이 수급과 포로를 바치며 서로 분분히 축하한 뒤 한신에게 물었다.

"병법에 이르기를, '진을 칠 때 오른쪽으로 산을 등지고, 왼쪽 전면으로 물을 가까이 한다'고 했습니다. 이번에 장군이 오히려 배수진을 치게 하면서 조나라 군사를 격파한 뒤 회식을 하겠다고 말했으나 저희들은 내심 믿지 못했습니다. 그러나 결국 승리를 거두었습니다. 이는 어떤 전술입니까?"

한신이 대답했다.

"이 또한 병법에 있는 것으로 제군들이 자세히 살피지 못했을 뿐이오. 병법에 이르기를, '사지死地에 빠진 뒤에야 생환할 수 있고, 망지亡地에 놓인 뒤에야 생존할 수 있다'고 하지 않았소? 게다가 나 한신은 평소 장병을 친하게 소통할 길이 없었소. 이들을 부리는 것은 소위 '훈련받지 않은 저잣거리 사람을 구사해 작전함'과 다름없는 짓이오. 그래서 형세상 부득불 이들을 사지에 두어 각자 스스로 분전케 만들지 않을 수 없었던 것이오. 지금 이들에게 사방으로 도주가 가능해 살아날 수 있는 생지生地를 제공했다면 모두 달아나고 말았을 것이오. 어찌 그런 사람들을 지휘하며 작전할 수 있었겠소?"

위급할수록 빛을 발하는 기묘기책

'사지' 및 '망지'와 관련해『손자병법』「구진九地」은 '급하게 싸우면 살아남고, 싸우지 않으면 패망해 죽음이 땅이 된다.'고 기록해 놓았다. 삼국시대의 조조는 여기에 주석을 달기를, '앞에 높은 산이 있고, 뒤에 강물이 있어 나아갈 수도 없고 물러나려고 해도 장애가 있는 곳을 말한다'고 했다. 한나라 장수들 모두 한신의 설명을 듣고 탄복했다.

덕분에 팽성의 전투에서 항우의 기습전으로 궤멸적인 타격을 입은 유방이 다시 항우와 접전을 벌일 수 있는 절호의 기회를 맞게 되었다. 유비가 위기에 처해 있을 때 제갈량이 손권을 끌어들이는 계책을 제시해 유비가 조조 및 손권과 더불어 삼국정립의 한 축으로 우뚝 설 수 있는 절호의 기회를 맞게 된 것과 닮았다. 기모기책奇謀奇策은 사태가 위급할수록 빛을 발하게 마련이다.

26 '경청하고, 또 경청'하라

간언을 받아들이는 납언納言에 관한 정사政事는 간하고 다투는 간쟁諫
諍을 널리 허용함으로써 아랫사람의 계책을 적극 채택하는 것을 말한
다. 군주에게는 직언을 하는 쟁신, 아비에게는 직언을 하는 쟁자가 있
어야 한다. 군주와 아비가 의롭지 못할 때 과감히 직언을 올리도록 권
해야 하기 때문이다. 그러면 선을 따르고 악을 바로잡을 수 있다.

_「편의16책」「납언」

조직을 창조적으로 발전시키는 제갈량의 지혜

1) 어떠한 의견이든지 내놓을 수 있는 분위기 조성
2) 나와 다른 의견이라 할지라도 경청하도록 노력

조직을 위한 좋은 의견이나 제안은 기본적으로 이를 받아들이는 사
람이 어떤 자세를 취하느냐에 따라 그 결과가 확실히 달라진다. 실
제로 제갈량은 유비가 죽은 직후 군신들을 모아놓고 법제 정비 방안
등을 전하며 이같이 당부한 바 있다.

"무릇 위정자는 중인들의 지혜를 모으고 널리 유익한 의견을 들
어야 하오. 혹여 작은 틈이라도 생겨 상호 소원해짐으로써 다른 의
견을 들을 수 없게 되면 국가에 큰 손실을 입히게 되오. 다른 의견을

듣지 않고도 사리에 맞게 된 경우는 마치 헤진 미투리를 던져서 진주를 얻는 것과 같소. 그러나 사람의 마음이란 이를 매우 고통스러워하여 끝내 제대로 하지를 못하오. 오직 서서만이 이 문제에 대해 전혀 소홀함이 없었소. 또한 동화의 경우도 7년 동안 공무를 담당하면서 일이 이치에 닿지 않을 경우 다른 사람의 의견을 10번에 걸쳐 반문해 들은 후 나에게 보고했소. 서서의 10분의 1을 능히 배울 수 있고 동화의 근면한 자세를 닮을 수만 있다면 거의 실수가 없을 것이오."

좋은 의견을 얼마나 수용하느냐가 좋은 리더

이어 제갈량은 제신들에게 때를 가리지 않고 충언과 직언을 아끼지 말고 해줄 것을 당부했다. 그 내용이 『편의16책』「납언」에 나오는 구절과 유사하다. 그러나 제갈량은 2인자로 있었던 까닭에 주로 주군인 유비에게 간언을 올리는 입장에 서있었다. 유비는 제갈량을 일종의 왕사王師로 대우한 까닭에 제갈량의 건의를 거의 그대로 받아들였다.

다만 유비도 나름 자부심과 고집이 있는 까닭에 제갈량의 건의를 모두 수용한 것은 아니다. 여기서 문제가 생겼다. 동오와 건곤일척의 싸움을 벌인 이릉대전夷陵大戰에서 결정적인 타격을 입은 게 그렇다.

이릉대전은 조조와 유비 및 손권을 중심으로 삼국이 정치鼎峙한 '건안建安시대'의 실질적인 종언을 고한 전쟁에 해당한다. 이 전쟁을 계기로 삼국 모두 밖으로 진출하기보다는 내부역량을 강화하는데

주의를 기울이게 되었다. 동시에 전쟁의 성격도 대규모 전면전에서 소규모 국지전으로 뒤바꾸는 결정적인 전기로 작용했다. 상승세를 타고 있던 촉한의 힘이 동쪽으로 뻗어나가다가 좌절된 결과다.

이 싸움은 촉한의 황초 2년인 221년 7월부터 이듬해 윤6월까지 꼬박 1년간 계속된 매우 큰 전쟁이었다. 싸움의 발단은 손권이 형주를 습격해 관우를 죽인데서 촉발됐다. 유비는 신하들의 반대에도 불구하고 친히 대군을 이끌고 가 동오를 공격코자 했다. 관우의 원수도 갚고 형주를 탈환하고 하는 속셈이었다. 손권은 육손陸遜을 대도독으로 삼아 촉군을 저지하게 했다. 1년간에 걸친 두 나라간의 접전이 이뤄진 근본배경이다.

당초 유비는 제위에 오르자마자 가장 먼저 동오의 손권을 치고자했다. 관우의 죽음을 설욕키 위한 것이었다. 조운이 간했다.

"국적은 조조이지 손권이 아닙니다. 위나라를 멸하면 손권은 자연스럽게 복종할 것입니다. 지금 조조가 비록 죽었다고 하나 그의 아들 조비가 제위를 도둑질했으니 응당 민심에 부응해 먼저 관중을 도모한 후 황하를 점거하여 위수의 상류를 거슬러 올라가 흉적을 쳐야합니다. 관동의 의사義士는 반드시 양식을 싸가지고 전마를 몰고 와우리 군사를 맞이할 것입니다. 위나라를 놓아둔 채 먼저 동오와 싸워서는 안 됩니다. 양쪽이 한 번 교전하게 되면 일거에 해결이 날 수 없으니 이는 결코 상책이 될 수 없습니다."

장비의 죽음에 비통해 한 관우와 유비

신하들 중에는 조운처럼 간하는 자가 많았다. 그러나 유비는 이를 모두 물리쳤다. 당시 장비는 관우의 죽음에 너무 비통해한 나머지 술이 취하면 더욱 노기가 뻗쳐 조금이라도 거슬리는 자가 있으면 매질을 가했다. 유비는 매일 교장教場에 나가 군마를 조련하며 날짜를 정해 군사를 일으켜 원정을 떠나려고 했다. 이를 보고 여러 공경들이 승상부중으로 가서 제갈량에게 이같이 말했다.

"이제 황상이 대위大位에 오른 지 얼마 안 되는데 친히 군사를 이끌고 나가려 하니 이는 사직을 중히 여기는 일이 아닙니다. 승상은 어찌하여 이를 간하려 하지 않는 것입니까?"

제갈량이 대답했다.
"내가 여러 차례 간곡히 말씀 드렸지만 아직 윤허하지 않고 있소. 오늘은 여러분과 함께 가서 말씀을 올려 보도록 합시다."
제갈양이 이내 문무백관들을 이끌고 유비를 찾아가 이같이 간했다.
"폐하께서 보위에 오르신 지 얼마 안 되니 만일 북으로 한나라의 역적을 쳐 대의를 천하에 펴려고 하는 것이면 친히 전군을 이끌고 친정親征에 나서는 것도 괜찮습니다. 단지 동오만을 치려 하는 것이면 1명 상장에게 명하여 군사를 이끌고 가 치게 하면 될 것입니다."

그러나 유비가 듣지 않았다. 제갈량이 표문을 올렸다.

"신이 생각하건대, 오적吳賊의 간사한 꾀가 형주에 복망覆亡의 화를 가져왔으니 이 애통함이야 실로 잊을 길이 없습니다. 그러나 생각해 보면 한나라를 뒤엎은 죄는 조조에게 있지, 손권에게 있는 게 아닙니다. 위적魏賊만 없애고 나면 동오는 자연히 와서 복종할 것입니다."

그러나 유비는 결코 동오를 치려는 생각을 바꾸려 하지 않았다. 이 와중에 장비가 장병들을 지나치게 엄히 다루다가 휘하 장수인 장달張達과 범강范强에게 죽임을 당했다. 이를 두고 진수는 관우와 장비 등의 전기를 다룬 「촉서, 관장마황조전」에서 이같이 평해 놓았다.

"관우와 장비는 모두 1만 명의 적을 상대할 만하여 당대의 호신虎臣으로 불렸다. 관우는 조조에게 보답을 하였고 장비는 대의로써 엄안을 풀어주었으니 이들은 모두 국사國士의 풍모를 지니고 있었다. 그러나 관우는 굳세고 교만한 강이자긍剛而自矜, 장비는 포학하고 은혜를 베풀지 않는 폭이무은暴而無恩의 모습을 보였다. 이들이 이런 단점으로 실패한 것은 이치상 그럴 수밖에 없는 것이었다."

장비가 횡사하게 되자 장비의 휘하 장수 오반吳班이 즉시 표문을 써 유비에게 변을 고했다. 유비가 너무 애통해 한 나머지 식음을 폐했다. 신하들이 나서 간하자 유비가 비로소 수저를 든 뒤 동오를 향해 진격했다. 소식을 접한 손권이 곧바로 조비에게 표문을 올려 칭신稱臣하면서 앞으로 나아가다가 뒤를 돌아다봐야 하는 걱정인 이른바 후고지우後顧之憂를 덜었다. 손권이 전력을 다해 유비의 침공을 막을 수 있게 된 이유다.

당시 조비는 촉한이 동오를 침공해 두 나라가 서로 싸워 지치게 되면 일거에 대군을 일으켜 제압할 생각이었다. 이런 상황에서 유비가 대대적으로 군사를 일으켜 동오를 침공한 것은 확실히 무리였다. 그러나 이릉대전의 개막 당시 유비는 승승장구했다. 이에 손권이 이같이 탄식했다.

"주랑 뒤에는 노숙이 있었고 노숙 뒤에는 여몽이 있었건만 이제는 여몽이 죽으니 아무도 나와 근심을 나눌 사람이 없구나!"

이때 감택闞澤이 건의했다.

"주유와 노숙 및 여몽이 세상을 떠났다고는 하나 아직 육손이 있습니다. 그는 웅재대략雄才大略을 지닌 인물로 그 재주가 결코 주유보다 못하지 않습니다. 전에 관우를 깨뜨린 것도 모두 그의 머리에서 나온 것입니다."

손권은 곧바로 육손을 대도독 우호군 진서장군으로 삼은 뒤 모든 군사를 지휘하게 했다. 그는 육손에게 이같이 당부했다.

"곤내閫內의 일은 과인이 주재하겠으나 곤외閫外의 일은 장군이 제어토록 하시오."

곤閫은 원래 왕후가 거처하는 곳을 의미한다. '곤내'는 제왕의 본령인 정치를 뜻하고 '곤외'는 군사를 말한다. 육손이 전 군사를 이끌고 그날로 출병했다. 이때 유비는 자귀에 당도해 수륙 양면으로 진격하여 곧바로 동오를 치려고 했다. 치중종사 황권黃權이 간했다.

"오나라 사람들은 강하고 사나워 싸움을 잘하나 우리 수군은 물을 따라 내려가기 때문에 전진하는 것은 용이하나 퇴각이 어렵습니다. 신은 청컨대 선봉이 되어 진격하려고 하니 폐하는 뒤에서 따라와 주십시오."

성급한 분노로 결국 이릉대전에서 패배하는 유비

유비가 이내 군사를 둘로 나눠 황권으로 하여금 강북의 모든 군사를 통수하면서 위나라의 공세에 대비하게 했다. 이어 자신은 직접 제장들을 이끌고 형주 이도현夷道縣의 효정猇亭으로 진군했다. 유비가 효정을 점거하자 동오의 장수들은 기습을 가하고자 했으나 육손이 반대했다.

"유비가 군사를 거느리고 동쪽으로 내려왔으니 예기銳氣가 극성할 때요. 게다가 고지에 올라가 험고險固에 기대고 있으니 단번에 공략하기도 어렵소. 설령 이긴다 해도 그들을 완전히 제압하기도 어렵소. 만일 싸움이 불리하게 되면 곧 우리의 주력이 상처를 입게 되니 이는 보통 작은 손실이 아니오. 지금은 단지 장병들을 격려하고 계략을 널리 사용해 전세의 변화를 예의 주시해야만 하오. 만일 이 곳이 평원이나 광야라면 우리는 이리저리 쫓겨 다닐 우려가 큽니다. 다행히 지금 그들은 산을 따라 진군하여 세력을 펼 곳이 없으니 이내 스스로 돌과 나무 사이에서 지치고 말 것이오. 이때 천천히 그들을 제압할 수 있을 것이오."

그러고는 오직 굳게 지키기만 할 뿐 싸울 생각을 전혀 하지 않았다. 유비는 수비에 치중한 육손의 계책으로 인해 아무런 저항도 받지 않고 동오의 경내로 깊숙이 진출했다. 일거에 동오를 공략할 심산이었다. 대군을 이끌고 지금의 호북성 파동현 서쪽에 있는 무협巫峽을 빠져 나온 뒤 무협으로부터 이릉까지 700여 리에 걸쳐 40여 채의 영채를 나란히 세운 이유다.

동오의 군사들은 반년이 다가도록 유비의 도전에 전혀 반응을 보이지 않았다. 동오에 급습을 가해 일거에 제압하려고 생각한 유비가 초조해지기 시작했다. 병사들의 예기도 크게 떨어진데다 자칫 동오의 기습이 이뤄질지도 모를 일이었다.

유비가 맹령을 내려 수림이 무성한 곳으로 영채를 옮기게 했다. 골짜기의 물을 끼고 여름을 보낸 뒤 가을이 오기를 기다려 일제히 진병할 생각이었다. 중군호위 부융傅肜이 유비에게 간했다.

"육손은 모략이 많습니다. 이번에 폐하께서 멀리 나와 봄부터 여름에 걸쳐 원정하고 있는데도 그들이 나오지 않는 것은 우리가 지치기를 기다리는 것입니다. 그러다가 만일 동오의 군사가 갑자기 쳐들어오면 어찌할 것입니까?"

유비가 대답했다.

"짐이 오반으로 하여금 약병弱兵 1만여 명을 이끌고 가 동오의 영채에 가까운 평지에 주둔케 하고 따로 정병 8천명을 선발해 산골짜기에 매복시켜 두기로 했소. 만약 짐이 영채를 옮기는 것을 육손이 알게 되면 필시 그 틈을 타 군사를 이끌고 와서 칠 것이오. 그때 오반으로 하여금 거짓 패하여 달아나게 하고 만약 육손이 그 뒤를 쫓아오거든 짐이 매복시켜 두었던 정병을 이끌고 갑자기 나가 그들이 돌아갈 길을 끊어버릴 생각이오."

그러나 육손은 유비의 속셈을 훤히 읽고 있었다. 이미 촉군을 일거에 깨뜨릴 계책을 마련한 뒤 때가 오자 총공격의 계책을 담은 표문을 올렸다. 손권이 곧 동오 군사들을 크게 일으켜 접응하러 나섰다. 육손이 마침내 총공격을 가하려고 하자 오나라 장수들이 불만을 표했다.

"유비를 공격하려고 했으면 당초에 했어야 합니다. 지금 이미 그가 7백리에 걸쳐 들어오도록 방치하여 상호 대치한지 벌써 7~8개월이나 흘렀습니다. 그는 이미 여러 곳에 요새를 구축해 놓고 이를 견고하게 지키고 있어 설령 공격하더라도 아무 이익이 없을 것입니다."

육손이 설득했다.
"유비는 매우 교활한데다 일찍이 산전수전을 겪어 군사를 동원할 때 이미 나름대로 주밀하게 따졌을 것이기 때문에 우리가 그를 공격할 수 없었던 것이오. 그러나 지금 주둔한지 이미 오래되어 병사들이 지치고 의기가 떨어진 데다 우리 측의 장점을 알지도 못하고 있어 다른 계책을 세울 수도 없을 것이오. 적들을 협격해 뿔을 뽑아내는 것은 바로 오늘에 달려 있소."

육손이 동남풍이 부는 날 제장들에게 하령하여 촉병의 40개 영채를 하나씩 걸러 모두 20곳에 불을 놓도록 했다. 동오군은 일제히 촉군의 영채로 달려가 불을 지른 뒤 촉군을 닥치는 대로 죽였다. 동오 군의 급습에 놀란 유비가 황망히 말에 올라 마안산에 이르게 되자 앞뒤에서 몰려온 동오의 군사들이 산을 에워싸기 시작했다. 궁지에 몰린 유비가 야음을 틈타 몰래 도주했다. 천신만고 끝에 간신히 백제성으로 왔을 때는 겨우 수하 100여 명만이 그를 따라왔다.

이 싸움으로 촉한의 배와 기계, 수군과 육군의 군용물자 등이 일시에 바닥이 났다. 관우의 죽음을 설욕한다는 취지로 대군을 일으켜 동오를 쳤지만 오히려 자신마저 육손에게 대패해 패잔병을 이끌고 백제성으로 후퇴하는 비참한 상황에 처하게 된 것이다.

육손의 계략에 빠진 유비

당초 촉군의 기세는 하늘을 찔렀고 군사력도 막강했다. 그러나 유비는 육손의 계책을 눈치 채지 못하고 이릉의 동서쪽 전선에서 오나라 본영에 맹공을 가했다. 육손이 견고하게 지키기만 할 뿐 싸우려 하지 않자 촉군은 전투의 실마리를 찾지 못한 채 헛되이 시간을 보내게 됐다. 군량미의 보급이 곤란해진데다가 더위로 인해 병사들의 사기가 날로 떨어졌다. 이때 유비는 수륙병진의 유리한 조건을 포기하고 배를 버리고 산속에 요새를 구축했다. 이것이 패배의 가장 큰 원인이었다. 반격의 시기가 무르익었다고 본 육손이 일제히 공격에 나서 촉군의 요새를 잇달아 함락시키자 유비는 패잔병을 이끌고 백제성으로 도주할 수밖에 없었다.

이릉대전은 한마디로 말해 유비의 참패였다. 그러나 『삼국연의』는

제갈량처럼 앞서가라

이 엄연한 역사적 사실을 그대로 묘사하기를 거부했다. 동오의 맹장 주연이 유비를 추격하던 도중 조운을 만나 죽은 것으로 묘사해 놓은 게 그렇다. 그러나 주연은 이릉대전에서의 무공으로 정북장군征北將軍에 임명되었고, 나중에는 좌대사마左大司馬 자리까지 올랐다.

지난 1984년 안휘성 마안산시馬鞍山市에서 방직공장 확장공사를 하다가 우연히 주연의 무덤을 발견하게 되었다. 마안산시는 삼국시대 당시 우저牛渚로 불린 군사적 요충지였다. 주연의 무덤에서 칠기와 도자기 등 부장품 140여 점이 거의 완전한 형태로 발굴되었다.

『삼국연의』는 이릉대전의 참패를 희석시키기 위해 제갈량이 교묘히 팔진도八陣圖를 설치해 육손을 위기에 빠뜨리는 허구를 삽입시켰다. 그러나 「촉서, 선주전」과 「오서, 육손전」을 보면 유비가 백제성으로 달아날 때 육손은 추격을 권한 장수들의 건의를 받아들이지 않았다. 유비를 추격하지 않은 육손이 제갈량의 팔진도로 인해 곤욕을 치를 일이 없었던 것이다.

이릉대전은 백제성으로 패주한 유비가 이내 사망함으로써 삼국시대가 완전히 새롭게 정립되는 매우 중요한 사건이었다. 이 전쟁을 계기로 조조와 유비 및 손권으로 상징되는 세 영웅이 자웅을 겨룬 싸움은 사실상 모두 끝나게 되었다. 조비와 제갈량 및 손권으로 상징되는 새로운 시기가 열린 것이다. 이후에 펼쳐지는 사마씨와 강유 및 손호 등의 대립구도를 여는 과도기에 해당한다.

적벽대전처럼 화공으로 유비군을 패퇴시킨 육손

이릉대전에서 동오군이 승리하는 데 사용된 결정적인 수단은 화공이었다. 화공은 고대전투에서 적군을 대량으로 살상할 수 있는 가장 효과적인 전술이다. 조조가 원소를 칠 때도 화공을 사용했고, 주유가 조조를 칠 때도 화공을 사용했다. 육손 역시 유비를 칠 때 화공을 구사했다. 똑같은 화공이지만 그 내용은 상이했다.

관도대전 당시 조조는 원소와 싸울 때 오소의 군량을 불태우고 군심을 어지럽힌 뒤 다시 승세를 몰아 맹공을 퍼붓는 방식을 택했다. 적벽대전 당시 주유는 조조군의 함대가 모두 쇠고리로 연결되어 있는 것을 이용해 일제히 화공을 가하는 방식을 택했다. 이릉대전 당시 육손은 병사들로 하여금 각자 마른 풀과 불씨 등을 지참해 일제히 불을 지르도록 하는 방식을 택했다. 효과 면에서 쌓아둔 군량미를 불태우거나 한곳에 모여 있는 배를 불태우는 것보다 덜할지 몰라도 700여 리에 걸친 영채에 불을 질렀다는 점에서 보면 오히려 규모가 더 크다. 이릉대전에서 보여준 육손의 계략이 간단치 않았음을 한 눈에 알 수 있다.

이릉대전 당시 유비는 맹목적인 자신감과 적을 가볍게 여기는 오만함으로 인해 패퇴하고 말았다. 조조가 적벽대전 당시 지나친 자부심으로 인해 패퇴한 과정과 닮았다. 객관적으로 볼 때 당시 유비의 촉한은 나라가 성립된 지 얼마 안 된데다 북쪽에 강적인 위나라가 도사리고 있었던 까닭에 결코 가벼이 군사를 일으켜서는 안 되었다. 특히 결맹대상인 동오에 대해 개인 차원의 설욕을 할 상황이 더욱 아니었다.

제갈량을 비롯한 신하의 간언을 무시해 큰 패배를 당한 유비

유비는 자신이 가장 중시했던 제갈량이 거듭 간했음에도 이를 들으려고 하지 않았다. 그가 보여준 이전의 행동과 너무 큰 차이가 있다. 이는 모두 아우들의 죽음에 격분한 나머지 조급히 설욕을 서두른 데서 비롯된 것이라고 할 수 있다.

이릉대전의 참패는 말할 것도 없이 유비가 제갈량의 건의를 무시하고 고집을 부린 후과다. 조조가 적벽대전 당시 고집을 부리다가 참패를 당한 것과 닮았다.

⚜

내 생각보다 남의 생각을 자꾸 읽는 것이 중요한 법이다. 세계적인 자기계발 컨설턴트이자 미국의 작가인 데일 카네기도 이런 말을 했다.

"2년 동안 다른 사람의 관심을 끌려고 노력하는 것보다, 두 달 동안 다른 사람에게 진정한 관심을 기울임으로써 더 많은 친구를 사귈 수 있다."

성공의 유일한 비결은 다른 사람의 생각을 이해하고 당신의 입장
과 아울러 상대방의 입장에서 사물을 바라볼 줄 아는 능력이다.

– 데일 카네기 Dale Carnegie

제갈량처럼 앞서가라

27 '첩보와 정보를 활용'하라

의군계
疑軍計

건흥 6년인 228년 봄, 사곡도斜谷道에서 나와 미현郿縣을 취하려 한다는 소문을 낸 뒤 조운趙雲과 등지鄧芝를 의군疑軍으로 삼아 기곡箕谷을 점거코자 했다. 위나라 대장군 조진曹眞이 군사를 동원해 이들의 진격을 막았다. 제갈량이 직접 군사를 인솔해 기산祁山을 공격했다.

_ 『삼국지』 「촉서, 제갈량전」

상대의 핵심을 노리는 제갈량의 전략

1) 상대는 완벽하게 파악하고 내 패는 보이지 말라

2) 시작하기 전에 승리를 예측할 수 있도록 철저히 준비하라

3차 북벌 때 조자룡과 등지를 위장부대로 활용한 제갈량

제갈량은 제3차 북벌 때 혁혁한 전공을 세웠다. 제갈량은 당시 조자룡과 등지를 적군의 눈을 속이기 위한 위장군으로 활용하여 기곡을 점거하고자 했다. 중과부적의 열세의 상황에서 승리를 거둘 수 있는 방안은 '위장군'이나 '기병奇兵의 계책'을 동원하는 것이다. 제1차 북벌 당시 위연의 건의를 물리치며 돌다리도 두드리고 가는 식의 정병正兵을 고집했던 제갈량이 '의군'과 같은 기병을 구사한 것은 특기할 만하다. 이는 모든 병서가 역설하는 전쟁의 기본 원칙이기도 하다. 『손자병법』은 이를 궤도詭道로 표현했다. 「시계」의 해당 대목이다.

"용병의 요체는 적을 속이는 궤도詭道에 있다. 싸울 능력이 있으면서 없는 것처럼 보이고, 공격하려 하면서 하지 않는 것처럼 보이고, 가까운 곳을 노리면서 먼 곳을 노리는 것처럼 보이고, 먼 곳을 노리면서 가까운 곳을 노리는 것처럼 보여야 한다. 또한 적이 이익을 탐하면 이익을 주어 유인하고, 적이 혼란스러우면 기회를 틈타 공략하고, 적의 내실이 충실하면 더욱 든든하게 대비해야 한다.

적이 강하면 정면충돌을 피하고 빈틈을 노려야 한다. 적의 주력부대와 맞부딪치는 것을 피해야 한다. 적이 기세등등하면 노하게 만들어 냉정히 판단하지 못하도록 유도한다. 적이 조심하고 신중하면 자만심을 부추겨 교만하게 만들고, 적이 충분히 쉬어 안정되어 있으면 계책을 통해 사방으로 뛰어다니며 지치도록 만든다. 적이 단합되어 있으면 이간해 분열시킨다. 적이 미처 방비하지 못한 곳을 치는 공기불비攻其無備와 적이 전혀 예상하지 못했을 때 치는 출기불의出其不意를 구사한다. 이것이 병가에서 말하는 승리의 이치다. 이는 너무 오묘한 까닭에 어떤 고정된 이론으로 정립해 미리 전수할 수 있는 게 아니다."

조조는 『손자약해』에서 '궤도'를 이같이 풀이해 놓았다.

"병법에 고정된 본보기는 없다. 임기응변으로 적을 속여 이기는 게 요체다. 적의 전력이 아군보다 뛰어나면 반드시 굳게 지키면서 실력을 키워 나가야 한다. 끊임없이 교란시켜 적의 힘이 분산되어 쇠약해지고 느슨해지기를 기다려야 한다. 용병은 늘 상황변화에 따라 임기응변해야 하는 만큼 고정된 형세가 없다. 마치 물이 지형에 따라 자유자재로 모습을 바꿔가며 흐르는 것과 같다. 적을 맞이해 싸우는 실전에서 구사되는 무궁무진한 임기응변의 이치를 어떤 고정된 이론으로 정립해 미리 전수할 수 없다. 그래서 말하기를, '장수는 냉철한 마음으로 적정을 파악해야 하고, 날카로운 안목으로 기회를 포착해야 한다'고 하는 것이다."

전쟁은 곧 임기응변의 속임수다

한마디로 말해 조조는 전쟁은 곧 '궤도'이고, '궤도'는 임기응변의 속임수라고 정의한 셈이다. 사실 장수가 이런 이치를 모르면 백전백패할 수밖에 없다. '궤도'는 제자백가 가운데 묵자와 맹자가 역설한 의치義治와 정면으로 배치된다. '의치'는 평시와 전시를 막론하고 정의로운 자세로 임하는 것을 뜻한다. 그러나 적과 싸울 때 정의로운 전쟁인 의전義戰을 기치로 내세우는 것은 바람직하나 실제로 '의전'을 행하면 이는 패배를 자초하는 것이다. 건곤일척의 싸움에서는 이내 나라가 패망하고 만다. 전쟁과 전략전술에 특별히 많은 관심을 기울인 나머지 『전론』을 펴내기도 했던 마키아벨리는 『군주론』 제18장에서 이같이 강조했다.

"군주가 선한 품성을 구비해 행동으로 옮기면 늘 해롭지만, 구비한 것처럼 가장하면 오히려 이롭다. 자비롭고, 신의가 있고, 인간적이면서도 정직하고, 신앙심이 깊은 것처럼 보일 필요가 있다. 실제로 그리하는 게 좋다. 그러나 상황에 따라서는 달리 행동할 자세를 갖춰야 하고, 나아가 그리 행동할 수 있어야 한다."

전쟁의 목적은 이기는 것이다

전쟁과 전략전술을 논할 때 결코 맹자와 묵자가 역설하듯이 '정의'의 잣대를 들이대서는 안된다고 경고한 것이다. 동서고금의 역사가 가르치듯이 모든 전쟁은 서로 '정의로운 전쟁'을 내세우게 마련이고, 부득이하게 전투가 개시되면 무조건 이겨야 한다. 지면 불의의 전쟁을 치른 당사자가 되고 이내 나라가 망하는 지경에까지 이르게 된다.

싸움에서 패하면 장병들의 목숨은 말할 것도 없고 국가공동체 자체가 한순간에 붕괴하고 만다. 일단 전투가 시작된 이상 수단방법을 가리지 말고 이겨야 한다. 『손자병법』이 궤도를 역설한 이유다. 궤도는 상대방이 전혀 눈치 채지 못하게 속이는 게 핵심이다.

제자백가 가운데 병가를 제외하고는 '궤도' 등의 노골적인 표현을 쓴 집단은 법가뿐이다. 『한비자』에는 실제로 병가의 '궤도'에 준하는 통치술을 대거 열거해 놓았다. 군주가 신하를 다스릴 때 사용하는 소위 7술七術 가운데 거짓으로 명을 내리거나 하는 등의 수법으로 신하의 충성 여부를 알아내는 궤사詭使와 알면서 모른 척하며 질문하는 협지挾知, 말을 일부러 뒤집어 반대로 해보이는 도언倒言 등이 그것이다.

원래 『한비자』에 신하의 충성을 알아내는 제신술制臣術이 거론된

제갈량처럼 앞서가라

것은 기본적으로 군주와 신하 사이의 인간관계를 이익관계로 파악한 데 따른 것이다. 의리로 맺어진 것으로 파악한 유가의 입장과 대비된다. 가장 가까운 부부 사이도 예외가 아니다. 한비자는 군신관계는 말할 것도 없고 부부관계조차 이해관계로 얽혀 있다고 파악했다. 궤도의 필요성을 역설한 점에서 법가와 병가는 일치한다.『손자병법』「시계」가 적과 싸울 때는 반드시 이길 조건을 미리 갖출 것을 주문한 것도 이런 관점에서 이해할 수 있다.

"무릇 전쟁에 임해 싸움을 시작하기도 전에 묘산廟算을 통해 승리를 점칠 수 있는 것은 이길 조건을 충분히 갖추었기 때문이다. 싸움을 시작하기 전에 승리를 예측하지 못하는 것은 이길 조건을 충분히 갖추지 못했기 때문이다. '묘산'이 주도면밀하면 승리하고, 허술하면 승리하지 못한다. 하물며 '묘산'이 없는 경우야 더이상 말해서 무엇하겠는가?"

'묘산'은 전쟁에 앞서 군신이 조정에 모여 머리를 맞대고 세우는 계책을 말한다. 여기서 주목할 것은 '묘산이 주도면밀하면 승리하고, 허술하면 승리하지 못한다'고 지적한 대목이다. 전쟁에서 패하는 것은 결국 이길 준비를 제대로 하지 않았다는 지적을 한 셈이다. 부득불 전쟁이 일어나 유혈전으로 치닫는 이상 무조건 이겨야 하는 이유다.『손자병법』을 비롯한 모든 병서가 수단방법을 가리지 않는 '궤도'를 역설한 것도 바로 이 때문이다. 중국에 널리 알려진 송양지인宋襄之仁이라는 고사성어가 있다.

『춘추좌전』에 따르면 기원전 638년 봄 3월, 정문공이 초성왕을 알현하기 위해 초나라로 갔다. 이때 정나라에 원한을 품고 있던 송양공宋襄公이 일부 제후들의 군사와 합세해 정나라를 치려고 하자 송나라의 내치를 담당하는 좌사左師 공자 목이目夷가 간했다.

"초나라와 정나라는 가깝습니다. 만일 우리가 정나라를 치면 반드시 초나라가 정나라를 구원하러 올 것입니다. 이번에 대군을 이끌고 갈지라도 정나라를 이기기는 어렵습니다. 힘을 길러 때를 기다리느니만 못합니다."

전쟁의 와중에 '인'을 외친 송양공

송양공이 이를 듣지 않았다. 그해 여름, 송양공이 허許나라와 등滕나라 등 소국의 군주와 함께 연합군을 결성해 정나라를 쳤다. 정문공이 초성왕에게 도움을 청하기 위해 직접 초나라로 가자 초성왕이 이내 좌우에 명해 군사를 이끌고 가 송나라를 치게 했다. 같은 해 겨울 11월, 마침내 양측 군사가 지금의 하남성 자성현 서북쪽에 있는 홍수泓水 일대에서 충돌했다. 초나라 군사가 배를 타고 도강하기 시작하자 군사를 지휘하는 대사마大司馬 공손 고固가 간했다.

"저들은 병력이 많고 우리는 적습니다. 저들이 반쯤 건너왔을 때 우리가 공격하면 우리가 이길 수 있습니다. 만일 저들이 모두 상륙하게 되면 중과부적으로 당하기 어렵습니다. 그러니 저들이 아직 물을 다 건너지 못하고 있을 때 공격해야 합니다."

제갈량처럼 앞서가라

송양공이 반대했다.

"과인은 진을 펴고 당당히 싸울 뿐이오. 어찌 적이 반쯤 건너오는 것을 칠 수 있겠소!"

삽시간에 도강이 끝났다. 그러나 아직 진형을 갖추지 못했을 때였다. 공손 고가 또다시 간하자 송양공은 화를 냈다.

"그대는 어찌하여 일시적인 이익만 탐하고 만세의 인의를 모르는 것이오?"

그러고는 초나라 군사가 진형을 다 갖춘 뒤 비로소 접전을 시작했다. 송양공이 직접 군사를 지휘하며 초나라 진영 쪽으로 진격해 들어갔다. 공손 고가 그 뒤를 바짝 뒤쫓아 가며 송양공의 병거를 호위했다. 싸움 도중 송양공은 오른쪽 넓적다리에 화살을 맞고 힘줄이 끊어지는 큰 부상을 입었다. 송양공을 시위하던 군사들은 초나라 군사와 접전하다 모두 전사했다. 공손 고가 급히 달려가 송양공을 부축해 자신의 병거 위에 태운 뒤 좌충우돌하며 포위망을 뚫고 나갔다. 송나라 군사들이 그 뒤를 쫓아 일시에 퇴각하자 초나라 군사가 급히 그 뒤를 쫓았다. 이로 인해 송나라 군사는 대패하고 말았다. 사가들은 이를 통상 홍수지역泓水之役이라고 부른다. 여기의 역役은 전쟁을 뜻한다.

'홍수지역'의 패배 소식이 전해지자 전사한 송나라 병사들의 부형과 처자들이 궁궐 밖으로 몰려와 대성통곡하며 송양공을 원망했다. 송양공은 이들의 통곡과 원망 소리를 듣고도 이같이 말했다.

"군자는 부상당한 적을 죽이지 않고, 반백斑白이 된 늙은 적군을 포획하지 않는 법이오. 옛날 용병의 도리는 적이 불리한 상황에 처한 것으로써 승리를 도모하지 않았소. 과인은 비록 패망한 은나라의 후손이기는 하나 대열을 다 이루지 못한 적을 향해 진격을 명할 수는 없었소."

이 소문을 들은 송나라 백성들은 하도 기가 막혀 송양공을 크게 비웃었다. 어리석은 사람의 잠꼬대 같은 명분론을 뜻하는 '송양지인' 성어가 나오게 된 배경이다.

국공내전 당시의 장개석과 모택동

국공내전 당시 장개석은 전쟁 와중에 시간을 쪼개 고향인 절강성 봉화현과 인근에 위치한 학교 교직원 및 학생들을 상대로 강연을 했다. 1944년에는 한 해 동안 무려 41회에 달했다. 그는 강연에서 유교적 덕목인 '인의'를 역설했으나 아무 효과가 없었다. 내심 모택동에 비해 도덕적인 우위를 점하고 있다는 생각했는지는 모르나 이는 '송양지인'에 지나지 않았다. 실제로 모택동은 장개석의 이런 행보를 두고 '송양지인' 운운하며 비웃었다. 그는 국공내전 중에 펴낸 「지구전론持久戰論」에서 '송양지인'을 이같이 평했다.

"우리들은 송양공이 아니다. 전쟁에서 자비와 정의, 도덕 등을 생각해 가책을 받을 필요는 없다. 승리를 얻기 위해서는 적을 장님으로 만들고, 귀머거리로 만드는 데 최선을 다해야 한다. 의도적으로

적을 착각하게 만들어 불의不意의 공격을 가하는 것이 싸움에서 주
도권을 장악하는 방법이다. 동쪽을 칠 듯이 행동하면서 서쪽을 치는
성동격서聲東擊西가 적을 착각케 만드는 길이다. 『손자병법』은 속임
수를 두려워하지 않는다고 했다. '불의'는 무엇을 말하는가? 준비가
없었다는 변명에 지나지 않는다. 병력이 우세할지라도 준비가 없다
면 참다운 우세가 아니고, 싸움의 주도권도 장악할 수 없다. 비록 병
력이 열세할지라도 준비만 잘 갖추면 불의의 공격을 가해 우세한 적
군을 격파할 수 있다."

20세기 중국 최고의 전략가 모택동

모택동은 「시계」에서 말하는 '묘산'이 곧 '궤도'임을 이론적으로 뒷
받침한 셈이다. '궤도'의 의미를 이처럼 잘 설명키도 어렵다. 일각에
서 그를 20세기 최고의 전략가로 손꼽는 것도 이와 무관할 수 없다.

　송양공의 행보는 용병을 궤도로 정의한 『손자병법』의 기본원칙과
정면으로 배치된다. 고금동서의 전사戰史를 통틀어 국가존망이 걸린
결정적인 전투에서 '송양지인'으로 승리를 거둔 적은 단 한 번도 없
다. 『춘추좌전』을 보면 춘추시대 첫 번째 패자인 제환공을 비롯해 그
의 뒤를 이어 두 번째 패자가 된 진문공晉文公이 '송양지인'과 유사한
행보를 보인 사례가 나오지만 이는 어디까지나 작은 전투에 한정된
것이고, 이들 역시 결정적인 전투에서는 어김없이 궤도를 구사했다.
그럼에도 성리학자들은 송양공을 제환공과 진문공에 이어 춘추시대
의 세 번째 패자로 간주했다. 이들의 안목이 얼마나 비현실적이었는

지를 여실히 보여 준다.

  실제로 성리학을 맹종한 남송 사대부들은 전쟁을 이런 식으로 접근하는 바람에 요나라와 금나라의 압박을 받고 남쪽에서 잔명을 이어 가다가 이내 몽골의 원나라에 패망하고 말았다. 조선조 사대부들이 구한말에 극단적인 성리학 명분론에 휩싸인 나머지 개화문제를 놓고 중차대한 시기를 허송하는 바람에 나라를 패망하게 만든 것과 닮았다.

  법가사상을 추종한 제갈량은 '송양지인'의 허구를 통찰하고 있었다. 제3차 북벌 당시의 상황을 묘사한 「제갈량전」이 '사곡도를 빠져나와 미현을 취하려 한다는 소문을 낸 뒤 조운과 등지 등을 의군疑軍으로 삼아 기곡을 점거하고자 했다'고 묘사한 게 그 증거다. 그러나 제갈량은 유비와 관우와 장비가 모두 사라진 촉한의 군사적 최고책임자이자 실질적 통치자였다. 그는 촉한의 황실을 보위하고 나라를 지켜려는 일념으로 첩보전쟁을 수행한 것이며, 이런 그를 후대인들이 추앙하는 것이다.

제갈량처럼 앞서가라

28 '함정으로 유인'해 공격하라

사살계
射殺計

건흥 9년인 231년, 제갈량이 다시 기산祁山으로 출병했다. 목우木牛를 이용해 군량을 운송했다. 양초糧草가 떨어지자 퇴군退軍했다. 도중에 위나라 장수 장합張郃과 교전交戰해 화살을 쏘아 죽이는 사살射殺을 했다.

_ 『삼국지』「촉서, 제갈량전」

위나라 장수 장합이 함정에 빠져 사살당하다

제5차 북벌 당시의 상황이다. 제갈량이 위나라 장수 장합을 함정에 빠뜨려 화살로 쏘아 죽이는 사살에 성공했다. 『손자병법』을 비롯한 모든 병서가 역설하는 궤계詭計의 진수에 해당한다.

위나라 장수 가운데 장합은 용맹과 지략을 겸비한 뛰어난 장수였다. 가정전투에서 마속을 격파함으로써 결과적으로 제갈량의 1차 북벌을 좌절시킨 장본인도 바로 그였다. 제갈량으로서는 제5차 북벌 때 장합을 사살하여 복수를 하나 셈이다.

원래 장합은 무장이면서도 음악과 학문을 매우 좋아하는 지장智將에 속한다. 그는 사람을 천거할 때 학식 있는 사람을 가려서 추천했다. 그럼에도 『삼국연의』는 그를 힘만 있고 지혜가 없는 여포와 같은 인물로 폄하시켜 놓았다. 위나라 장수 가운데 『삼국연의』의 왜곡된 묘사 때문에 가장 억울한 처지에 놓인 사람이 바로 장합이다.

한중대전에서 벌어진 장합과 장비의 전투 '3파전투'에서 장합이 장비와 맞붙어 패전한 것은 사실이다. 그러나 '한중대전'의 첫 접전이라고 할 수 있는 건안 23년인 218년 3월의 전투는 촉한의 수비대장인 장비의 일방적인 패배로 끝났다. 『삼국연의』는 3파전투를 한중대전의 와중에 일어난 것으로 만들어 장비의 승리로 둔갑시켜 놓았다. 독자들로서는 장합이 연이어 장비에게 패한 것으로 생각할 수밖에 없다.

당초 그는 한복의 휘하에 종군해 황건적의 토벌에 나섰다. 한복이 패하자 이내 병사들을 이끌고 원소에게 의탁했다. 원소는 그를 교위에 임명해 공손찬 토벌에 동원했다. 이때 대공을 세워 중랑장이 되었다. 이후 그는 원소를 위해 여러 번 공을 세웠음에도 원소의 지은知恩을 얻지 못했다. 그러다가 관도대전 때 곽도의 모함을 받게 되자 마침내 조조에게 투항했다. 오소의 군량미를 불태우라고 조언한 허유가 조조에게 투항한 데 이어 장합마저 투항하자 원소의 군사가 크게 동요했다. 조조가 이 틈을 노려 공격하자 원소의 군사가 이내 궤멸하고 말았다.

장합의 활약은 조조의 한중 일대 정벌 때 두드러지기 시작했다. 하후연이 장합에게 명하여 군사를 이끌고 황하를 건너 소황중으로 들어가게 하자 하서의 강족羌族이 일거에 투항한 것이다. 그의 활약으로 농우隴右가 완전히 평정되었다. 덕분에 조조는 여세를 몰아 한중

제갈량처럼 앞서가라

에 맹공을 퍼부을 수 있었다. 장합은 자신의 능력을 알아주는 주군을 만난 덕분에 자신의 재능을 마음껏 펼칠 수 있게 됐다.

조조가 3파 일대의 백성을 한중으로 옮길 생각으로 장합에게 지금의 사천성 거현인 탕거宕渠로 진군하게 하자 크게 놀란 유비가 파서 태수로 있는 장비에게 명해 장합의 진입을 적극 저지하게 했다. 두 달 가까이 장비와 장합이 맞붙은 '3파전투'가 빚어진 배경이다. 익주의 뒷덜미에 해당하는 곳에서 일어난 '3파전투'는 유비의 입장에서 볼 때 사력을 다해 무조건 승리를 거두어야만 했던 필사의 방어전이었다. 장비가 50여 일 만에 마침내 장합의 군사를 깨뜨리자 장합은 부득불 한중의 남정현으로 물러날 수밖에 없었다. 유비는 장비 덕분에 일촉즉발의 위기상황에서 벗어난 셈이다.

한중대전에서 뛰어난 활약을 보인 장합

장합의 뛰어난 면모는 조조와 유비가 맞붙은 한중대전 때 유감없이 발휘되었다. 당시 조조는 조홍에게 명하여 군사 5만 명을 이끌고 가 한중을 지키고 있는 하후연과 장합을 돕게 했다. 유비는 법정의 계책을 받아들여 양평관으로 진출한 뒤 진식을 보내 마명각의 길을 끊게 했다. 그러나 진식은 오히려 서황에게 패하고 말았다. 유비 역시 군사들을 이끌고 가 장합을 쳤으나 아무 소득도 얻지 못했다. 유비군은 한중대전 개막의 첫머리에서 연이어 패한 셈이다.

얼마 뒤 다시 전력을 정비한 유비는 법정의 계책을 이용해 조조군의 선봉대인 두습을 격파했다. 두습이 도망쳐 온 사실을 보고받은 하후연이 직접 군사를 이끌고 출전하려 하자 장합이 만류했다. 하후연이 역정을 냈다.

"적이 맞은편 산을 차지해 우리의 허실을 빤히 들여다보고 있는데, 어찌 나가 싸우지 않을 수 있단 말인가?"

결국 하후연은 장합의 만류를 뿌리치고 출전했다가 전사하고 말았다. 황충이 승세를 타고 정군산으로 진격하자 장합이 양평으로 철군했다. 총사령관을 잃은 위나라 군사들이 갈피를 잡지 못하자 두습과 곽회가 장병들을 모아놓고 호령했다.

"장합 장군은 명장으로 유비가 두려워하고 있다. 그가 없으면 이 위기를 벗어날 수 없다."

장합이 임시 총사령관이 되어 병권을 장악한 이유다. 군심이 이내 안정되자 이를 보고받은 조조가 곧 사자를 장합에게 보내 총사령관으로 임명했다. 실제로 당시 촉한의 장수들은 위나라 도독인 하후연보다 휘하 장수로 있는 장합을 두려워했다. 배송지주에 인용된 『위략』에 다음과 같은 내용이 나온다.

"하후연이 비록 도독이라고는 하나 유비는 오히려 하후연을 가벼이 보고 장합을 두려워했다. 하후연이 죽었다는 보고를 접한 유비가 말하기를, '진짜를 잡아야지 하후연 정도를 무엇에 쓰겠는가?'라고 했다."

그의 진면목은 제갈량의 1차 북벌을 저지한 데서 극명하게 드러났다. 그가 마속을 패퇴시키자 제갈량은 부득불 북벌의 행군을 접어야만 했다. 『삼국연의』는 제갈량이 심혈을 기울여 준비한 1차 북벌이 장합 때문에 무위로 돌아간 사실을 있는 그대로 묘사하기를 거부했다. 이 싸움에 전혀 개입하지 않은 사마의를 끌어들인 뒤 제갈량이 1차 북벌 직전에 반간계를 이용해 그를 완성 쪽으로 쫓아내는 내용의 허구를 삽입시켰다. 『삼국지』 「위서, 장합전」에도 제갈량이 가장 두려워한 인물은 장합이었다는 기록이 나온다.

장합은 사서의 기록을 토대로 평가할 때 지략이나 용맹 어느 면에서나 나무랄 데 없는 명장이다. 가정전투에서 마속을 패퇴시킴으로써 제갈량의 제1차 북벌을 좌절시킨 게 그 증거다. 가정전투는 제갈량의 생애에서 가장 큰 좌절에 해당한다. 일차적인 잘못은 마속에게 있으나 그를 선발한 제갈량에게 궁극적인 책임을 묻지 않을 수 없다. 결과적으로 장합이 지략에서 제갈량을 이긴 셈이다.

장합은 제갈량의 2차 북벌 당시 진창이 촉군의 급습을 받았다는 보고를 받고도 매우 태연했다. 구원 차 출동하면서 촉군의 군량이 다해 조만간 철수할 수밖에 없다는 사실을 훤히 내다보고 있었다. 위명제 조예가 전송하러 성 밖까지 나간 뒤 예상되는 일정을 묻자 그가 손가락을 꼽아가며 계산한 뒤 이같이 대답했다.
"신이 도착할 때쯤이면 제갈량은 이미 철수했을 것입니다."
그가 진창을 향해 나아갈 때 제갈량은 기산의 영채에 있으면서 매일 사람을 시켜 싸움을 걸었다. 아무런 반응이 없자 제갈량이 초조해했다. 더구나 진창으로는 길이 통하지도 않는 데다, 그 밖의 소로로는 양초의 운반이 곤란했던 까닭에 촉한의 병사들은 크게 고통을 겪었다. 제갈량이 마침내 장수들을 모아놓고 비밀히 철군을 명했다. 장수들이 의아해하며 물었다.

"위나라 군사들의 예기를 다 꺾어놓은 터에, 무슨 이유로 철군하려 하는 것입니까?"

제갈량이 대답했다.

"우리 군사는 양식이 없어 급히 싸워야만 이롭소. 저들이 굳게 지키고 나오지 않으니 큰일이오. 틀림없이 중원에서 원군이 올 터인데, 만일 경기輕騎로 우리의 양도를 끊기라도 하면 그때는 돌아가고 싶어도 못 가게 되오."

사마의의 무리수로 전사하게 된 장합

제갈량은 징과 북 담당병인 금고수金鼓手만 영채 안에 남겨두어 시각을 알리는 수법으로 평상을 가장하면서 야음을 틈타 일제히 퇴각했다. 사실 이때 철군을 머뭇거렸다면 양도가 끊긴 채 협공을 당해 일거에 궤멸될 수밖에 없었다. 제갈량은 제5차 북벌 때 역시 군량이 다해 철군을 명하게 됐다. 이 소식을 접한 사마의는 장합에게 이같이 명했다.

"제갈량이 식량이 다하여 돌아가는 모양이오. 이번에야말로 그 뒤를 곧바로 추격하면 적들을 크게 깨뜨릴 수 있을 것이오. 장군이 곧바로 군사들을 이끌고 가 치도록 하시오."

장합이 이의를 제기했다.

"병법에 이르기를, '성을 포위하면 반드시 한쪽을 열어놓고 적을 도망치게 하되, 도망치는 적을 쫓아서는 안 된다'고 했습니다. 서둘러 추격하는 것은 적의 계략에 빠질 염려가 있습니다."

사마의가 말을 막았다.

"그들은 통상적인 철군이 아니라 군량이 모두 바닥나 피로에 지쳐 철군하는 것일 뿐이오. 지금 군사들을 이끌고 가 적진의 후미를 엄살하면 적들이 크게 어지러워져 다시는 출병할 생각을 하지 못할 것이오."

사마의의 주장이 전혀 일리가 없는 것은 아니다. 그러나 군량이 다해 돌아가는 촉한의 병사를 '피로에 지친 철군'으로 단정한 것은 문제가 있다. 당시 촉한의 병사가 위나라 군사에게 패하는 등의 타격을 입은 것은 아니었기 때문이다.

당초 장합은 다른 장수들과 마찬가지로 촉한의 군사와 교전하자는 입장이었으나, 첫 교전에서 제갈량에게 패하자 군건히 지키는 견수堅守 쪽으로 선회했다. 『삼국연의』에서는 그가 시종일관 교전을 주장한 것으로 그려 놓았으나 이는 사실과 다르다.

당시 촉병의 후미를 따라잡은 그는 감숙성 천수와 감곡 사이의 목문木門에 이르게 되었다. 이때 제갈량이 궁수들에게 명하여 산 위로 올라가 위나라 병사를 향해 쇠뇌를 쏘게 했다. 그는 촉병들을 엄살하느라 미처 촉한의 궁수들이 산 위로 올라가는 것을 눈치 채지 못했다. 마침내 화살이 어지러이 날아오자 그는 급히 장병들에게 퇴각을 명했다.『삼국지』「위서, 장합전」은 이때 빨리 날아오는 화살에 오른쪽 무릎을 그대로 맞고 말았다고 기록해 놓았다. 일반 화살보다 강도 및 속도가 센 쇠뇌의 화살이었다. 장합이 말에서 떨어졌을 당시 수하들이 급히 말에 태워 목문을 빠져 나왔으나 그는 얼마 못가 숨이 끊어지고 말았다.

『삼국연의』는 당시 제갈량이 양의와 마충 등을 미리 보내 목문에 매복을 지시했다고 묘사했다. 장합이 죽자 제갈량은 '말을 잡으려다 노루를 잡았다'며 대수롭지 않은 듯이 말하는 것으로 그려져 있다. 그러나 모두 사실과 다르다. 특히 제갈량의 입을 통해 일개 '노루' 정도로 비유한 것은 지나쳤다.『삼국연의』는 그가 죽은 뒤 사마의가 비감해 하며 '장합이 죽은 것은 내 잘못이다'라고 기술했는데, 이는 『삼국지』와『자치통감』의 기록을 그대로 옮겨 놓은 것이다.

「위서, 장합전」은 장합을 두고 비록 무장이기는 했으나 음악과 선비를 좋아하는愛樂儒士 인물로 기록해 놓았다.청류 사대부의 풍모를 많이 갖고 있었음에 틀림없다. 제갈량의 제4차 북벌 때까지 촉한의 주력군을 저지하는 역할을 차질 없이 수행한 점 등에 비춰 능히 명장의 반열에 오를 만하다.

도망가는 적을 끝까지 쫓지 말라

그러나 장합은 제갈량의 5차 북벌 때 횡사하고 말았다. 배송지 주에 인용된『위략』에 따르면 그의 횡사는 무리하게 제갈량을 추격케 한 사마의의 강요 때문이었다. 당시 사마의는 총사령관으로 임명된 뒤 촉한의 군사에 대한 공격을 주장하는 장합의 진언을 계속 물리쳤다. 당시 사마의가 왜 그의 반대를 무시하고 제갈량을 추격하게 했는지 자세히 알 길이 없다. 그의 계책을 번번이 물리쳤다는 『위략』의 기록에 비춰 그를 껄끄럽게 생각한 나머지 무리하게 추격을 명해 사지로 몰아넣었을 가능성도 있다.

결과적으로 제갈량으로서는 퇴각하는 촉한의 군사를 급히 추격하는 위나라 명장 장합을 복병의 쇠뇌로 사살함으로써 위나라에 커다란 타격을 입혔다. 「제갈량전」에서 '위나라 장수 장합과 교전해 화살을 쏘아 죽였다'고 언급한 것은 이런 취지로 나온 것이다. 제갈량은 제1차 북벌을 좌절시킨 당사자에게 복병을 이용해 앙갚음을 한 셈이다. 『손자병법』을 비롯한 모든 병서가 철군하는 적군을 막지 말라고 역설한 이유가 여기에 있다.

자신을 지배하는 수없이 많은 나약한 생각과 감정을 다스릴 수 없는 자는 많은 사람 위에 서서 더 나은 삶을 지침하고 그들을 관리할 수 없을 것이다.

- 나이팅게일 Florence Nightingale

29 '응분의 책임'을 물어라

가정전투 당시 위명제 조예가 서쪽으로 가 장안을 지키고, 장합에게 명해 제갈량을 막게 했다. 제갈량이 마속으로 하여금 군사를 지휘해 선봉에 서서 장합과 가정에서 싸우게 했다. 마속이 제갈량의 절도를 어기고, 거동擧動이 마땅함을 잃는 실의失宜를 하여 장합에게 대패했다. 제갈량이 서현西縣의 1천여 가家를 뽑아 한중漢中으로 돌아왔다. 이내 마속을 주륙誅戮해 병사들에게 사죄했다.

_ 「삼국지」「촉서, 제갈량전」

실패를 통해 결속하게 하는 제갈량의 결단력

1) 실패의 책임을 명확히 하라
2) 조직의 실패는 조직 모두에게 책임이 있음을 보여라

제갈량이 읍참마속을 한 진짜 배경

제갈량의 제1차 북벌이 이뤄진 건흥 6년인 228년 당시 전투의 하이라이트는 위나라 명장 장합과 제갈량의 돈독한 신임을 얻고 있는 촉한의 지장智將 마속이 가정에서 맞붙은 이른바 '가정전투'였다. 이 싸움은 위나라와 촉한의 향방을 좌우할 수 있을 정도로 의미가 컸다. 제갈량이 이 싸움을 승리로 이끌어 제1차 북벌을 성공리에 마쳤을 경우 이내 중원의 교두보인 관중을 손에 넣을 수 있게 된다.

그러면 촉한은 좁은 익주와 한중에서 벗어나 마침내 천하통일의 주역이 될 수 있는 위치에 우뚝 서게 된다. 이는 이미 초한전 당시 유방이 관중을 손에 넣은 뒤 초패왕 항우와 대등한 싸움을 벌이다가 마침내 천하를 거머쥔 사실을 통해 쉽게 확인할 수 있다. 관중으로의 진출이 그만큼 중요했다. 제갈량이 제1차 북벌이 실패로 돌아간 뒤 눈물을 흘리며 마속의 목을 베는 읍참마속을 결행한 근본 배경이 바로 여기에 있다.

제1차 북벌이 실패로 끝난 뒤 제갈량은 마속과 왕평 등을 치죄하기 위해 이들을 모두 옥에 가두게 했다. 한중으로 돌아와 군마를 점검해본 결과 전사한 군사가 예상보다 너무 많았다. 제갈량이 먼저 왕평을 불러들여 심문했다.

"내가 그대에게 마속과 함께 가정을 지키라고 했는데 어찌하여 그를 간하지 않고 일을 이 지경이 되도록 만들었는가?"

왕평이 해명했다.

"저는 재삼 권하기를 도로상의 요지에 토성을 쌓고 군사를 주둔시켜 지키자고 말했습니다. 그러나 참군이 크게 성내며 듣지 않으므로 저는 따로 군사 1천 명을 얻어 산에서 10리 떨어진 곳에 주둔하게 된 것입니다. 위나라 군사가 갑자기 이르러 산을 사면으로 에워싸 저는 군사를 이끌고 10여 차례나 공격했으나 결국 뚫고 들어가지 못하고 영채를 지키다가 마지막에 혈로를 뚫고 돌아오게 된 것입니다."

제갈량이 그를 물리친 뒤 마속을 심문했다.

제갈량처럼 앞서가라

"그대는 어릴 적부터 병서를 많이 읽어 전법을 훤히 알고 있소. 게다가 내가 누차 경계하면서 가정은 곧 우리의 근본이라고 했소. 그대가 만일 왕평의 말을 들었던들 어찌 이런 화를 입었겠소? 이번에 패해 여러 장수들이 죽고 땅을 잃은 것이 다 그대의 죄요. 만약 군율을 밝히지 않는다면 무엇으로 여러 사람을 복종시키겠소. 그대가 법을 범했으니 나를 원망치 마시오. 그대가 죽은 뒤 처자에게는 내가 다달이 녹미를 줄 것이니 그대가 구태여 근심하지 않아도 좋소."

그리고는 이내 좌우에 명하여 그를 밖으로 끌어내 목을 베게 했다. 당시 마속의 나이는 39세였다.

「삼국연의」와 다르게 기록된 역사서 속 마속의 죽음

『삼국연의』는 제96회에서 마속의 목을 베어야만 하는 제갈량의 모습을 매우 비장하게 그려놓았다. 그러나 사서에 기록된 당시의 분위기는 약간 다르다. 「촉서, 상랑전向朗傳」에는 이런 기록이 나온다.

"상랑은 평소 마속과 사이좋게 지냈다. 마속이 도망칠 때 상랑은 그 상황을 알았지만 그를 검거하지 않았다. 제갈량이 이를 한스러워하여 상랑의 관직을 박탈하고 그를 성도로 돌아가게 했다."

당시 상랑은 승상장사가 되어 제갈량을 좇아 한중으로 나가 후방의 일을 보고 있었다. 그는 가정의 패전 후 마속이 도망쳐 왔을 때 이를 모르는 채 묵인했다가 관직을 박탈당했다. 두 기록을 종합해보면 마속은 죄를 두려워하여 상랑에게 도망쳤다가 이내 붙잡혀 옥에 갇힌 뒤 옥중에서 죽게 된 셈이다.

진수는 「촉서, 마량전」에서는 '물고物故'라는 애매한 표현을 써 사람들을 헷갈리게 만들어 놓았다. '물고'는 죄인을 죽일 경우에도 쓰지만 사실은 저명한 인사들이 세상을 떠난 것을 표현할 때 쓰는 말이다. '유고有故'와 비슷한 뜻이다. 「제갈량전」은 마속을 주륙해 병사들에게 사죄했다는 뜻의 육속이사중戮謖以謝衆으로 표현해 놓았다.

「제갈량전」의 기록에 따르면 분명 마속은 참형을 당해 죽은 게 된다. 여기의 육속戮謖은 마속을 참수斬首했거나 요참腰斬했다는 의미이다. 그렇다면 「촉서, 상랑전」에 나오는 '물고'는 바로 참형을 의미한 것으로 풀이하는 게 옳다.

그러나 「제갈량전」의 '육속이사중' 표현은 마속을 죽이면서 눈물을 흘렸다는 '읍참마속'과는 뜻이 다르다. 제갈량이 마속을 죽인 뒤 사람들에게 사죄를 했다면 마속을 죽일 때 노기를 띠고 죽였을지도 모를 일이다. 인구에 회자하는 '읍참마속' 가운데 '읍참'의 근거가 실로 애매하다. 「촉서, 마량전」의 배송지의 주에 인용된 『양양기襄陽記』는 당시의 상황을 이같이 묘사해 놓았다.

"그때 장완이 제갈량을 찾아와 말하기를, '천하가 평정되지 않았는데 재주 있는 선비를 죽이는 것이 아깝지 않습니까?'라고 했다."

사마광의 『자치통감』에는 또 이같이 기록돼 있다.
"마속을 하옥하여 죽인 뒤 문상을 가는 임제臨祭를 통해 눈물을 흘리며 통곡했다."
『자치통감』에 따르면 제갈량이 눈물을 흘린 것은 마속을 벨 때가

제갈량처럼 앞서가라

아니라 문상을 갔을 때였던 셈이다. 주목할 것은 나관중의 『삼국지통속연의』이다. 제191회 '공명휘루참마속孔明揮淚斬馬謖' 대목은 당시의 상황을 이같이 묘사해 놓았다.

"제갈량이 좌우에 호령하여 마속을 끌어내 목을 베게 했다. 마속이 자식들을 돌보아 줄 것을 당부하며 통곡하자 공명이 눈물을 뿌렸다. 좌우에서 마속을 원문 밖으로 끌어냈다."

물론 『양양기』와 『자치통감』에도 제갈량이 마속을 죽이기에 앞서 제갈량이 눈물을 흘린 대목이 나온다. 그러나 그것은 장완이 이의를 제기할 때 이를 반박하면서 장완 앞에서 흘린 것이다. 마속을 베라는 호령을 내릴 때 제갈량이 눈물을 흘렸다는 기록은 찾을 수가 없다. 이를 통해 '읍참마속' 고사의 '읍참' 일화는 나관중에 의해 만들어진 것임을 알 수 있다.

그러나 제갈량이 장완 앞에서 눈물을 흘렸든, 문상을 가서 눈물을 흘렸든, 마속을 죽이면서 눈물을 흘렸든 곁가지에 불과하다. '읍참마속' 고사에서 가장 큰 초점은 과연 가정전투 실패의 책임을 누가 져야 하는가 하는 것이다. 총사령관인 제갈량은 과연 아무런 잘못인 없었는가 하는 문제와 직결된 것이다.

이와 관련한 논쟁은 예로부터 지속적으로 제기되어 왔다. '읍참마속'에 대해 매우 비판적인 일부 견해는 모든 책임을 제갈량이 져야 마땅하다는 의견까지 제시하고 있다. 그러나 주류를 이루는 견해는 역시 마속의 책임을 가장 무겁게 보는 이른바 '마속책임설'이다. 이들의 논거는 이렇다.

"마속은 평소 호언장담을 잘했고 주위에서도 그를 떠받들었다. 이는 전국시대 말기 조나라를 위기에 몰아넣은 조괄趙括처럼 가장 위험한 인물임을 보여주는 것이다. 마속은 부장 왕평의 계속된 간언에도 이에 귀를 기울이지 않고 독단적으로 일을 처리했다. '죽을 곳에선 뒤에야 살 길이 생긴다.'는 비현실적인 병법을 억지로 응용해 유리한 지형을 포기하고 산위에 진을 쳐 적을 가벼이 여겼다."

이는 『삼국지』를 쓴 진수의 입장이기도 했다. 「제갈량전」에 나오는 '마속이 제갈량의 절도節度를 어기고, 거동이 마땅함을 잃는 실의失宜를 하여 장합에게 대패했다'는 구절이 그렇다. 「위서, 장합전」의 기록 역시 「제갈량전」과 유사하다.

나관중도 『삼국지통속연의』를 저술하면서 사서의 이런 기록을 바탕으로 가정전투 장면을 묘사해 놓았다. 『삼국지통속연의』를 개작해 현존 『삼국연의』를 완성한 모종강의 총평도 유사하다.

"공명은 가정전투의 실패로 인해 물러갈 곳도 없게 되었다. 남안南安을 포기하고, 안정安定을 버리고, 천수天水도 적의 손에 넘기게 된 배경이다. 나아가 기곡의 군사들도 모두 철수할 수밖에 없게 되었고, 서성西城의 군량 역시 거두어들일 수밖에 없게 되었다. 이로써 마침내 하후무를 사로잡고, 최량을 참수하고, 양릉을 죽이고, 상규를 취하고, 기현을 습격하고, 왕랑을 꾸짖고, 조진을 격파한 공은 모두 허

제갈량처럼 앞서가라

사가 됐다. 이 어찌 애석한 일이 아닌가!"

가정전투 실패의 책임론 – 마속이 더 크냐 제갈량이 더 크냐

사실 가정전투 실패의 파장은 심대했다. 제갈량이 초반에 거둔 혁혁한 전과가 무효가 되었을 뿐 아니라 전세가 일거에 역전되었기 때문이다. 퇴로가 차단될 위기에 처한 촉한의 군사는 협공을 피하기 위해서라도 황급히 철수할 수밖에 없었다.

확실히 마속은 병서를 통달했을지는 몰라도 임기응변의 이치를 깨닫지 못한 인물이었다. 전국시대 조나라의 조괄이 40만 대군을 죽음으로 몰아넣은 전철을 답습한 셈이다. 마속과 조괄 모두 탁상공론과 같은 병법이론에만 밝았을 뿐 임기응변에는 무지했던 것이다.

이를 두고 흔히 종이 위에서 병법을 논하는 지상담병紙上談兵이라고 한다. 모종강은 가정전투에 대한 총평에서 마속을 그 당사자로 지적했다.

"마속이 참패한 까닭은 가슴속에 병사를 사지로 던져 넣은 이후에 살 길을 찾을 수 있다는 뜻의 '치지사지이후생置之死地而後生'과 높은 곳에 주둔한 뒤 아래를 내려다보며 공격하면 그 군세가 마치 파죽지세와 같게 된다는 뜻의 '빙고시하憑高視下, 세여파죽勢如破竹' 등과 같은 병법의 금언만을 잘 기억하고 있었기 때문이다. 앉아서 하는 말은 다 옳은데 일어서서 행하면 하나도 옳지 않을 줄이야 누가 알았겠는가? 읽은 책은 비록 많을지라도 실제 응용을 잘못했으니 어찌 탄식할 일이 아니겠는가? 용인에 능한 자는 말로써 사람을 부리지 않고, 용병을 잘하는 자는 책으로 계책을 세우지 않는 법이다.”

그러나 최근 진수와 나관중 및 모종강 등으로 이어지는 전통적인 '마속책임설'에 대해 제법 설득력 있는 반론들이 잇달아 제기되고 있다. 가정전투 실패의 책임을 제갈량과 마속 모두에게 묻는 이른바 '양자책임설'이 그렇다. 이들이 내세우는 논거는 이렇다.

“당시 장합은 군사 5만 명을 이끌고 마속을 공격했는데 이는 제갈량의 주력보다 적은 숫자였다. 그러나 제갈량은 3만 명의 군사를 이끌고 있는 마속으로 하여금 장합군과 맞서게 했다. 3만 명 대 5만 명은 분명 위나라에게 유리한 것이었다. 전투가 벌어졌을 때 제갈량은 기산에 주둔하면서 가정전투를 관망만 하였을 뿐 병력을 집중하여 마속을 응원하지 않았다. 마속이 가정을 점거한 후 우선 고지에 진을 친 것은 병법상 잘못이라고 할 수 없다. 왕평을 산기슭에 두고 협공을 취한 것도 책임을 물을 게 못된다. 다만 마속은 임기응변의 능력이 부족했다. 이로 인한 실패의 책임을 지지 않을 수 없다. 결론적으로 말해 가정실패의 책임은 양쪽이 고루 져야만 한다.”

이는 전래의 '마속책임설'을 부인하지 않으면서 제갈량에게 일정 부분 그 책임을 떠넘기고 있는 게 특징이다. 최근 제갈량의 책임을 강도 높게 추궁하는 견해가 제기되어 관심을 모으고 있다. 이른바 '제갈량책임설'이다. 이들의 논거는 대략 다음과 같다.

"유비의 훈계를 듣지 않고 마속을 중용한 당사자는 제갈량이었다. 나아가 제갈량은 전쟁에 임하여 여론을 거스르면서 마속을 발탁해 가정전투를 맡겼다. 마속에게 가정전투의 모든 책임을 떠넘긴 채 우세한 병력을 투입해 마속을 응원하려고 하지 않았다. 마속의 군사가 고립무원의 상태에 빠지게 된 근본 이유다. 패전 후에도 마속에게 속죄할 기회를 주지 않았을 뿐만 아니라 당연하다는 듯 마속을 죽였다. 부장의 목을 베어 사람들에게 사죄한 것은 총사령관으로서 떳떳치 못할 뿐만 아니라 자신의 책임을 면탈하기 위한 뻔뻔스런 행동이 아닐 수 없다."

객관적으로 볼 때 모든 전투의 1차적인 책임은 일선 지휘관이 져야만 한다. 사전에 어떤 계책이 마련되어 있을지라도 현장의 책임은 궁극적으로 일선 지휘관의 몫이다. 일선 지휘관은 그 누구보다도 임기응변의 권한과 책임이 있기 때문이다.

가정전투의 모든 책임과 권한은 기본적으로 일선지휘관인 마속에게 있다고 보는 게 합리적이다.

마속은 일선 지휘관으로서 임기응변의 대책을 마련하지 못해 패한 책임을 면할 길이 없다. 이는 그가 병서를 숙독하여 병법을 통달했는가 하는 문제와는 상관없는 일이다. 평소에 마속이 큰소리치기를 좋아했는지 여부와도 별다른 관련이 없다.

그렇다면 제갈량의 책임은 없는 것일까? 그렇지는 않다. 제갈량은 제1차 북벌의 총책임자이자 전군의 총사령관으로서 일정한 책임을 져야만 한다. 마속의 책임이 일선 지휘관으로서의 전술차원의 책임이라면 제갈량의 책임은 제1차 북벌전의 입안자이자 총사령관으로서 전략차원의 책임이 있다. 책임의 비중으로 본다면 마속을 발탁해 가정전투를 떠맡긴 제갈량의 책임이 결코 가볍지 않다.

제갈량이 유비의 경고에도 불구하고 마속을 발탁한 것이나, 지원군을 보내지도 않은 상황에서 3만 명의 군사로 5만 명의 적을 대적하게 한 것이나, 전투패배의 책임을 물어 마속의 목을 벤 것 등은 그 자체로서는 하등 나무랄 일이 아니다. 게다가 병법 이론을 숙지하고 있는 마속을 발탁한 것을 탓할 수는 없는 일이고, 3만 명의 군사로 5만 명의 군사를 대적하게 한 것도 그것 자체로는 문제될 일이 아니다. 총사령관으로서 전투패배의 책임을 물어 일선 지휘관을 중형에 처한 것을 문제 삼을 수도 없는 것이다.

다만 제갈량은 제1차 북벌전의 총사령관으로서 가정전투의 패배가 몰고 올 정치군사적 파장을 익히 알면서도 이를 만연히 대처한 책임에서 벗어날 수 없다. 정치적으로는 제1차 북벌을 입안하고 이를 구체화한 승상으로서 도의적 책임을 부담해야 하고, 군사적으로는 제1차 북벌을 총지휘한 총사령관으로서 전략적 차원의 책임을 져야만 하는 것이다.

제갈량이 가정전투의 실패를 두고 전술 차원의 실패로 한정하면서 전략 차원의 실패에 대해 반성치 못했다는 지적이 나오는 이유다. 이른바 '6출기산'으로 상징되는 잇단 북벌에서 유사한 실패를 거듭하며 소모적인 지구전을 벌임으로써 아무런 공도 세우지 못한 것도 이와 마찬가지다.

마속을 처벌함과 동시에 제갈량 자신도 책임을 지다
가정전투는 전술과 전략 차원으로 나눠 그 실패의 책임을 추궁하는 이른바 '책임분리론'의 시각에서 접근하는 것이 타당하다. '양자책임설'이다. 주목할 것은 '양자책임설'을 좇을지라도 이는 어디까지나 제갈량의 정치군사적인 책임을 묻는 것에 한정된다는 점이다. 현존 『손자병법』의 원형에 해당하는 『손자약해』를 편제하며 21세기 현재까지 가장 뛰어난 주석을 단 것으로 평가받는 조조 역시 적벽대전을 비롯해 여러 전투에서 패한 바 있다. 휘하 장수의 전술적 실수까지 총사령관에게 책임을 묻는 것은 지나치다. 나아가 제갈량은 스스로 관직을 깎아내림으로써 정치군사적 책임을 지고자 했다.

제갈량이 촉한의 앞날에 심대한 타격을 가한 가정전투의 실패를 두고 일선지휘관인 마속의 책임을 물어 '읍참마속'을 결행한 것은 높이 평가할 만한 일이다. 그렇게 하지 않았으면 군기軍紀는 물론 국기國紀마저 문란해질 수밖에 없었기 때문이다. 나아가 가정전투의 실패가 제갈량의 무략武略 내지 장략將略을 폄훼하는 논거로 활용되는 것도 잘못이다. 제갈량은 제6차 북벌 당시 사마의가 탄식했듯이 '천하의 기재奇才'였던 것이 분명하다.

진수가 「제갈량전」의 사평에서 "군사를 정비하는 치융治戎에는 장점이 있었으나 기발한 모의인 기모奇謀에는 단점이 있었고, 백성을 다스리는 재간인 이민지간理民之幹이 장수로서의 지략인 장략將略보다 뛰어났다."고 평한 것은 결코 제갈량에게 '기모'와 '장략'이 부족했다는 취지에서 나온 게 아니다.

이는 탁월한 면모를 보인 '치융'과 '이민지간'의 수준에는 미치지 못했다는 취지에서 나온 것으로 일반 수준의 무장으로서의 재주武才 내지 장군으로서의 능력將才을 훨씬 뛰어넘었다는 의미를 함축하고 있다. 선주인 유비를 도와 촉한을 건립하고, 선주의 유지를 받들기 위해 후주에 충성을 다하며 끊임없이 북벌을 단행하고, 엄정하고 공평한 법치로 촉한의 기틀을 튼튼히 다진 것은 전적으로 제갈량의 공이다.

제갈량처럼 앞서가라

30 '다각적으로' 계발하라

치·융·계
治戎計

> 제갈량의 무재武才는 군사를 정비하는 치융治戎에는 장점이 있었으나
> 기발한 모의인 기모奇謀에는 단점이 있었고, 백성을 다스리는 재간인
> 이민지간理民之幹이 장수로서의 지략인 장략將略보다 뛰어났다.
>
> _『삼국지』「촉서, 제갈량전」

여러 가지 역할을 동시에 했던 제갈량

진수는 사평에서도 제갈량의 무재武才를 두고 평가하기를, "해마다 군사를 동원하는 연년동중連年動衆을 했음에도 성공을 거두지는 못했다. 아마도 임기응변이 필요한 장수의 지략인 장략將略은 그의 장기가 아니었기 때문인 듯하다."고 했다.

진수가 「제갈량전」에서 두 번에 걸쳐 치융治戎에는 장점이 있었으나 장략將略은 그의 장기가 아니었다고 언급한 것은 '장략'이 천단淺短하다는 취지에서 나온 게 아니다. 장략도 뛰어나기는 했지만 '치융'만큼은 아니었다는 취지를 언급하고자 한 것이다. 이를 두고 제갈량은 '치융'에는 뛰어났지만 '장략'에는 취약했다는 의미로 해석하는 것은 진수가 말하고자 한 바를 곡해한 것이다.

초한전 당시 후방에서 '족식'과 '족병'을 차질 없이 수행하는 역할

은 소하가 담당했고, 전략을 짜는 것은 장량張良이 담당했고, 직접 군사를 지휘하는 역할은 한신韓信이 담당했다. 타고난 소질과 맡은 바 역할이 달랐던 것이다.

제갈량은 두 가지 역할을 겸했다. 소하와 장량이 맡았던 역할을 수행한 게 그렇다. 승상의 자리를 유지하면서 군사장군軍師將軍의 역할까지 떠맡은 사실이 이를 뒷받침한다. 제갈량에게 소하와 장량의 역할 위에 한신의 역할까지 수행해 줄 것을 주문하는 것은 지나치다. 군사를 정비하는 '치융'과 전쟁의 큰 구도를 계획하는 '전략'과 직접 군사를 지휘하는 '장략'은 각각 영역이 서로 다르기 때문이다. 진수가 '치융'과 '장략' 등을 언급한 기본 취지가 여기에 있는 것이다.

역사상 군사를 정비하는 '치융'에 가장 뛰어난 관중
『국어』「제어」에 따르면 포숙아의 천거로 제환공을 섬기게 된 관중은 부국강병의 방략을 묻는 제환공의 질문에 이같이 대답했다.

"먼저 백성을 사랑해야 합니다. 연후에 백성이 처할 길을 열어 주어야 합니다."
제환공이 물었다.
"백성을 사랑하려면 어찌해야 하오?"
관중이 대답했다.
"항상 백성과 함께 서로 손을 잡고 일하며 그 이익을 나눠 주면 백성과 서로 친할 수 있습니다. 일단 선포한 법령은 경솔히 고치지 않고 공평히 집행해야 합니다. 그러면 백성들은 절로 정직해집니다."

이는 관중사상 중 법가사상과 맥을 같이하는 대목이다. 부국강병은 법가사상의 요체에 해당한다. 이어 제환공이 군사편제에 관해 물었다.

"군사는 어찌 조직하는 것이 좋겠소?"

관중이 대답했다.
"원래 군사란 정예한 것을 중시할 뿐 숫자가 많은 것을 중시하지 않습니다. 군사는 힘보다 마음이 강해야 합니다. 만일 군사를 기르고 무기를 준비하면 천하의 모든 제후들도 군사를 기르고 무기를 준비할 것입니다. 그같이 해서는 승리를 거둘 수 없습니다. 군사를 강하게 하려면 먼저 실속을 튼튼히 해야 합니다."

제환공이 물었다.
"제후들을 호령코자 하면 어찌해야 하오?"

관중이 대답했다.
"군사정비 과정에서 군비를 강화하고자 하면 다른 대국도 이를 좇아 군사를 정비하고 군비를 강화할 것입니다. 군주가 정벌에 나서면 소국 제후들의 군신들 역시 방어에 만반의 준비를 할 것입니다. 그 경우 속히 천하에 뜻을 이루기가 쉽지 않을 것입니다. 군주가 속히 천하의 제후들 사이에서 뜻을 얻고자 하면 먼저 군사훈련을 은밀히 행하고, 군정軍政 또한 수렵 등으로 위장할 줄 알아야 합니다."

제환공이 물었다.

"그리하려면 어찌해야 하오?"

관중이 대답했다.

"내정을 실시하면서 군령을 그 안에 덧붙이십시오. 제나라 도성을 세 개로 나누면서 3군軍을 건립합니다. 백성 가운데 현명한 자를 발탁해 이군里君으로 임명합니다. 향마다 군사조직을 두고, 군졸을 지휘하는 졸장卒長으로 하여금 군사제도와 군령을 본받게 하고, 수렵을 통해 훈련하면서 그 성과에 따라 상벌을 행하면 백성이 군사에 능통하게 됩니다."

제환공이 흔쾌히 찬동하자 관중이 곧바로 대대적인 군사편제 작업에 들어갔다. 「소광」은 이같이 기록해 놓았다.

"관중은 5가家를 1궤軌로 묶어 궤마다 궤장을 두고, 10궤를 1리里로 묶어 리마다 이장인 이사里司를 두고, 4리를 1련連으로 묶어 연마다 연장連長을 두고, 10련을 1향鄕으로 묶어 향마다 향장인 양인良人을 두었다. 이런 식으로 군령軍令을 시행했다.

5가가 1궤로 묶인 까닭에 병사 다섯 명이 1오伍가 되고, 오장伍長에 해당하는 궤장이 통솔했다. 10궤가 1리로 묶인 까닭에 병사 50명이 1소융小戎이 되고, 이장인 이사가 통솔했다. 4리가 1연으로 묶인 까닭에 병사 2백 명이 1졸卒이 되고, 졸장卒長에 해당하는 연장이 통솔했다. 10연이 1향으로 묶인 까닭에 병사 2천 명이 1려旅가 되고, 향장인 양인이 통솔했다. 5향이 1사師로 묶인 까닭에 병사 1만 명이 1군軍이 되고, 군장軍長에 해당하는 5향의 우두머리인 장수將帥가 통솔했다. 상군上軍과 중군中軍 및 하군下軍의 3군을 설치한 까닭에 군주가 지휘하는 중군과 고자가 지휘하는 상군 및 국자가 지휘하는 하군에 각각 북을 두었다.

봄에 하는 사냥을 수蒐라고 한다. 이때는 사냥을 위장한 까닭에 군사를 은밀히 정비했다. 가을에 하는 사냥을 미獮라고 한다. 이때는 가을의 살기殺氣를 틈탄 까닭에 군사를 강도 높게 훈련시켰다. 졸오卒伍와 관련한 군정은 리里 안에서 편성하고, 군려軍旅와 관련한 군정은 교외 내에서 편성했다. 국내의 교령敎令이 완성되면 군령을 바꾸지 않았다. 같은 졸오 내의 사람들은 서로가 서로를 보호하고, 집안과 집안이 서로 가까이 지냈다.

어려서 같이 자라고, 자라서 함께 놀고, 제사 때 서로 복을 빌고, 초상 때 서로 도와주고, 재해가 빚어졌을 때 서로 걱정하고, 생활할 때 서로 즐거움을 나누고, 일할 때 서로 화합하고, 슬플 때 같이 슬퍼하는 것이다. 그러면 야간전투가 벌어져도 소리만 들어도 서로 알아 혼란스럽지 않고, 주간전투가 벌어지면 눈빛만 보아도 서로를 알아차릴 수 있었다. 서로 기쁨을 나눈 까닭에 족히 함께 죽을 수 있었다. 수비하면 견고하고, 싸우면 승리한 이유다. 제환공은 이같이 훈련받은 군사 3만 명을 두고 천하를 두루 횡행할 수 있었다. 무도한 나라를 토벌하고, 주나라 왕실을 안정시키고, 천하의 그 어떤 대국의 군주라도 능히 당해낼 자가 없었던 이유다.”

제환공과 관중, 유비와 제갈량의 관계

전국시대 중엽 대대적인 개혁을 통해 서쪽 변방의 진秦나라를 문득 최강국으로 만든 상앙의 변법變法 역시 이와 비슷하다. 후대 사람인 상앙이 관중의 ‘변법’을 참조했을 가능성이 크다.

당시 제환공은 관중을 존중하는 의미에서 이름을 부르지 않고 ‘중보仲父’로 칭했다. ‘중보’는 관중의 자가 중仲인 데서 나온 것이다. 보父는 사람을 존중하는 뜻에서 이름이나 자 뒤에 붙이는 미칭美稱이다. 훗날 진시황도 여불위를 ‘중부仲父’로 불렀다. 이는 말 그대로 집안의 ‘작은 아버지’와 같다는 뜻에서 붙인 것이다. 똑같은 글자일지라도 뜻이 전혀 다르다.

제환공이 관중을 ‘중보’로 부른 것은 유비가 촉한의 황제로 즉위한 뒤 제갈량을 승상으로 삼으면서 국정을 전적으로 맡긴 것과 닮았다. 양자 모두 군주의 신하에 대한 전적인 신뢰가 전제되지 않으면 불가능한 일이다. 스스로를 관중에 비유한 제갈량으로서는 지은知恩을 베푼 유비를 만남으로써 소기의 성과를 이룬 셈이다.

사실 제갈량이 문무를 겸비했지만 공자와 같은 위대한 사상가는 아니었고, 백전백승의 전쟁의 신도 아니었다. 그러나 그는 최적의 파트너를 만나 원하는 바를 실현하고 역사에 뚜렷한 이름을 새길 정도의 다각적 역량을 가진 것만은 분명한 사실이었다.

BE FAIR

공자는 "이익을 보고도 의리를 생각하고, 위급한 때가 오면 목숨을 내놓고, 오랜 약속을 평생토록 지킨다면 완성된 사람이라고 할 수 있다"고 하였다.

제갈량은 중국 역사 전체를 통해 볼 때 공자의 군자상에 가장 부합하는 사람이라고 볼 수 있다. 그래서 당대의 2인자였고, 비록 제갈량의 천하삼분지계로 성립된 촉한이 백년도 안되어 멸망했지만, 제갈량은 아직도 중국은 물론 아시아권 전역에서 지혜의 신으로 추앙받고, 인간적 신의의 결정체로 존중받고 있는 것이다. 이 장에서는 개인적인 청렴함을 바탕으로 공평무사한 일처리로 통찰력의 기본을 평생토록 지녔던 제갈량의 모습을 살펴 본다.

진정한 통찰력은 공평무사에서 비롯된다

6

31 '조직의 방해자들'을 다스려라

현명한 군주는 백성들이 걱정하는 바를 아는 데 힘쓰며 나라를 다스린다. 조복지리皂服之吏와 소국지신小国之臣을 다스리는 게 그것이다.

_「편의16책」「치인」

제갈량이 펼치는 지도자론

 1) 조직의 방해자들을 다스려라

 2) 엄격하되 공평한 법집행을 하라

조직의 발전을 위해 무엇보다 부정비리를 척결해야 한다

조복지리皂服之吏는 백성을 수탈하며 뇌물을 크게 밝히는 부정비리의 원흉인 아전을 지칭한다. 『편의16책』「치인」은 이같이 정의해 놓았다.

"조복은 가혹하게 긁어모으는 짓苛敛을 하지 않는 게 없고, 흉악한 짓의 끝을 아무도 알지 못하고, 백성은 양식마저 수탈당해 굶주림에 지친 나머지 끝내 반란을 일으키게 된다는 얘기가 나도는 이유다."

소국지신小国之臣은 지방의 토호와 유착한 지방관원을 가리킨다.

여기의 '소국'은 지방을 의미한다. 제갈량은『편의16책』「고출考黜」
에서 '조복지리'와 '소국지신'을 퇴출시키는 방안을 이같이 제시하
고 있다.

"관원의 업무를 평가해 승진시키고 파면하는 정사는 엄정한 근무
평정을 통하여 선한 정치를 베푼 자를 천거하고 악정을 행한 자를
쫓아내는 것迁善黜恶을 말한다. 명군은 마음이 하늘같아 선정과 악정
을 살펴 알 수 있는 까닭에 온 천하에 그 빛을 발한다. 감히 지방 관
원이나 서민을 빠뜨리지 않고 현명한 사람을 과감히 발탁해 쓰고,
탐관오리와 나약한 자를 과감히 내쫓는다. 명군과 현신이 상하에서
협력해 치국에 임함으로써 현명한 인재들이 비가 내리듯 모여들게
된다. 선한 정치가 이루어지고 악한 정치는 내쫓게 되며, 아름답고
추함이 명백히 구별되는 이유다. 이러한 정치를 잘 펼치려면 백성들
이 고통스럽게 여기는 것을 파악하는 데 힘써야 한다.

백성들이 고통스럽게 여기는 것은 5가지이다.
첫째, 소리小吏들이 공적인 권한을 이용해 사리사욕을 채우는 것因公
为私, 권세를 등에 업고 못된 짓을 하는 것乘权作奸, 왼손에 창을 들고
오른손으로 금전을 그러모으는 것执戈治生, 안으로 관청의 이익을 침
해하며 밖으로 백성을 수탈하는 것侵官来民 등이 그것이다.

둘째, 중죄를 범한 자를 지나치게 가벼이 처벌过重罚轻하여 법령을
고르지 못하게 적용하고, 죄 없는 자를 벌해 억울하고 원통한 처지

에 빠지게無罪被辜 하며 심지어 목숨까지 잃게 하거나, 중죄를 범한 자를 오히려 용서하고 강자를 도와 약자를 억압하고 엄형을 가함으로써 실정을 왜곡하는 것 등이 그것이다.

셋째, 죄를 지은 관원을 멋대로 방치하거나, 고소한 자를 모해해 고소를 중지케 만들거나, 실정을 은폐하거나, 거짓되고 강압적인 수색 등의 방법으로 망명케 만들거나, 원통한 사정이 바로잡히지 않거나 하는 것이다.

넷째, 서리胥吏의 우두머리인 장리長吏가 지방장관인 수재守宰가 자주 바뀌는 기회에 그 직무를 겸직하고, 정사를 처리하면서 친지들 편에 서서 싫어하는 자를 핍박하고, 일을 전단專斷하고, 법제를 무시한 채 일을 행하고, 부렴賦斂을 기회로 별도의 세목稅目으로 사리를 챙기고, 신구 관장이 바뀌는 기회를 활용해 멋대로 징수하고, 나라를 위해 비축備蓄한다는 핑계로 가산家産을 불리는 것 등이 그것이다.

다섯째, 높은 관직과 재부 및 권세를 바라는 현관모공顯官慕功으로 인해 상벌의 시행에서 자신에게 이익이 되는 쪽으로 행하고, 민간의 거래에 개입해 백성들과 이익을 다투며 재량권을 휘둘러 제멋대로 가격을 결정함으로써 백성들이 생업을 잃도록 만드는 것 등이 그것이다.

이들 5가지는 백성에게 해악을 끼치는 것이다. 이런 해악을 끼치는 자들은 내쫓지 않을 수 없고, 그리하지 않는 자들은 승진시키지 않을 수 없다. 『서경』「우서虞書, 순전舜典」에서 이르기를, '3년마다 1번씩 관원을 평가해 파면과 승진을 결정한다'고 했다."

제갈량이 「치인」에서 명군은 백성의 우환을 알아야 한다고 지적하면서 무엇보다 먼저 '조복지리'와 '소국지신'으로 인한 폐해의 척결을 역설한 것은 21세기 현재에도 암시하는 바가 크다. 유사한 폐해가 그치지 않고 있기 때문이다. 제갈량이 군중軍中에서도 상앙의 『상군서』를 필사하며 조조처럼 법가사상을 신봉한 것도 이런 맥락에서 이해할 수 있다.

바깥으로는 유가를 중시하고 안으로는 법가를 실현하다

삼국시대의 위무제 조조와 촉한의 승상 제갈량을 위시해 당태종과 청대의 강희제 등은 하나같이 겉으로는 유가 사상을 내세우면서도 속으로는 법가사상을 가미한 외유내법外儒內法의 기조를 견지했다. 남송 이전까지만 하더라도 중국의 역대 왕조 모두 표면상 유학을 습득한 관원인 유관儒官만을 선발했으나 내면적으로는 법치를 존숭하는 법관法官도 적절히 발탁함으로써 '외유내법'의 통치기조를 잃지 않았다.

일본 에도시대의 유학자 오규 소라이荻生徂徠도 18세기 초에 펴낸 『독한비讀韓非』를 통해 '외유내법'의 취지를 적극 구현할 것을 역설했다. 메이지유신의 사상적 뿌리에 해당하는 그는 순자사상을 깊이 연구했다. 그는 『논어』를 비롯해 유가 경전에 대한 숱한 주석서를 펴내면서도 자신의 학당에 법학연구실을 따로 둘 정도로 법가사상에 조예가 깊었다. 그가 한비자에 대한 주석서를 내게 된 것은 말할 것도 없이 통치의 요체가 바로 '외유내법'에 있음을 통찰한 데 따른 것이다.

맹자를 사상적 비조로 삼은 성리학자들은 한비자의 통치술을 그대로 구사한 진시황을 만고의 폭군으로 매도했지만 이는 사실과 다르다. 이들이 가장 큰 논거로 제시하고 있는 분서갱유焚書坑儒는 비록 이사의 건의를 좇은 것이기는 하나 그 원인을 제공한 자들은 어디까지나 입만 열면 제국체제를 비난하며 봉건체제를 옹호한 당시의 유생들이었다.

한비자는 말할 것도 없고 맹자에 의해 왜곡된 공자사상을 원래의 모습으로 복원한 순자의 입장에서 고찰할지라도 진시황이 당대의 명군이었다는 사실은 결코 변하지 않는다. 그는 비록 유가를 억누르고 법가를 전면에 내세우기는 했으나 반드시 능력 있는 법관法官을 내세워 제국을 통치한 점에서 신분세습의 봉건체제를 타파코자 한 공자의 염원을 사상 최초로 구현한 셈이다. 유가의 소양을 지닌 유관儒官 대신 법가의 소양을 지닌 법관을 내세우기는 했으나 유관과 법관 모두 인간의 합리적인 이성을 중시한 공인公人이었다는 점에서 하등 차이가 없다. 순자가 제시한 예관禮官과 법관의 차이는 종이 한 장 차이밖에 없다. 실제로 진시황도 천하순행 과정에 각지에 세운

제갈량처럼 앞서가라

순수비에 유가의 통치이념을 여러 곳에 걸쳐 새겨 넣었다.

제갈량이 『편의16책』「치인」에서 '명군의 다스림은 백성들이 걱정하는 바를 아는데 힘쓴다. 조복지리皂服之吏와 소국지신小国之臣을 다스리는 게 그것이다.'라고 언명한 것도 바로 이런 이유다. 말할 것도 없이 군주를 백성의 이익을 보호하는 최후의 보루라고 간주하면서, 아전을 비롯한 관원을 백성의 이익을 탈취하는 원흉으로 파악한 법가사상을 신봉한 결과다.

제갈량은 자신이 이끄는 조직을 철저히 관리하고 최적의 파트너들과 평생 신의를 지켰으며, 가정을 비롯해 국가의 청렴의 표본이 되었다.

법가의 사상적 연원

법가사상의 선구자들

법가사상을 집대성한 순자의 제자 한비자韓非子에 앞서 자산子産과 이회李悝, 신도愼到, 시교尸佼, 신불해申不害, 상앙商鞅 등이 활약했다. 이들 모두 법가사상의 선구자에 해당한다.

그렇다면 최초의 법가사상가는 누구였을까? 중국의 초대 사회과학원장을 지낸 곽말약郭沫若은 춘추시대 중엽 법률조문을 솥에 새겨 넣은 이른바 형정刑鼎을 최초로 주조한 정나라의 재상 자산으로 생각했다. 형정을 사상 최초의 성문법으로 이해했기 때문이다.

그러나 이는 지나치다. 법가사상은 이미 춘추시대 전기에 사상적 맹아가 나타났기 때문이다. 효시는 바로 제환공을 춘추시대의 첫 번째 패자로 만드는데 결정적인 공헌을 한 제나라의 관중이다. 정나라의 자산은 관중의 뒤를 이어 법가사상에 입각한 통치를 실천적으로 보여준 인물이다.

나아가 엄밀한 의미의 법가사상은 전국시대 초기 위문후 때 활약한 이회의 출현을 통해 그 실체를 드러냈다고 평할 수 있다. 열국의 법률을 종합한 법률서인 『이자李子』32편을 편찬한 게 그 증거다. 이는 자산이 형정을 주조한 것과 차원을 달리한다. 비록 『법경法經』이라는 서명과 6편의 편명 제목만 전해지고 있으나 『법경』은 중국 최초의 성문법에 해당한다.

제갈량처럼 앞서가라

『법경』이 이후 상앙이 반포한 『진률秦律』을 위시해 이후 『한률漢律』과 『당률唐律』로 이어져 법전의 원형이 된 사실이 이를 방증한다. 상앙은 모든 면에서 이회의 사상적 후계자에 해당한다. 그가 시행한 변법도 이회의 계책을 그대로 모사한 것이다. 상앙은 형명학刑名學에 밝았다. 형명학은 훗날 논리학파를 뜻하는 명가名家의 이론을 지칭키도 했으나 원래는 법가의 통치술을 말한다. 『상군서』「획책」의 다음 대목이 이를 뒷받침한다.

"법술을 채택하기만 하면 비록 군주가 침상에 누워 음악만 들을지라도 천하는 잘 다스려진다."

법가의 통치술에 대한 상앙의 자부심이 얼마나 확고했는지를 잘 보여준다. 실제로 진시황의 천하통일은 상앙의 변법에서 그 바탕이 마련되었다고 해도 과언이 아니다. 그가 시행한 변법은 이익을 향해 무한 질주하는 인간의 본성인 이른바 호리지성好利之性을 적극 활용해 부국강병을 추구한 데 있다. 요체는 군권君權의 강화였다. 이는 군주가 직접 백성들과 소통한 결과였다.

신상보다 필벌을 중시한 상앙
실제로 사마광은 『자치통감』에서 상앙이 변법개혁을 시행하면서 백성들과의 약속을 지키며 신의를 잃지 않은 점 등을 높이 평가했다. 그는 이를 대신大信으로 규정했다. 공자가 국가를 다스리는 요체로 백성들의 정부에 대한 신뢰를 뜻하는 민신民信을 든 것과 취지를 같이하는 것이다. 애민愛民 차원에서 유가와 법가가 서로 접맥하는 대목이다.

당시 상앙은 신상信賞보다 필벌必罰에 무게를 둠으로써 법의 위엄을 확립했다. 이는 신권세력을 제압키 위한 것이었다. 열국 모두 정도의 차이는 있으나 세족들이 보유한 신권이 매우 막강했다. 이런 상태로는 부국강병을 실현할 길이 없었다. 상앙은 바로 엄법을 통해 군권을 강화함으로써 변법의 걸림돌부터 제거한 것이다.

한비자가 상앙의 법치를 적극 수용한 것은 스승 순자가 제시한 존군尊君의 차원을 넘어 군주를 귀하게 여기고 신하를 가벼이 여기는 이른바 귀군경신貴君輕臣에 공명한 결과다. 이는 백성을 가장 귀하게 여기고 군주를 가장 낮게 평가하는 맹자의 귀민경군貴民輕君과 극명한 대조를 이루고 있다. 법가의 '귀군경신'이 부국강병을 도모코자 하는 취지에서 나온 것임은 말할 것도 없다. 역사적인 사례를 볼지라도 강력한 군권이 뒷받침되지 않은 채 부국강병이 실현된 적은 단 한 번도 없다.

난세의 시기에 권력이 신권세력에 장악될 경우 이는 패망의 길이다. 군권이 미약하고 신권이 막강한 이른바 군약신강君弱臣强의 양상이 빚어질 경우 예외 없이 외환의 위기가 닥치거나 붕당파쟁으로 쇠락의 길을 걷다 패망했다. 공자가 역설한 '군군신신'은 군신 상호간의 신뢰를 전제로 한 것이다. 그러나 전국시대 말기에 들어와서는 이를 기대하기가 힘들었다. 순자가 군주에 방점을 찍은 '존군'을 역설한 이유다.

한비자는 여기서 한 발 더 나아가 '존군경신'을 내걸었다. 고용인에 불과한 권신들의 전횡과 보위찬탈을 미연에 방지하고, 장차 천하통일의 주역이 될 수 있는 비책을 제시하고자 한 것이다. 이를 실현한 인물

제갈량처럼 앞서가라

이 바로 진시황이다. 비록 두 사람의 해후가 비극적으로 끝나기는 했으나 사상적인 연대가 끊어진 것은 아니었다. 한비자와 동문수학한 이사가 그 역할을 충실히 해냈다.

진시황은 한비자의 통치술을 그대로 받아들여 공과 사를 엄격히 분리한 뒤 신권세력의 사권이 지배하는 영역을 철저히 봉쇄했다. 이는 군주전제를 위한 것이 아니라 신권전제를 제도적으로 방지하려는 것이었다. 진시황이 죽는 순간까지 저울을 사용해 정확히 무게를 달듯이 똑같은 양의 정해진 과제를 매일 처리했다. 확정된 사안도 철저히 검토하기 전에는 잠자리에 들지 않았다.

사상 최초의 황제로 등극한 후 10년 동안 무려 5번이나 천하 순행을 강행했다. 백성과의 직접적인 소통을 꾀한 것이다. 그는 황제가 천하의 대소사를 모두 재단하는 만기친재萬機親裁의 선구자에 해당한다. 공과 사를 엄격히 구분한 한비자의 주장을 한 치의 착오도 없이 그대로 실현한 결과다. 도치와 법치, 술치, 세치로 구성된 한비자의 통치술은 부국강병을 통해 천하를 호령하는 난세 리더십의 전범典範에 해당한다.

한비자를 받아들여 천하를 통일한 진시황

이는 기본적으로 한비자의 치국평천하 방략이 명쾌하고도 엄격한 논리 하에 철두철미한 부국강병책으로 일관한 덕분이다. 진시황이 한비자의 통치술을 구사해 550여 년에 걸친 난세를 종식시킨 게 결코 우연이 아니다. 천하통일 후 법가사상을 유일무이한 통치이념으로 내세운 배경이 여기에 있다. 진시황이 창시한 제국질서에는 맹자의 왕도보다 한 단계 차원이 높은 노자의 제도帝道 사상이 전면에 나타나 있다.

이는 한비자가 『도덕경』에 대한 최초의 체계적인 평가를 내린 사실과 무관하지 않다.

사마천이 『사기』를 저술하면서 도가와 법가를 하나로 묶은 「노자한비열전」을 편제한 것도 법가와 도가의 유사성에 주목한데 따른 것이다. 한비자는 형이상의 해석에 권위를 지닌 도가의 이론을 끌어들여 법가 사상을 합리화하는데 성공한 셈이다. 실제로 당시 진시황이 내세운 법가사상 속에는 이미 제자백가의 사상이 깊이 녹아 있었다. 유가를 신랄하게 비판한 『한비자』 자체가 이면적으로는 유가 사상을 적잖이 내포하고 있었다. 이를 뒷받침하는 「충효」의 해당대목이다.

"지금 현능한 자식이 부모를 위하지 않으면 부모는 집에 거처해도 괴로울 뿐이고, 현능한 신하가 군주를 위하지 않으면 군주는 보위에 앉아 있어도 위태로울 뿐이다. 그리되면 현능한 자식과 현능한 신하가 있을지라도 부모와 군주에게 오직 해만 끼칠 뿐이니 어찌 이로움을 바랄 수 있겠는가? 이른바 충신은 군주에게 해를 끼치지 않아야 하고, 효자는 부모를 배반해서는 안 된다."

32 '조직의 안정'은 언제나 중요하다
안도계
安堵計

제갈량은 늘 군량이 계속 공급되지 않아 자신의 뜻을 펴지 못할까 근심했다. 병사를 나눠 둔전屯田케 해 장기간 주둔할 기반을 닦은 이유다. 경작자들은 위수渭水 가에 사는 백성들 사이에 섞여 지냈다. 백성들은 평안하고, 군대는 사사로움이 없었다.

_「삼국지」「촉서, 제갈량전」

마지막 북벌에 나서는 제갈량

제갈량이 건흥 12년인 234년에 마지막 북벌에 나섰을 당시의 상황이다. 당초 촉한은 유선이 즉위한 후 제갈량이 승상이 되어 줄곧 유선을 보필하는 구도로 유지됐다. 유선은 사람이 성실하고 순박하여 모든 정사를 제갈량에게 맡겼다.

당시 제갈량은 형주를 상실한 까닭에 익주와 형주를 기반으로 하여 한실을 부흥한다는 당초의 계획을 수정하지 않으면 안 되었다. 그는 실망하지 않고 동오와 결맹을 다진 가운데 차분히 북벌의 의지를 다졌다.

황초 6년인 225년, 익주 남부에 있던 이민족의 반란을 평정함으로써 후고지우後顧之憂를 없앴다. 태화 원년인 227년 3월, 한중에 머물면서 출사표를 올렸다. 이듬해 초 그는 조운 및 등지鄧芝에게 명해 지금의 섬서성 포성현 서북쪽의 기곡箕谷을 지키게 한 뒤 대군을 이끌고 감숙성 서화현 서북쪽에 있는 기산祁山을 공격했다. 이때 지금의 감숙성 동북 일대의 천수군과 남안군 안정군 등이 모두 그에게 호응해 관중關中 일대가 크게 진동했다.

위명제 조예가 대장군 조진曹眞에게 명해 관중의 군사를 지휘해 이를 막게 한 뒤 곧 장합張郃을 시켜 조진을 지원하게 했다. 『삼국연의』에 나오는 조진은 늘 사마의를 시기하고 어리석기 그지없는 졸장부로 그려져 있다. 그러나 조진은 지략이 뛰어난 위나라의 명장으로 사마의보다 한 수 위였다. 실제로 사마의는 조진이 중도에 죽게 된 이후에 비로소 그를 대신해 제갈량과 대적하게 되면서 위나라의 군사권을 쥐게 됐다. 만일 조진이 오랫동안 살아 있었다면 사마의가 최고의 권력자가 되어 위나라를 찬탈하는 일도 벌어지지 않았을 것이다.

당시 장합이 지금의 감숙성 진안현 서북쪽인 가정街亭에서 촉한군의 선봉장인 마속馬謖의 군사를 대파했다. 제갈량도 퇴로가 차단될 것을 우려한 나머지 부득이 물러서지 않을 수 없었다. 조진은 제갈량이 물러나자 곧바로 빼앗겼던 3개 군을 회복했다.

이해 11월, 제갈량은 조휴가 동오에게 패했다는 소식과 함께 위병이 동쪽으로 내려가 관중이 비어 있다는 사실을 확인한 뒤 다시 출사표를 올리고 2번째 북벌에 나섰다. 곧 섬서성 보계현 서남쪽의 산관散關을 나와 동쪽의 진창陳倉을 포위했다. 당시 진창의 위나라 병사는 1천여 명에 불과했으나 철통 수비로 촉한의 진군을 저지했다. 제갈량은 20여 일에 걸쳐 주야로 공격했으나 결국 함락하지 못했다. 얼마 후 군량이 떨어지게 되자 물러날 수밖에 없었다.

태화 3년인 229년 봄, 제갈량이 장수 진계陳戒에게 명해 위나라의 무도武都와 음평陰平을 공격케 했다. 자신은 군사를 이끌고 감숙성 성현 북쪽인 건위建威로 진출해 2개 군을 빼앗고 돌아왔다. 이듬해 에는 위명제 조예가 조진의 건의를 받아들여 촉한을 치게 했다. 제 갈량은 섬서성 성고현 서북쪽의 성고成固에 머물며 반격을 준비하는 한편 이엄을 한중으로 보내 영격케 했다. 연일 폭우가 계속돼 양측 모두 1번도 접전하지 못한 채 철군했다.

태화 5년인 231년, 제갈량이 다시 군사를 이끌고 가 기산을 포위 했다. 위나라 장수 조진이 병으로 사직함에 따라 사마의가 총사령관 이 되어 촉한을 막게 되었다. 사마의는 지금의 감숙성 천수현 서남 쪽인 상규上邽에서 기산을 구원하러 오다가 촉한의 군사와 조우하게 되었다. 그러나 그는 굳게 지킬 뿐 교전할 생각을 하지 않았다. 이해 6월, 제갈량은 군량이 떨어지자 퇴각하지 않을 수 없었다. 이후 2년 동안 군비를 가다듬었다.

사사로움을 없애고 군기를 엄정히 했던 제갈량

청룡 2년인 234년 초, 군사 10만 명을 이끌고 마지막 북벌에 나섰다. 그는 지금의 섬서성 미현 서남쪽에 있는 사곡斜谷을 빠져나와 위나라로 진공했다. 이해 4월, 촉한의 군사가 미현에 이르러 위수 이남에 주둔했다. 사마의도 위수 남쪽에서 배수진을 치고 굳게 지켰다. 쌍방이 100여 일 동안 아무런 교전도 없이 대치했다. 제갈량은 아무런 소득도 얻지 못했다. 이해 8월, 제갈량은 결국 피로를 견디지 못하고 54세를 일기로 진중에서 죽었다. 촉한의 군사가 은밀히 퇴각했다.

「제갈량전」에서 '제갈량이 전군을 인솔해 사곡도斜谷道에서 나왔다.'고 언급한 것은 제갈량의 마지막 북벌 당시의 상황을 언급한 것이다. 주목할 것은 병사들로 하여금 둔전屯田에 종사케 해 장기간 주둔할 기반을 닦으면서 백성들을 안도安堵케 만들었다는 대목이다. 둔전을 하는 군사들이 위수 가에 사는 백성들 사이에 섞여 지냈음에도 사사로움이 전혀 없었던 덕분이다. 이는 곧 군기가 그만큼 엄정했음을 반증한다.

주목할 점은 홍군의 '3대규율'과 '8항주의' 원칙이 여러모로 제갈량이 마지막 북벌에서 둔전을 하는 일반 병사들로 하여금 일반 백성과 섞여 살며 사사로움이 없도록 엄정한 군기를 유지한 것과 닮은 점이다. 요체는 백성들을 안도하게 만든데 있다. 진수가 「제갈량전」에서 '백성들은 안도安堵하고, 군대는 사사로움이 없었다'고 특별히 기록한 것은 바로 이런 의미다.

제갈량은 유비의 책사가 된 이후 죽을 때까지 언제나 조직의 안정을 중요시하였고, 그 성과 역시 훌륭했다고 평가할 수 있다.

제갈량처럼 앞서가라

모택동의 3대 규율

국공내전 당시 홍군의 규율

난세의 시기에는 엄정한 군기가 바로 백성들을 안심케 만드는 관건에 해당한다. 중국의 역대 전사戰史에서 엄정한 군기로 손꼽을 수 있는 것은 바로 국공내전 당시 '신 중화제국'의 창업주인 모택동이 이끈 홍군紅軍이다.

원래 모택동의 고향 호남은 동정호洞庭湖 남쪽에 위치해 붙여진 이름이다. 이 호수는 중국 최대 규모다. 4개강의 물을 모았다가 장강으로 토해 내는 까닭에 엄밀히 말하면 호수로 볼 수 없지만 모양은 호수처럼 생겼다. 동정호가 유명한 것은 무수한 역사와 전설, 문학이 서려 있기 때문이다.

춘추전국시대에 운몽대택雲夢大澤으로 불린데서 알 수 있듯이 주변이 구름 속에서 꿈꾸는 듯한 절경으로 가득 차 있다. 무한의 황학루, 남창의 등룡각과 더불어 중국의 3대 누각으로 일컬어지는 악양루가 대표적이다. 악양루는 삼국시대 당시 오왕 손권이 노숙을 시켜 지은 것이다. 관우가 버티고 있는 형주를 탈환키 위해 동정호 일대를 장악한 뒤 이곳에서 수군을 훈련시키면서 망루를 지은 게 바로 악양루다. 모택동이 생전에 많은 시를 남긴 것도 고향의 이런 빼어난 풍광과 무관치 않을 것이다.

참담한 실패로 끝난 문화대혁명

그러나 문제는 이런 뛰어난 문학적 상상력이 현실에 뿌리를 두어야 하는 정치에 그대로 적용돼 씻을 수 없는 오점을 남긴 데 있다. 참담한 실패로 끝난 '대약진운동'과 '문화대혁명'이 바로 그것이다. '득천하得天下'에 유리하게 작용한 문학적 상상력이 '치천하治天下'에는 독으로 작용한 결과로 볼 수 있다. 중국의 역대 제왕 중 모택동처럼 '득천하'와 '치천하' 행보가 이처럼 극명하게 대비되는 인물도 그리 많지 않다.

중국공산당 성립 초기만 하더라도 그의 위치는 하잘 것 없었다. 비록 호남사범학교를 나왔다고는 하나 여러모로 '시골뜨기'에 가까웠다. 당대 최고의 지식인으로 손꼽힌 진독수와 이대교 등이 중국공산당을 이끈 게 그 증거다. 특히 교조적인 진독수는 도시폭동을 통해 이내 부패한 국민당 정부를 전복시키고 인민공화국을 세울 수 있다는 '허황된' 생각을 했다. 소련혁명의 방식을 그대로 도입하고자 한 것이다. 이런 잘못된 생각은 코민테른이 이들 중국공산당 지도자들 위에 '상전'처럼 군림하는 것을 당연시하는 풍조를 낳았다. 실제로 코민테른의 대표 마링은 진독수와 의견이 충돌할 때마다 서신을 보내 이같이 주의를 주곤 했다.

"만일 당신이 진정한 공산당원이라면 반드시 코민테른의 명령을 들어야 한다."

당시 진독수는 중국공산당의 교부敎父와 같은 존재였다. 그러나 코민테른 입장에서 볼 때 그는 단지 덩치만 큰 미개국의 공산당 지도자에 불과했다. 여기에는 코민테른이 자금을 지원한 게 크게 작용했다. 진독수도 1923년 제3차 당대표대회에서 당의 경비는 거의 모두 코민테른에서 얻는다고 공개적으로 인정한 바 있다.

비밀이 해제된 문건에 따르면 코민테른이 중국 공산당에 제공한 비용

제갈량처럼 앞서가라

은 월 평균 약 2만 위안이었다. 자금이 오갈 때 중국 특유의 '콴시關係' 가 이용되고, 뒷거래를 하고, 매수하고, 심지어 협박하는 등의 불미스런 방법이 모두 등장했다. 중국공산당이 초기에 코민테른과 소련에 얕보인 데에는 나름대로 이유가 있었던 셈이다. 이런 식으로는 천하를 거머쥐기는커녕 조적朝敵으로 몰려 이내 지방반란군으로 존재하다가 이슬처럼 사라질 수밖에 없었다.

초지일관 큰 꿈을 지녔던 모택동

모택동은 이런 전래의 관행을 뒤엎었다. 그의 위대함이 여기에 있다. 그에게는 '신 중화제국' 건설이라는 거창한 꿈이 있었다. 당시로서는 웃음거리로밖에 들리지 않았다. 그러나 그는 초지를 결코 잃지 않았다. 초한전 초기에 머슴으로 있던 진승이 자신을 비웃는 동료 머슴들을 향해 "연작燕雀이 어찌 홍혹鴻鵠의 뜻을 알겠느냐!"며 자위한 것을 연상시키는 대목이다.

모택동도 진승처럼 큰 꿈을 지니고 있었기에 당당할 수 있었다. 홍군을 장개석을 포함한 기왕의 모든 대소 군벌 휘하 군사와 다르게 보이도록 만든 이른바 '3대규율三大規律'과 '8항주의八項注意'와 같은 극히 실무적인 실천지침이 나온 것도 바로 이런 큰 꿈이 있기에 가능했다.

지난 2009년 말 북한 인민군 협주단은 북경 중국극원에서 가진 초청 공연에서 중국의 인민해방군이 애창하는 '3대규율·8항주의'를 열창해 뜨거운 박수를 받은 바 있다. 원래 이는 행진곡으로 불리던 것으로 모택동이 만년에 애창한 노래기도 하다.

'3대규율'의 내용은 이렇다.

첫째, 모든 행동은 지휘에 복종한다. 둘째, 인민의 바늘 하나와 실 한 오라기도 취하지 않는다. 셋째, 모든 노획물은 조직에 바친다. '8항주의'는 이렇다. 첫째, 말은 친절하게 한다. 둘째, 매매는 공평하게 한다. 셋째, 빌려온 물건은 돌려준다. 넷째, 파손한 물건은 배상한다. 다섯째, 사람을 때리거나 욕하지 않는다. 여섯째, 농작물은 해치지 않는다. 일곱째, 여자를 희롱하지 않는다. 여덟째, 포로를 학대하지 않는다.

홍군은 이를 실천함으로써 '군벌시대'의 중국에서는 볼 수 없는 새로운 면모의 군인으로 인민 앞에 설 수 있었다. 모택동을 세계전사世界戰史에서 가장 출중했던 전략가 중 한 사람으로 지목한 미국의 군사전문가 베빈 알렉산더는 『위대한 장군들은 어떻게 승리했는가』에서 당시 홍군의 특성을 이같이 묘사해 놓았다.

"이 군대는 계층적 명령체계가 아니라 가능한 한 가장 민주적인 형태를 지향했다. 이들의 군대에는 서방이나 국민당 군대와는 달리 계층과 교육 정도에 의해 사병과 분리되는 명확한 장교단이 없었고, 계급과 기장記章도 없었다. 남자들은 물론 종종 여자들도 자신들의 능력을 보여줌으로써 리더가 되었고, 사병들은 그들을 '소대장 동무' '중대장 동무'처럼 직함으로 호칭했다. 장교들은 병사들을 구타하거나 학대하지 않았다. 모든 사람들은 함께 살았고, 같은 음식을 먹고, 똑같은 옷을 입었다."

중국 공산당은 '신 중화제국'의 역사를 두고 하나의 작은 승리에 만족치 않고 계속 더 큰 승리로 나아간 휘황한 역사라고 자찬하고 있다. 그러나 사실 중국공산당의 역사는 그리 명예로운 것만도 아니다. 그들 역시 장개석의 국민당과 마찬가지로 기만과 선동, 강탈, 이간 등의 수법을 구사했다. 안팎의 여러 정황이 맞아떨어져 천하를 거머쥐었을 뿐이다. 천시天時를 만난 셈이다.

왕조순환설의 관점에서 볼 때 그들 또한 청나라 말기의 원세개袁世凱와 마찬가지로 '군벌시대'의 한 축으로 출발했다. 그것도 가장 취약한 농민군으로 출발한 까닭에 이들이 장차 천하를 거머쥘 것이라고 생각한 사람은 거의 없었다. 그러나 그들은 성공했다. 시류에 부합하는 '3대 규율'과 '8항주의'를 잘 활용한 덕분이다. 그들은 이를 '모택동사상'으로 불렀다.

그러나 마르크스-레닌주의는 물론 모택동사상 모두 하나의 외피에 불과했다. 중요한 건 무력이었다. '중화제국'의 건립은 무력에서 우위에 섰기에 가능했다. 수많은 군소 군벌의 하나에 불과했던 모택동이 어느 날 문득 가장 막강한 군벌로 군림하던 장개석을 누르고 천하를 제패한 배경은 무엇일까?

모택동에 대한 공정한 평가
현재 학자들의 모택동에 대한 평가는 크게 엇갈리고 있다. 모택동 관련 서적 및 논문은 크게 그의 리더십을 극도로 칭찬하는 것과 그의 사생활 및 음모적인 권력유지 행보 등을 근거로 폄하는 것으로 대별할 수 있다. 그러나 양자 모두 문제가 있다. 그의 리더십을 극도로 칭찬하는 것은 일정한 한계를 지니고 있다. 공산주의 종주국인 소련이 무너졌음에도 불구하고 아직 사회주의를 내세우고 있는 것이 시대조류에 맞지 않는 것과 마찬가지다. 나아가 그를 무조건 폄하하는 것도 옳지 못하다.

어지러운 사생활 등을 근거로 비난하는 것은 나무만 보고 숲을 보지 못하는 우를 범할 소지가 크기 때문이다.

그의 입신 및 창업 과정은 중국 전래의 '왕조순환설' 관점에서 접근하는 게 타당하다. 역대 황제 중 여러 면에서 그를 꼭 닮은 인물이 있다. 바로 명태조 주원장朱元璋이다. 두 사람 모두 '득천하得天下'에 탁월한 재능을 발휘했음에도 '치천하治天下'에는 적잖은 문제를 드러냈다. 크게 4가지 점을 들 수 있다.

첫째, 비록 부친 때에 이르러 가세가 펴지기는 했으나 그의 집안은 원래 주원장과 마찬가지로 빈농이었다. 둘째, 빈농 출신인 주원장이 절로 들어가 탁발승 행각을 벌이며 공부를 한 것처럼 그 역시 비록 사범학교를 나오기는 했으나 이대교 및 진독수 등처럼 체계적인 공부를 하지 못했다. 셋째, 빈민과 노동자를 동원해 천하를 거머쥔 것도 닮았다. 넷째, 주원장이 학력 콤플렉스와 더불어 엄청난 자존심으로 인해 '문자지옥'을 일으킨 것처럼 모택동 역시 '문화대혁명'과 같은 참사를 일으켰다. 이는 기본적으로 지식인에 대한 불신 및 열등감 등이 뒤엉킨 결과였다.

당초 주원장은 천하를 평정한 후 조야의 모든 인재를 발탁코자 했다. 이들 중에는 몽골인도 있었다. 모택동도 『삼국지』에 나오는 적벽대전의 영웅 주유와 손권 등을 수시로 거론하면서 정보 대신 주유를 선택한 파격적인 인재등용을 칭송하곤 했다. 실제로 그는 1957년에 소위 백화제방百花齊放 및 백가쟁명百家爭鳴을 언급하며 지식인들이 새로운 '중화제국'의 건설에 적극 참여하기를 기대했다. 그러나 이들 지식인들은 모택동의 기대와는 달리 기왕의 정책 등에 대한 신랄한 비판을 서슴지 않았다. 모택동은 자신이 지식인들로부터 무시를 당하고 있다는 생각을 금할 수 없었다. '문화대혁명'의 싹은 바로 이때 발아되기 시작했다고 해도 과언이 아니다.

명나라 건립 당시 조정의 명에도 불구하고 강남 일대의 사대부 중 적잖은 사람들이 출사出仕를 마다하는 바람에 주원장의 열등감을 자극해 참사를 빚은 것과 닮아 있다. 주원장은 이들을 불순분자로 간주했다. 자신을 비방한 것으로 의심되는 글을 쓴 자들을 가차 없이 탄압한 이른바 '문자지옥文字之獄'은 바로 이런 배경 하에서 빚어진 것이다.

주원장의 치세 때 이뤄진 '문자지옥'은 중국의 전 역사를 통틀어 가장 참혹한 사례로 손꼽히고 있다. 그는 자신의 불미스런 과거를 연상시키는 글을 쓴 것으로 의심되는 자들까지 모조리 잡아들여 극형에 처한 이유는 과연 무엇일까.

홍건적 출신이었던 명태조 주원장

주원장은 늘 자신이 홍건적이라는 비적으로 활약한 사실을 크게 수치스럽게 생각했다. 실제로 비적출신이 새 제국의 건설에 성공한 사례로는 중국의 전 역사를 통틀어 그가 유일무이했다. 한고조 유방도 민란과 유사한 진승·오광의 난을 기화로 몸을 일으켜 새 제국을 세우기는 했으나 주원장처럼 애초부터 민란의 지도자로 입신한 것은 아니었다. 후한제국 말기에 조조도 황건적을 기반으로 한 청주병을 자신의 주력군으로 활용하기는 했으나 스스로 황건적에 몸을 담은 적은 없었다.

원래 민란은 백성들이 더 이상 기댈 곳이 없는 상황에서 최후의 수단으로 선택한 것인 만큼 동기만큼은 순수한 법이다. 그러나 생활의 터전을 잃고 각지를 떠도는 각양각색의 유민이 가담해 그 세가 확장되는 과정에서 불가피하게 양민을 약탈하는 비적으로 변질될 수밖에 없다. 홍건적의 경우도 예외가 아니었다. 주원장이 새 제국의 창건 선언에 앞서 백련교와 홍건적을 싸잡아 비적 집단으로 규정하고 나선 이유가 여기에 있다.

당시 주원장은 천하를 거머쥔 뒤 역대 창업자 중 자신과 유사한 사례를 도무지 찾을 수 없다는 사실에 크게 곤혹스러워했다. 특히 강남 출신 신사들이 자신을 두고 혈통도 없는 빈민 출신이 탁발행각 끝에 비적으로 활약하다가 난세에 몸을 일으켜 보위에 오른 것으로 비웃는 게 아닌가 하는 망상에 시달렸다. 그가 '문자지옥'을 통해 권력을 강화한 배경이 여기에 있다.

등소평의 승리로 끝난 권력투쟁

모택동이 주도한 '문화대혁명' 역시 여러모로 '문자지옥'을 닮은 참사였다. 기본적으로 두 사건 모두 주원장 및 모택동이 보유한 지고무상의 권력을 강화 내지 유지키 위한 수단으로 동원된 것이다. '문자지옥'의 표적은 이선장과 송렴 등 개국공신이었다. '문화대혁명' 역시 개국공신 중 수훈갑에 해당하는 '유소기' 및 '등소평' 등을 겨냥한 것이었다.

모택동이 등소평을 축출한 뒤 선택한 인물은 화국봉이었다. 화국봉은 여러모로 삼국시대 유비의 아들 유선을 닮았다. 나름대로 부친의 유업을 잇는 일에 충실했으나 지략이 모자랐다. 이 와중에 일체의 당직에서 쫓겨난 등소평과 사인방 간의 치열한 권력투쟁이 시작됐다.

그러나 모택동의 후광이 사라진 상황에서 사인방은 등소평의 적수가 될 수 없었다. 이들의 각축은 삼국시대 당시 위명제 사후 탁고대신으로 선발된 조상과 사마의의 결투를 상기시킨다. 조상은 사인방, 사병계詐病計로 조상 일당을 일거에 제압한 사마의는 등소평에 비유할 수 있다. 모택동 사후 불과 2달 만에 이뤄진 사인방의 체포는 중국 전래의 '왕조순환설'을 그대로 확인시켜주는 사건이기도 했다.

모택동 毛澤東
1893~1976
중국의 군인, 투쟁가, 혁명가이며 중국을 건국한 정치
가이자 중국공산당의 초대 주석

33 '공평무사함은 기본'이다

공도계
公道計

제갈량은 촉한의 승상이 되어 백성을 위무慰撫하고, 예의와 법도인 의궤儀軌를 보여주고, 쓸모없는 자리를 없애 관직을 간약簡約하게 하고, 때에 맞춰 법제를 만드는 권세權制를 좇아 일을 처리하고, 성심誠心으로 일에 임하고, 공평한 치도治道인 공도公道를 널리 베풀었다.

_「삼국지」「촉서, 제갈량전」

시대를 뛰어넘어 최고의 재상으로 존경받는 제갈량

승상은 신하로서 최고의 자리다. 자신의 위에는 오직 황제밖에 없는 까닭에 말 그대로 '일인지하, 만인지상'에 해당한다. 모든 장상將相의 기본덕목이 그렇듯이 최고의 재상은 공功을 주군에게 돌리고 과過를 자신이 떠안는 이른바 양신良臣의 모습을 보이는데서 출발한다. 이는 주군에게 충간을 그치지 않는 충신忠臣과 여러모로 대비된다. 제갈량이 오랫동안 시대를 뛰어넘는 최고의 재상이라는 칭송을 받은 것도 따지고 보면 그의 이런 '양신' 행보에서 비롯된 것이다.

제갈량, 비의, 동윤 그리고 장완

삼국시대 당시 촉한의 승상 장완蔣琬도 안영 내지 손숙오와 유사한 행보를 보였다. 그는 선임자인 제갈량을 비롯해 후임자인 비의費禕 및 동윤董允과 더불어 촉한의 4상四相으로 칭송받는 인물이다. 제갈

제갈량처럼 앞서가라

량은 임종 전에 후주 유선에게 이같이 말한 바 있다.

"신이 죽은 후 뒷일은 가히 장완에게 맡길 만합니다."

그는 제갈량이 오장원에서 진몰한 후 대장군 겸 상서의 중책을 맡으면서 더불어 군사를 지휘하는 대사마까지 겸직했다. 제갈량이 생전에 맡았던 직책을 거의 그대로 물려받은 것이나 다름없다.

당초 그는 유비가 익주를 차지했을 당시 형주의 광도현을 다스리는 임무를 맡았다. 그러나 그는 늘 술만 마시며 방탕한 모습을 보였다. 대로한 유비가 그를 죽이려고 하자 제갈량이 그의 재능을 크게 아까워한 나머지 이같이 간청했다.

"장완은 국가의 그릇으로 겨우 100리 정도의 현을 다스릴 인재가 아닙니다. 그는 백성들을 안정시키는 것을 근본으로 하며 겉을 꾸미는 것을 우선시하지 않습니다. 원컨대 주공께서는 다시 한번 살펴주십시오."

유비가 부득불 제갈량의 청을 들어주었다. 그러나 장완을 벌하지 않는 대신 관직을 박탈했다. 유비 사후 제갈량이 남만정벌에 나서자 장완이 함께 종군했다. 이후 제갈량의 북벌 때는 후방을 지키는 역할을 맡아 군수물자를 충실히 공급했다. 제갈량이 진몰한 뒤에는 그 후임이 되어 북벌을 계속 추진했다.

당시 동조연東曹掾으로 있던 양희杨戏는 무뚝뚝한 모습을 보였다. 이는 성품이 간략해서 그런 것이었다. 그는 장완과 대화를 할 때도 입을 꾹 다문 채 응답하지 않았다. 하루는 장완이 자신을 시종하는 단호單鎬와 함께 산보를 하다가 문득 이같이 물었다.

"내가 보정輔政한 후 지금까지 이르렀는데 군사를 다루고 나라를 다스리는 게 이전과 얼마나 차이가 있소?"

단호가 대답했다.

"대사마가 매일 만기萬機를 처리하고 있으니 그 공이 천하를 덮고 있습니다. 세상 사람들이 모두 경모하고 있습니다."

장완이 재차 물었다.

"그대의 말에 따르면 나의 정사가 모두 옳다는 것이오?"

단호가 약간 생각하다가 말했다.

"하속下屬에 대해 너무 너그러운 것이 약간 부족한 점이라고 하겠습니다."

장완이 물었다.

"그게 무슨 말이오?"

단호가 대답했다.

"대사마는 매우 엄중한 자리입니다. 군주조차 예를 다해 대하는 게 그렇습니다. 다만 양희가 오만하게도 무례한 모습을 보이고 있는데도 대사마는 그의 죄를 다스리지 않고 있습니다. 이 어찌 너무 관대하게 대한 탓이 아니겠습니까? 이런 식으로 어찌 위엄을 세울 수 있겠습니까?"

장완이 말했다.

"사람의 마음 다른 것은 마치 사람의 얼굴이 다른 것과 같소. 앞에서 굽실대다가 뒤에서 헐뜯는 것은 옛 사람이 크게 경계한 바요. 나는 양희라는 사람을 잘 아오. 그는 자신의 생각을 거스르면서 남에게 아부하는 말을 한 적이 없소. 내가 하는 말이 모두 잠언箴言일 수는 없소. 내 말이 틀린데도 그가 찬동하면 이는 그의 진심을 거스르는 것이 되고, 반대하면 나의 잘못을 지적하는 것이 되오. 그가 나의 얼굴을 빤히 바라보며 입을 다물면 나는 그의 침묵 속에서 나의 잘못을 알아채곤 하오. 이 어찌 좋은 일이 아니겠소! 어찌하여 그의 죄를 다스려야 한단 말이오?"

제갈량의 뒤를 이은 장완

얼마 후 독농督農으로 있는 양민杨敏이 사적으로 장완을 비난했다.

"하는 일이 어리석어 실로 이전 재상인 제갈량만 못하다!"
단호가 이 얘기를 듣고 장완에게 진언했다.
"대사마의 공덕은 헤아리기 어려울 정도로 큽니다. 이는 모든 사람이 알고 있습니다. 그런데도 양민이 무엄하게 대사마가 제갈량만 못하다는 험담을 늘어놓았습니다."
장완이 반문했다.
"그대가 보기에 양민의 말이 틀린 것 같소?"

단호가 격분한 표정으로 말했다.
"그의 비판은 실로 옳지 못합니다. 대사마는 총명하기가 그지없습니다. 일을 처리하는 것도 귀신같습니다. 어찌 앞선 사람의 행보를 단순히 좇는 식의 이른바 퇴퇴지상懷懷之状 모습을 보였을 리 있겠습니까? 그의 말은 비방에 지나지 않습니다. 그의 마음이 한없이 불량하니 반드시 죽을죄로 다스려 사람들로 하여금 이를 경계토록 만들어야 합니다.”

장완이 반박했다.

“양민의 말에 일리가 있으니 그리 할 수 없소. 세상 사람들 모두 이전의 승상인 제갈량이 깊은 대략大略을 지니고 있었고, 육도삼략의 계책이 무궁하고, 그 공덕 또한 한없이 크다는 사실을 알고 있소. 내가 어찌 그를 능가할 수 있겠소? 나는 원래 승상의 자질이 없는데도 위중한 자리에 앉아 있는 사람이오.”

사람들이 이런 얘기를 알게 된 뒤 그의 너그러운 모습을 칭송하지 않은 자가 없게 됐다. 양희와 양민 두 사람 역시 부끄러움을 이기지 못해 장완의 면전에서 무릎을 꿇고 용서를 빌었다. 장완이 두 사람을 일으켜 세우며 말했다.

“나는 나라를 다스리고 군사를 지휘하는 사람이오. 사적으로 위엄을 세우기보다는 은덕으로 사람을 대하는 것을 원칙으로 삼고 있소. 그대들은 귀에 거슬리는 말로 직언을 했소. 그대들이야말로 내가 몽매에도 찾던 사람들이오!”

그러고는 그들의 직언을 높이 칭송했다. 이후 양민이 어떤 사건에 연루되어 감옥에 갇혔을 때, 사람들은 양민이 반드시 죽게 될 것이라며 두려워했다. 그러나 장완은 사사롭게 생각하고 행동하는 사람이 아니었기 때문에 사심 없이 양민을 판결하여 양민이 중죄를 면했다. 장완이 좋아하고 싫어하는 감정과 도의의 태도는 모두 이와 같았다.

제갈량을 따라 나라에 충성을 다한 장완

장완은 과거 제갈량이 북벌을 했을 때 보급에 실패한 것을 거울삼아 한수와 면수의 급류를 이용해 관중으로 진출하고자 했다. 그러나 지병이 연속으로 도지는 바람에 이를 실행하지 못했다. 결국 연희 9년인 246년에 세상을 떠났다. 시호는 공후恭侯이다.

장완은 선임자인 제갈량의 행보를 그대로 좇았다. 공을 주군에게 돌리고 허물을 자신의 탓으로 돌린 게 그렇다. 진수가 「제갈량전」에서 제갈량의 평소 행보를 두고 '성심으로 일에 임하고, 공평한 치도인 공도公道를 널리 베풀었다'고 평한 게 단순한 칭송이 아니었음을 알 수 있다.

진정한 통찰력은 공평무사에서 비롯된다

55

공은 주군에게 과는 자신에게 돌린 '안영'

춘추시대 제나라의 재상 안영

'양신'의 대표적인 인물로 춘추시대 말기 제나라의 재상을 지낸 안영晏嬰을 들 수 있다. 안영은 관중 사후 백 여 년 뒤에 태어난 공자와 거의 비슷한 시기에 살았다. 풍몽룡의 『동주열국지』는 공자와 안영이 몇 차례 만난 것으로 묘사해 놓았으나 이는 허구이다. 두 사람은 한 번도 조우한 적이 없다. 『논어』 「공야장」에 안영에 대한 공자의 언급이 나온다.

"안평중晏平仲은 사람과 더불어 사귀기를 잘하여 사람들이 오래도록 그를 공경했다."

안영은 자가 중仲이고, 시호가 평平이다. 시호와 자를 합친 '평중'을 이름 '영' 대신 사용해 흔히 '안평중'으로 불린다. 『춘추좌』에도 '안평중'으로 기록돼 있다. 안영이 지은 것으로 알려진 『안자춘추晏子春秋』에는 공자와 안영에 관한 일화가 모두 6번 나온다. 그러나 여기서는 공자가 안영에게 누차 굴복당하는 것으로 묘사돼 있다.

대략 안영을 추종하는 자들의 손에 의해 『안자춘추』가 편제된 결과로 보는 게 옳을 듯싶다. 여기에 나오는 공자와 안영과 관련된 일화는 대부분 역사적 사실과는 동떨어진 것이기는 하나 당시 일각에서는 공자보다 안영을 더 높이 평가하는 흐름이 존재했음을 보여준다. 대표적인 인물로 사마천을 들 수 있다. 그가 안영을 얼마나 높이 평가했는지는 『사기』 「관안열전」에 나오는 다음 평을 보면 쉽게 알 수 있다.

"관중은 세인이 흔히 현신賢臣이라고 말하지만 공자는 그의 그릇이 작다고 지적했다. 주나라의 왕도가 쇠미한 가운데 제환공이 현명한 제후였는데도 불구하고 그에게 왕도를 적극 권하는 대신 패도를 추구한 것을 지적한 게 아니겠는가? 안자는 제장공이 대부 최저에게 죽임을 당하자 시신 위에 엎드려 곡을 하고 예를 다한 후 떠났다.

이것이 어찌 '의를 보면 용기를 드러내지 않은 적이 없다.'고 말하는 사례가 아니겠는가? 간언을 할 때는 군주의 면전에서 심기를 거스르며 시비를 가리는 범안犯顔을 행했으니 이 어찌 '나아가면 군주에게 충성을 다할 것을 생각하고, 물러나면 군주의 과실을 보완한다.'는 취지에 부합한 게 아니겠는가? 안자가 다시 살아난다면 나는 비록 말채찍을 들어 마부 노릇을 하는 집편執鞭을 할지라도 이를 기뻐하며 원하는 흔모忻慕를 할 것이다."

안영을 흠모했던 사마천

사마천이 안영을 얼마나 사모했는지를 능히 짐작케 해주는 대목이다. 『안자춘추』에 비난은 자신이 떠안고 공은 주군에게 돌린 전형적인 '양신'의 모습을 담은 일화가 나온다. 이에 따르면 하루는 안영이 외국에 사자로 나간 사이 제경공이 급히 새 궁궐을 짓기 시작했다. 안영의 제지를 받지 않게 된 것을 기화로 삼은 것이다. 마침 추운 겨울인데다 서두르는 바람에 얼어 죽는 자가 매우 많았다. 비난의 목소리가 높아졌다.

얼마 후 임무를 마치고 돌아온 안영이 이 사실을 알게 됐다. 보고하는 자리에서 백성들 사이에 유행하는 '극심한 추위에 몸이 어니 아, 어찌할거나. 임금 때문에 집안사람들이 헤어졌으니 아, 어찌할거나'라는 내용의 노래를 소개하며 눈물을 흘렸다. 제경공이 사과했다.

"잘 알았소, 즉각 중지시키도록 하겠소."

안영이 거듭 절을 올리고 나온 뒤 수레를 몰아 공사장으로 달려갔다.

"군주에게 궁궐 하나 지어드리는 게 너무 늦지 않소? 서두르시오!"

인부들이 안영을 크게 원망했다. 이때 문득 공사를 중지하라는 명령이 전달되었다. 인부들이 일제히 환호성을 올리며 군주를 칭송했다. 이 일화는 안영이 3대에 걸쳐 어떤 방식으로 주군을 보필했는지 잘 보여주고 있다.

춘추시대 초나라의 재상 손숙오

사마천은 『사기』「순리열전」에서 춘추시대 중엽 초장왕楚莊王 때 재상을 지낸 손숙오孫叔敖를 안영 못지않은 '양신'의 전형으로 꼽았다. 「순리열전」에는 이를 뒷받침하는 2개의 일화가 소개돼 있다.

한번은 돈의 무게가 가볍다고 생각한 초장왕이 돈을 크게 만들었다. 백성들이 이를 불편하게 여겨 생업을 떠나게 됐다. 시령市令 시장을 관장하는 관원이 영윤인 손숙오를 찾아왔다.

"새 돈의 유통으로 시장이 어지러워지자 백성들의 생업이 불안해져 이내 몸 둘 바를 모르게 됐습니다."

손숙오가 물었다.

"그게 언제쯤부터 시작된 것이오?"

"3개월가량 됐습니다."

손숙오가 말했다.

"곧바로 새 돈의 유통을 폐하도록 하시오. 내가 조만간 영을 내려 옛날 돈을 다시 쓰도록 하겠소."

제갈량처럼 앞서가라

이로부터 5일 후 조회가 열리자 손숙오가 초장왕에게 진언했다.

"전에 돈의 무게가 가볍다고 생각해 새 돈을 만든 바 있습니다. 지금 시령이 와서 보고하기를, '새 돈의 유통으로 백성들의 생업이 불안해져 몸 둘 바를 모르게 됐다'고 했습니다. 청컨대 옛날 돈으로 돌아가도록 허락해 주시기 바랍니다."

초장왕이 이를 허락했다. 이로부터 3일 뒤 시장이 옛날처럼 활기를 띠게 됐다. 자연의 순환이치를 좇아 백성의 편리를 먼저 고려하는 '순리'의 공효功效가 잘 드러나는 일화다.

또 다른 일화가 「순리열전」에 소개돼 있다. 이에 따르면 당시 초나라 백성들은 소위 비거庳車를 즐겨 탔다. '비거'는 바퀴가 작고 높이가 낮은 수레를 말한다. 초장왕은 수레가 낮아 말이 끌기에 불편하다고 생각해 곧 영을 내려 수레의 높이를 높이고자 했다. 손숙오가 건의했다.

"그런 영은 아무리 많이 내릴지라도 백성들이 따라야 하는 이유를 모르는 까닭에 효험을 볼 수 없습니다. 지금 대왕은 수레의 높이를 높이고자 합니다. 그렇다면 차라리 백성들에게 대문의 문지방을 높이도록 유도하십시오. 수레를 탄 사람들은 모두 지체가 높은 자들입니다. 이들은 번거롭게 여러 번 수레에서 내리는 것을 감당하지 못할 것입니다."

초장왕이 이를 허락했다. 과연 반년 만에 백성들 모두 스스로 수레의 높이를 높였다.

34 '품격이 있는 말'을 남겨라

가관계
可觀計

제갈량의 언설言說, 교령敎令, 서신書信, 상주문上奏文奏 가운데 볼만한
것이 많다. 별도로 하나의 문집인 『제갈씨집諸葛氏集』을 만들었다.

_ 「삼국지」「촉서, 제갈량전」

제갈량의 말과 글을 묶은 진수의 제갈량집

진수는 정사 『삼국지』를 편제하면서 제갈량이 생전에 남긴 말과 글
을 하나로 묶은 문집을 펴냈다. 그게 바로 『제갈량집』이다. 전해져
오던 도중에 일부 사라지기는 했으나 청나라 건륭제 때 장주가 편집
한 『제갈충무후문집』을 통해 그 일부를 엿볼 수 있다. 「제갈량전」에
따르면 진수는 『삼국지』를 저술하며 진무제 사마염에게 이같이 보
고했다.

"신은 전에 저작랑著作郞으로 있을 때 시중 영중서감 및 제북후 신
순욱, 중서령 관내후 신 화교가 상주해 신으로 하여금 촉한의 승상
제갈량의 고사故事를 정리하게 했습니다. 제갈량은 위기에 처한 나
라를 보필하고, 험한 땅을 등에 업고 위나라에 굴복하지 않았습니다.
오히려 그의 말을 기록해 놓고 욕되고 훌륭한 언행을 모두 전하고
있습니다. 이는 실로 대진大晉의 광명光明과 지덕至德이 두루 온 천하

제갈량처럼 앞서가라

에 미친 것으로 자고自古 이래 유례가 없던 일입니다. 중복되는 것은 삭제하고, 유사한 것은 하나로 모아 모두 24편篇으로 정리했습니다."

진수 역시 『삼국연의』의 저자 나관중 못지않게 제갈량을 한없이 존경했다. 다만 그는 정사 『삼국지』를 편찬하는 입장에 서 있었기 때문에 나관중처럼 임의로 얘기를 꾸며내지 못했을 뿐이다.

글과 말이 모두 뛰어났던 제갈량
진수가 『제갈량집』을 편제한 것은 기본적으로 제갈량의 말과 글이 뛰어났기 때문이다. 문집의 중요성을 통찰해서 통치의 참고자료로 진나라 조정에 제공한 것이다. 일찍이 위문제 조비는 문예이론 비평서인 저서 『전론』의 「자서自敍」에서 부친 조조를 이같이 칭송한 바 있다.

"시서문적詩書文籍을 좋아해 비록 군대 막사에 있을 때조차 손에서 책을 놓지 않았다."

삼국시대 당시 조조가 전쟁의 와중에도 책을 손에서 놓지 않는 모습을 보였다고 칭송한 것이다. 제갈량도 마찬가지였다. 『삼국지』 「촉서, 선주전先主傳」의 배송지 주에 인용된 제갈량의 문집인 『제갈량집諸葛亮集』의 일화가 이를 뒷받침한다.

"선주 유비가 임종 때 아들 유선에게 내린 유조에 이르기, '한가하면 제자백가서를 포함해 『육도』와 『상군서』 등을 읽도록 해라. 의지와 지혜를 넓히는데 도움을 줄 것이다. 승상이 이미 『한비자』와 『관자』, 『육도』 등의 필사를 끝냈다고 들었으나 아직 도착하지 않았다. 네가 다시 청해 통달할 때까지 열심히 읽도록 하라'고 했다."

　제갈량이 병가와 법가 서적을 열심히 필사하며 유비에게 그 요약본을 바쳤다는 사실을 알려준다. 『육도』는 태공망 여상이 쓴 것으로 알려진 병서이다. 여기의 도韜는 달빛 아래 칼을 갈며 은밀히 힘을 기르는 이른바 도광양회韜光養晦를 뜻한다. 『상군서』는 전국시대 중엽 진나라를 최강국으로 만든 법가사상가 상앙商鞅의 저서이다. 『상군서』를 관통하는 핵심어는 농전農戰이다. 평소 농사를 지으며 '부국'에 매진하다가 전시에 용사로 싸우며 '강병'에 헌신하는 것을 말한다. 제갈량이 북벌 때 병사들에게 전투에 임하며 농사를 짓는 이른바 둔전屯田을 실시한 것도 『상군서』를 숙독한 결과다.

전장에서도 손에서 책을 놓지 않았던 조조와 제갈량

역대 제왕 가운데 '수불석권'의 모습을 보인 사람은 그리 많지 않다. 역대 왕조에서 위무제 조조와 당태종 이세민, 청세종 강희제 등을 꼽을 수 있다. 현대에 들어와 『자치통감』을 17번 통독한 '신 중화제국'의 창업주인 모택동도 유사한 행보를 보인 인물에 속한다. 주목할 것은 이들은 모두 1인자 리더십을 발휘한 제왕의 자리에 있었던 점이다. 중국의 전 역사를 통틀어 재상의 자리에 있는 2인자가 이런 모습을 보인 경우는 드물다.

지금도 마찬가지지만 오랫동안 세계 1위의 부자로 군림하고 있는 빌 게이츠도 이렇게 말했다.

"오늘 나를 있게 한 것은 우리 마을 도서관이었고, 하버드 졸업장보다 소중한 것이 독서하는 습관이었다."

손에서 책을 놓지 않았던 제갈량이 지혜와 신의의 화신으로 존경받는 까닭은 그가 남긴 아름다운 글과 말들에서 비롯된 것임은 두말할 나위 없는 사실이다.

35 '근검하고 절약'하라

불별계
不別計

당초 제갈량 자신이 죽기 직전 유선에게 표문을 올려 이같이 말한 바 있다.

"성도成都에는 뽕나무 800주株, 척박한 밭인 박전薄田 15경頃이 있습니다. 자제子弟의 의식衣食으로는 충분히 공급하고도 남습니다. 신이 밖에서 임무를 수행할 때는 특별히 조달할 필요도 없었고, 몸에 필요한 의식은 모두 관부官府에서 지급해 주었습니다. 달리 생업을 영위하는 치생治生을 통해 척촌尺寸의 재산이라도 늘릴 필요가 없었던 이유입니다. 신이 죽었을 때 안으로 남는 비단이 있거나, 밖으로 여분의 재산이 있거나 하여 폐하의 은총을 저버리는 일은 없을 것입니다."

제갈량이 죽은 후 보니 과연 말한 그대로였다.

_「삼국지」 「촉서, 제갈량전」

평생 근검절약하고 죽어서도 유언으로 남긴 제갈량

제갈량이 임종 직전에 올린 표문을 보면 그가 평생 근검한 삶을 영위했음을 알 수 있다. '성도에는 뽕나무 800주, 척박한 밭인 박전 15경이 있어 척촌尺寸의 재산이라도 늘릴 필요가 없었다.'고 언급한 대목이 이를 뒷받침한다.

제자백가 가운데 상업의 흥기를 통해 부국강병을 달성하고자 한 인물이 바로 지금의 비즈니스 스쿨에 해당하는 이른바 상가商家를 창시한 관중이다. 그는 재화의 원활한 유통과 부의 확산을 위해 사

제갈량처럼 앞서가라

치를 권장하기 했다. 제자백가 가운데 유일하게 상업의 중요성을 역설한 배경이이다. 그는 말업末業으로 천시된 상업이 본업本業인 농업의 토대라는 과감한 주장을 펼쳤다. 이를 뒷받침하는『관자』「치미」의 해당 구절이다.

"크게 소비하는 치미侈靡보다 나은 계책이 없다. 실용적인 재화를 천시하고 먹거나 입을 수 없는 비실용적인 재화를 중시하면, 능히 사람들을 새롭게 변화시킬 수 있다. 곡식을 천시하며 주옥을 중시하며, 예악을 애호하고 생산을 경시하는 것이 본업인 농업을 발전시키는 첫 걸음이다. 진주는 음기인 물속의 양물陽物로 불을 이긴 물의 산물이고, 옥은 양기인 산속의 음물陰物로 물을 이긴 불의 산물이다. 자연산물에 드러나는 음양의 조화가 이처럼 신령하기만 하다. 천자가 주옥, 제후가 금석金石, 대부가 구마狗馬, 백성이 포백布帛을 저장하거나 기르는 것도 같은 이유다. 이같이 하지 않으면 강자는 힘으로 이를 손에 넣고 지자智者는 지략으로 이를 수집한 뒤 가격을 조종해 귀한 것을 천하게 만들고, 천한 것을 귀하게 만들어 버린다. 그 경우 홀아비와 과부, 독신자, 노인 등은 살아갈 길이 없게 된다. '치미'는 천하의 부를 고루 나누는 균부均富의 시작이다."

『관자』를 관통하는 기본이념인 '균부'가 크게 소비하는 '치미'에서 시작하고 있다. 중농을 역설한 맹자 등의 유가사상과 정면으로 배치된다.『관자』「치미」의 이런 이념을 그대로 좇은 것이 바로 사마천의『사기』「화식열전」이다. 관자를 상가商家의 효시, 사마천을 상가 이론의 집대성자로 간주하는 이유다. 중국의 역대 왕조 가운데 관자의 '치미' 정신을 가장 완벽하게 실천한 인물로 북송의 정치가 범중엄范仲淹을 들 수 있다. 1세대 가량 뒤에 활약한 같은 북송대의 심괄沈括이 쓴 『몽계필담夢溪筆談』에 이를 뒷받침하는 일화가 나온다. 해당대목이다.

"황우 2년인 1050년, 오주吳州 일대에 큰 기근이 들었다. 당시 절서浙西 지역을 다스리던 항주지주杭州知州 범중엄은 명을 내려 구제 양곡을 널리 나눠줬다. 백성들을 장려해 알곡을 저장하게 하는 등 여러 대책을 강구했다. 당시 오주에는 경정競艇을 즐기는 풍속이 있었다. 오주 사람들 모두 불교를 숭상했다. 범중엄은 경정을 장려했다. 친히 구경을 나가 술을 마시며 함께 즐기곤 했다. 고장 백성들 모두 남녀노소 불문하고 봄부터 여름까지 호수에 나와 경정을 구경했다. 범중엄은 각 사원 주지들을 소집해 기황이 든 해는 품값이 제일 싼 때이니 이런 때 토목공사를 하면 좋을 것이라고 권했다. 그의 권유로 각 사원 모두 인부를 써 토목공사를 시작했다. 그는 인부들을 고용해 관가의 창고나 역리의 집을 짓게 했다. 매일 고용한 인부 수가 1천 명을 넘었다. 마침 이때 조정에서 감찰을 나왔다. 범중엄이 기근이 든 해에 국가 재정을 탕진하고, 백성들의 경정을 장려하고, 주지를 부추겨 토목공사를 벌인 것을 못마땅하게 생각했다. 범중엄을 탄핵하는 상주문을 올리자 범중엄도 자신을 변호하는 상주문을 올렸다. 여기서 고하기를, '신이 백성들로 하여금 경정을 하도록 하고 사원과 관가에서 토목공사를 벌이게 한 것은 다른 목적이 있어 그런

제갈량처럼 앞서가라

게 아닙니다. 백성들에게 돈을 벌어 기근을 이겨내도록 독려코자 그런 것입니다. 그래야 부자들은 돈을 내고, 가난한 자는 품을 팔아 식량을 살 수 있지 않겠습니까? 이 방법으로 일을 할 수 있는 사람이 매일 1만 명이 넘습니다. 기근이 든 해에 백성을 위한 조치로 이보다 더 중요한 것이 또 있겠습니까?'라고 했다."

소비를 진작시키는 것은 관리가 아니라 백성에게

범중엄이 의도적으로 『관자』 「치미」에서 역설한 '균부' 차원의 사치성 소비 행보를 보인 것을 알 수 있다. 백성의 경정을 장려하고, 함께 술을 마시고, 대대적으로 토목공사를 벌린 이유를 쉽게 짐작할 수 있다. 그 효과가 자못 컸다. 자연재해를 입은 지역 가운데 범중엄이 사치성 소비를 유도한 항주 일대만 평온했던 게 이를 뒷받침한다. 그가 「악양루기岳陽樓記」에 천하가 걱정하기에 앞서 걱정하고, 천하가 즐거워한 연후에 즐거워한다는 뜻의 '선선하지우이우先天下之憂而憂, 후천하지락이락後天下之樂而樂'을 쓴 배경을 알 수 있다. 천고의 명구인 이 구절은 줄여서 선우후락先憂後樂 성어로 자주 사용된다. 『관자』 「치미」가 부자의 사치스런 소비가 빈자의 일자리를 만들어낸다고 언급한 근본취지가 여기에 있다. 범중엄은 그 요체를 통찰한 셈이다.

주목할 것은 『관자』 「치미」가 일반 백성을 대상으로 사치스런 소비를 권장한 점이다. 관원을 대상으로 사치성 소비를 권한 적이 없다. 오히려 그렇게 했다가는 나라가 부정부패로 인해 패망하고 만다.

『관자』「치미」가 일반 백성의 '치미'를 언급한 것은 백성의 이익 균점均霑 내지 일자리 창출 차원에서 나온 것이다. 결코 국가의 기본적인 경제정책으로 삼아도 된다고 언급한 게 아니다.

『관자』가 시종 군주를 비롯한 위정자의 근검행보를 역설한 것과 하등 모순될 게 없다.

사서에 나오는 근검절약의 대표적인 사례로 춘추시대 말기 제나라 재상을 지낸 안영晏嬰을 들 수 있다. 그는 여우 가죽으로 만든 웃옷인 호구狐裘 한 벌을 30년 동안이나 입었다. 여기서 안영호구晏嬰狐裘 성어가 나왔다. 검박한 모습으로 맡은 바 직무를 성실히 수행하는 고관대작의 바람직한 자세를 뜻한다. 『사기』「관안열전」에 이를 뒷받침하는 대목이 나온다.

"안영공은 제영공과 제장공 및 제경공 등 3대를 모시면서 검약한 모습으로 집무했다. 재상의 자리에 올랐는데도 밥상에 2가지 이상의 고기반찬인 중육重肉을 올리지 않고, 처첩에게는 비단옷을 입지 못하게 했다. 조정에서 논의 도중 군주의 입에서 자신에 관한 얘기가 나오면 늘 겸양하며 자신의 공을 언급치 않았고, 그렇지 못할 때는 더욱 분발해 질책이 떨어지지 않도록 조심했다. 나라에 도가 통할 때는 군명을 충실히 좇았고, 도가 통하지 않을 때는 가부를 잘 판단해 할 만한 것만 좇았다. 이에 제후들 사이에 명성을 크게 떨치게 됐다."

춘추시대 중엽 초장왕 때 재상을 지낸 손숙오는 비록 제갈량처럼 자신의 사후 안으로 남는 비단이 있거나, 밖으로 여분의 재산이 있거나 하는 일이 없을 것이라고 말하지는 않았으나 제갈량과 유사한 행보를 보였다. 『열자』 「열부」에 이를 뒷받침하는 일화가 나온다. 손숙오가 마침내 병이 들어 죽게 되자 자식을 불러 놓고 이같이 훈계했다.

"대왕이 나에게 자주 봉지를 내리려고 했으나 내가 이를 받지 않았다. 내가 죽게 되면 대왕이 곧 너희에게 봉지를 내리려 할 것이다. 이때 너는 미지美地 명성이 높은 땅를 받지 않도록 해라. 초나라와 월나라 경계의 동쪽 변경 침구寢丘 땅은 악명이 높은 땅이다. 그곳에 사는 초나라 사람들은 귀신을 믿는 까닭에 이를 시샘하지 않을 것이고, 이웃한 월나라 사람들은 이를 욕심내지 않을 것이다. 오래도록 차지할 수 있는 땅은 오직 그곳뿐이다."

손숙오가 이내 숨을 거두자 과연 초장왕은 그의 자식에게 '미지'를 봉지로 내리려고 했다. 이를 극구 사양하며 침구 땅을 내려줄 것을 청하자 초장왕이 들어주었다. 「열부」편의 이 일화가 회자하면서 이후 이를 근거로 한 많은 일화가 만들어졌다. 『여씨춘추』는 이같이 기록해 놓았다.

"초나라는 공신에게 봉지를 내린 후 2대가 지나면 거둬들인다. 그러나 오직 침구 땅만은 빼앗지 않았다."

기본적으로 손숙오처럼 시종 이타적이며 청검한 삶은 산 사람이 자신의 사후 자식이 먹고 살 것을 염려해 이런 '꼼수'를 부렸다는 것 자체가 모순이다. 후대인이 만들어낸 허구일 공산이 크다. 그럼에도 사마천이 활약하는 전한 초기에는 이 일화가 사실처럼 유포됐다. 게다가 온갖 살이 붙어 손숙오를 꼼수나 부리는 소인배로 만들어 놓았다. 대표적인 게 바로 『사기』「골계열전滑稽列傳」에 수록된 소위 '우맹의관優孟衣冠' 일화이다.

　이에 따르면 당시 초나라에 우맹優孟이라는 유명한 배우가 있었다. 그는 풍자에 매우 능했다. 손숙오가 죽기 직전 아들을 불렀다.
　"내가 죽으면 너는 필히 빈곤해질 것이다. 훗날 우맹을 찾아가 만나게 되면 나의 자식이라고 말하도록 해라."

　몇 년 뒤 아들이 극히 궁핍한 생활을 하던 중 우맹을 만나게 됐다.
　"저는 손숙오의 아들입니다. 부친이 임종 때 빈곤에 빠지면 우맹을 찾아가라고 말씀하셨습니다."
　"잘 알았다. 잠시 동안 멀리 가 있지 않도록 해라."

　이해 말, 우맹이 손숙오의 의관을 걸치고 초장왕을 찾아가 손숙오의 표정과 동작을 흉내 냈다. 초장왕이 크게 놀라 술상을 차리게 했다. 우맹이 초장왕에게 헌수獻壽하자 초장왕은 손숙오가 다시 살아온 것으로 생각해 곧 우맹을 재상으로 삼으려고 했다.
　우맹이 말했다.

　　　　　　　　　　　　　　　　　　　제갈랑처럼 앞서가라

"청컨대 집에 돌아가 안사람과 상의했으면 합니다. 3일의 말미를 주십시오."

3일 뒤 우맹이 다시 왔다. 초장왕이 말했다.

"부인이 뭐라고 했소?"

"안사람은 할 바가 못 된다고 했습니다. 손숙오는 생전에 청렴하게 살면서 내정을 다스리고 초왕을 패자로 만들었건만 사후에 그 자식은 땔감을 져다 팔아 겨우 풀칠을 할 정도로 빈곤하게 지내고 있다는 게 이유입니다."

이어 이런 노래를 불렀다.

산속에 살며 고생스레 밭을 갈지라도 입에 풀칠하기 힘들다네!
관원이 돼 탐오한 짓으로 치부하는 건 치욕을 생각하지 않기 때문이네!
법에 걸려 몸이 죽고 일족이 멸하니 어찌 탐리貪吏가 될 수 있나?
법을 지키며 열심히 일할지라도 어찌 염리廉吏가 될 만한 일인가?
손숙오는 청렴했건만 처자식이 헐벗고 있으니 이 어찌 할 일인가?

이에 초장왕이 곧바로 손숙오의 자식을 불러 침구 땅을 봉지로 내렸다. 「골계열전」은 마지막 대목을 이같이 기록해 놓았다.

"초장왕이 침구 땅과 4백 호를 내리면서 대대로 손숙오를 제사지내게 했다. 이후 10대가 지나도록 제사가 그치지 않았다."

청백리의 근본 - 대를 이어 청렴하라

청대 말기의 대표적인 청백리인 임칙서林則徐는 자식이 유능할 경우 재물이 많으면 오히려 분발하고자 하는 의지가 손상되기 쉽고, 무능한데 재물까지 많으면 오히려 잘못만 늘어날 뿐이라며 유산상속을 극도로 경계했다. 그는 안영 내지 손숙오의 삶을 살고자 했는지도 모른다.

원래 청검한 삶을 산 사람이 자식에게 재물을 넘겨주려고 의도하는 것 자체가 비루한 짓이다. 제갈량이 임종 직전에 표문을 올려 자신의 사후 '안으로 남는 비단이 있거나, 밖으로 여분의 재산이 있거나 하여 폐하의 은총을 저버리는 일은 없을 것이다.'라고 언급한 것도 이런 맥락에서 이해할 수 있다. 청렴한 이미지로 출세한 사람이 은밀히 축적한 재산을 자식에게 빼돌려 물의를 빚는 일이 비일비재한 오늘의 상황에서 왜 역사 속의 제갈량이 더욱 생생하게 다가오는지 그 이유가 확연해진다.

임칙서 林則徐 1785~1850
중국 청나라 말기의 정치가
중화사상에서 벗어나 '세계로 시야를 넓힐 것'을 외친 최초의 지식인

36 '마지막을 잘 관리'해야 한다

용관계
容棺計

제갈량은 임종할 때 한중의 정군산定軍山에 묻도록 유언했다. 산에 의
지해 봉분을 만들고, 무덤의 크기는 관을 넣을 정도로 하고, 염할 때는
평소 입던 옷인 시복時服으로 하고, 기물器物은 쓰지 못하게 했다.

_ 「삼국지」「촉서, 제갈량전」

오장원에서 최후를 마친 제갈량

제갈량은 지금의 섬서성 미현과 기산현의 경계인 오장원五丈原에서
진몰했다. 오장원은 현재 섬서성 기산현의 남쪽 20킬로미터 지점에
있다. 이 지역은 폭이 약 1킬로미터에 길이는 약 5킬로미터에 달하
는 산간의 평원지대이다. 북쪽으로 위수에 접하고 남쪽으로 태백산
太白山에 가깝고, 동쪽은 깊은 계곡으로 이어져 있는 까닭에 예로부
터 병가필쟁兵家必爭의 땅으로 여겨진 곳이다.

제갈량이 묻힌 곳은 한중의 정군산定軍山이다. 당시 한중군 면양현
내에 있었다. 면양의 현성은 한고조 때 승상인 소하가 쌓았다고 전
해진다. 면양현의 관할 구역은 현재의 섬서성 면현과 거의 일치한다.
정군산은 면현의 현성 남쪽 10여리 지점에 있고, 제갈량의 묘가 그
곳에 있다. 섬서성이 문화재로 지정해 놓았다.
정군산 양쪽의 봉우리에 끼어 산 정상은 완만한 경사로 이뤄져 있

374

제갈량처럼 앞서가라

다. 군사 1만 명 가량을 주둔시킬 수 있어 정군산定軍山이라는 이름이 붙게 되었다고 한다. 제갈량의 묘는 지금도 잘 보존되어 있다. 묘 앞에는 명나라 만력 22년인 1594년에 세워진 '한승상 제갈무후지묘'라고 쓰인 석비와 청나라 옹정 13년인 1735년에 세워진 '한 제갈무후지묘'라는 석비가 나란히 서 있다.

그간 제갈량이 왜 전쟁이 벌어진 정군산에 묻히기를 원했는가 하는 문제를 놓고 여러 해석이 나왔다. 혼령이 되어서라도 촉한을 지키려 했다는 주장이 오랫동안 통용됐다. 실제로 제갈량 묘의 본전 정면에 걸려 있는 무명씨의 대련對聯이 이를 웅변한다.

살아서는 유씨를 일으켜 한나라 왕업을 받들고 生爲興劉尊漢業
죽어서는 촉한을 지키기 위해 정군산에 묻히다 死猶護蜀葬軍山

이 대련은 제갈량의 충의를 잘 드러내고 있어 21세기 현재도 널리 회자하고 있다. 그러나 최근에는 제갈량이 자신에게 쏠리는 여러 의혹을 피하기 위해 정군산에 묻히기를 원했다는 주장이 널리 받아들여지고 있다. 논거는 다음과 같다.

"당시 제갈량은 커다란 권력을 한 몸에 지니고 있었기 때문에 의혹의 눈길이 많았다. 조그마한 것에도 주의를 기울인 제갈량이 이를 눈치 채지 못했을 리 없다. 이런 유언을 남기게 된 것도 사후에 유선 및 여러 신하들에게 의심을 받지 않으려는 계산이 있었을 것이라는 사실이다."

제갈량 사망 당시 추모하는 백성들이 모두 그의 사당을 세우고자 했을 때 촉한의 조정이 이를 수용하지 않은 사실이 이런 주장을 뒷받침한다. 제갈량은 죽을 때 남에게 털어놓지 못한 나름대로의 고충이 있었을 것이라는 추론이 가능하다.

그러나 이에 대한 반론도 만만치 않다. 사후에 자신에게 쏠릴 의혹을 회피하기 위해서라기보다는 현실적으로 정군산에 묻힐 수밖에 없는 불가피한 상황이 존재했다는 주장이 그렇다. 논거는 이렇다.

"제갈량의 죽음은 급작스러운 것이었다. 당시 강유나 비의 등이 아무 일도 없었던 것처럼 전군을 침착하게 후퇴시키는 일은 불가능했다. 사마의는 이미 제갈량의 죽음을 알고 대군을 이끌고 추격해 왔고, 촉군 내부에서도 의견이 일치되지 않았다. 게다가 촉으로 돌아가는 길은 험난했다. 그런 상황에서 제갈량의 관을 성도까지 무사히 호송한다는 보장도 없었다. 가까운 장소에 묻는 것이 가장 좋은 선택이었을 것이다. 제갈량 역시 죽을 때 자신을 정군산에 장사지낼 경우 철군에 따르는 손실을 최대한 피할 수 있고 철군시간도 확보할 수 있다는 점을 고려했음에 틀림없다."

평소 입던 옷으로 염을 하고, 무덤의 크기는 작게 하라

제6차 북벌 당시의 상황을 고려할 때 이게 가장 설득력이 있다. 특히 제갈량이 자신을 염할 때는 평소 입던 옷時服으로 하고, 무덤의 크기는 관을 넣을 정도로 작게 만들라고 당부한 점에 비추어 볼 때 더욱 그렇다. 비록 죽을 때의 상황은 다르기는 하나 조조가 죽을 때 자신

제갈량처럼 앞서가라

을 염할 때 평상복時服을 쓰고, 금옥진보金玉珍寶는 묘에 넣지 말라고 당부한 것과 취지를 같이한다. 사자死者에 대한 겉치레의 융숭한 장례로 인해 살아 있는 사람들에게 폐를 끼칠까 염려한 것이다. 특히 제갈량의 경우는 자신의 죽음으로 인해 살아 있는 장병들이 사마의 군사의 추격에 의해 '떼죽음'을 당할 수도 있었다. 병사들을 사랑하는 애사심愛士心에서 이런 유언을 남겼을 가능성이 매우 크다.

제갈량의 죽음을 애도하는 촉한의 백성들

실제로 당시 촉한의 백성들치고 그의 죽음을 애도하며 슬픔에 빠지지 않은 사람이 없었다. 후주 유선도 제갈량이 죽음을 애도하는 글을 내리지 않을 수 없었다. 「제갈량전」에 소개된 내용은 이렇다.

"그대는 문무의 재능을 몸에 갖추고, 밝은 지혜와 독실한 성의를 明睿篤誠을 지니고, 선제의 탁고託孤 유명遺命을 받아 짐을 바로잡고 보완하는 작업輔을 행하고, 끊어질 듯 쇠미해진 한나라 황실을 잇게 해 흥성케 만들고, 어지러운 세상을 평정靖亂하는 의지를 지니고 있었다. 이에 6사六師를 정비하고, 북정에 나서지 않은 적이 없고, 귀신 같은 무예인 신무神武를 혁혁히 빛내고, 위엄으로 온 세상인 8황八荒을 진무鎭撫하고, 촉한 건립의 특별한 공을 세웠다. 이윤伊尹과 주공周公의 거대한 공훈인 거훈巨勳과 나란히 하게 됐다. 어찌 하늘이 애민哀愍하며 비호하지 않는 것인가, 대업이 완성될 무렵 문득 병을 얻어 운상隕喪하게 됐다! 짐은 상도傷悼하여 간심肝心이 찢어질 듯하다. 무릇 덕을 숭상하고 공을 평가하고 생전의 행적에 따라 시호를 내리는 것은 장래를 밝게 빛내고, 사서에 기록해 명성이 불후不朽케 하려는 것이다. 지금 좌중랑장左中郞將 두경杜瓊에게 명해 사지절使持節의 사자로 가서 승상에게 무향후武鄕侯의 인수印綬를 전하고, 군군君에게 충무후忠武侯의 시호를 내리도록 한다. 혼령이 있으면 이런 총영寵榮을 가상해할 것이다. 오호嗚呼 애재哀哉! 오호 애재라!"

제갈량의 생전 행보에 대한 칭송지만, 실제로 그의 죽음을 애통해하는 사람들은 따로 있었다. 제갈량에게 배척을 당해 문산汶山으로 유배가 있던 요립廖立이 대표적이다. 그는 제갈량의 사망소식을 듣고는 이내 눈물을 흘리며 이같이 말했다.

"나는 끝내 좌임左袵이 되고 말겠구나!"

'좌임'은 원래 『논어』 「헌문」에 나오는 말로 북쪽 이민족이 중원과 정반대로 옷을 왼쪽에서 여미는데서 나온 말이다. 이에 따르면 하루는 수제자 자공子貢이 공자에게 말했다.
"관중은 인자仁者가 아닌 듯합니다. 제환공이 공자 규糾를 죽일 때 주군인 공자 규를 좇아 죽지 못하고 나아가 제환공을 섬긴 게 그렇습니다."

공자가 반박했다.
"관중이 제환공을 도와 제후들을 호령하는 패제후覇諸侯를 하고 일거에 천하를 바로잡은 일광천하一匡天下를 이뤘다. 덕분에 중원의 백성들이 지금까지 그 혜택을 받고 있다. 관중이 없었다면 우리는 머리를 풀고 옷깃을 왼편으로 여미는 피발좌임被髮左衽의 오랑캐가 되었을 것이다. 어찌 필부필부匹夫匹婦가 소절小節을 위해 스스로 도랑인 구독溝瀆에서 목매고 죽어 알아주는 사람조차 없는 경우와 같을 수 있겠는가!"

관중의 패업霸業을 높이 평가한 것이다. 요립이 '좌임' 운운한 것은 바로 「헌문」에 나오는 '피발좌임'에서 차용한 것이다. 그가 말한 '좌임'은 이제 끝내 등용되지 못하고 일개 산야의 평민으로 살아가야만 하는가 하는 탄식의 의미를 지니고 있다. 요립은 유비가 형주를 다스릴 때 초빙되어 종사로 임명되었고 30세 이전에 장사태수로 발탁되었다. 유비가 촉으로 들어가고 제갈량이 형주를 지키고 있을 때 손권이 사자를 보내 우호의 뜻을 전하면서 촉한의 선비들 가운데 누가 동량지재棟梁之材인지 물었다. 당시 제갈량은 이같이 대답했다.

"방통과 요립은 형초荊楚의 우수한 인재로, 후세에 전해질 제왕의 사업을 보좌해 일으킬 수 있는 자들입니다."

'형초'는 형주를 뜻하는 말이다. 제갈량이 요립을 방통 수준으로 높이 평가했음을 알 수 있다. 후에 손권이 여몽을 파견해 장사와 영릉 및 계양을 급습케 하자 요립은 급히 탈출해 유비가 있는 곳으로 갔다. 유비는 평소 그를 잘 알고 있었으므로 심히 문책하지 않고 곧 파군태수로 보냈다. 이후 유비는 한중왕이 되자 요립을 불러 시중으로 삼았다. 유선이 제위를 계승한 뒤에는 장수교위로 전임되었다.

요립은 평소 자신의 재기와 명성이 모두 제갈량에 버금간다고 생각하고 있었다. 그래서 늘 자신의 직위가 낮은 것에 불만을 품고 있었다. 장수교위라는 한직으로 밀려나 이엄 등의 밑에 있게 되자 원망을 품고 비방하기를 그치지 않았다. 한번은 승상부의 속리인 이소李邵와 장완이 오자 이같이 말했다.

"전에 선주는 한중을 손에 넣지 못한데다 오나라와 남쪽의 3개 군을 놓고 다퉜지만 결국 오나라에게 빼앗기고 헛되이 관원과 병사들을 수고롭게 했을 뿐이오. 또 한중을 잃고 하후연夏侯淵과 장합으로 하여금 파군으로 깊숙이 들어오게 하여 거의 1개 주州를 잃을 뻔했소. 후에 한중으로 진군하면서 관우를 죽게 한 것은 물론 한 사람의 생존자도 없게 만들었소.

관우는 자신의 용맹과 명성만을 믿고 멋대로 병사들을 인솔하여 자신의 기분에 따라 돌발적으로 공격하다가 무수한 병사들을 잃었소. 관우 또한 상랑向朗처럼 평범한 인간에 불과했을 뿐이오. 상랑은 이전에 마량 형제를 숭상해 그들을 성인이라고 불렀으니 현재 장사가 된 것은 실로 그의 그릇에 부합하는 일이오."

상랑은 젊었을 때 사마휘司馬徽를 스승으로 모시면서 서서 및 방통 등과 교유했다. 후에 유표 밑에 있다가 다시 유비에게 의탁해 파서태수와 장가태수 등을 역임했다. 제갈량이 남정에 나섰을 때에는 후방에서 군무를 처리했다. 제갈량의 북방 때 역시 함께 한중에 도착해 일을 처리했다. 그는 평소 마속과 친하게 지냈다. 후에 제갈량의 첫 번째 북벌 당시 마속이 기산에서 패배해 도주해 오자 이를 알고도 그를 검거하지 않았다. 이로 인해 제갈량으로부터 질책을 당한 뒤 관직을 박탈당했다. 오랜 시간이 지난 후 광록훈이 되어 관직에 복귀했다. 제갈량 사후 좌장군이 되었다. 이후 그는 고전연구에 열중해 당시 가장 많은 책을 소장하고 있었다. 빈객접대와 후학교육에 전념하여 큰 칭송을 받았다.

요립이 유비와 관우 및 상랑 등을 사정없이 폄하하자 이소와 장완이 이를 전부 제갈량에게 그대로 전했다. 그러자 제갈량이 이런 상소문을 올려 요립을 탄핵했다.

"장수교위 요립은 공연히 앉아서 자신을 높이며 국가가 현량한 인물을 뽑지 않고 범용한 자를 임용한다고 비난했습니다. 만인을 이끄는 장상將相을 모두 소인으로 매도한 게 그렇습니다. 이는 선제를 비방하고 여러 신하들을 헐뜯고 명예를 훼손한 것입니다. 그가 이같이 한 행동은 이루 수를 헤아릴 수 없을 정도로 많습니다. 선한 양이 무리를 어지럽히며 해를 끼칠 수 있습니다. 하물며 요립은 높은 지위에 있어 일반 관원인 중인中人 이하는 그가 말한 내용의 진위를 식별할 수 없으니 그 폐해를 상상하기조차 어렵습니다."

제갈량의 죽음을 깊이 슬퍼한 요립과 이평

유선이 곧 요립을 변경인 문산으로 유배 보냈다. 요립은 처자식을 데리고 농경에 종사하며 스스로 생계를 꾸려나가다가 제갈량이 죽었다는 소식을 듣고 이내 자신을 알아줄 사람이 없음을 한탄해 이같이 말한 것이다. 후에 강유가 군사를 이끌고 문산을 통과해 요립이 살고 있는 곳으로 찾아갔는데 요립은 의기가 쇠하지 않았고 논의하는 것도 진정 자연스러웠다. 요립은 유배지에서 생을 마쳤다.

요립 이외에도 제갈량이 살아 있을 당시 군량운송에 차질을 빚어 유배가 있던 이평李平 역시 제갈량의 사망소식을 듣고는 이내 병이 들어 죽고 말았다. 이평의 원래 이름은 이엄李嚴이다. '이평'으로 개명한 것은 제갈량의 신임에 부응해 위나라를 평정하는데 일조한다는 취지에서 나온 것이었다. 제갈량이 다시 자신을 불러줄 것으로 생각하고 과거의 미흡했던 점을 보완하며 노력해 왔는데 앞으로는 아무도 자신을 써줄 사람이 없을 것으로 생각했기 때문이었다. 이를 두고 습착치習鑿齒는 후한에서 서진까지의 역사를 기록한 『한진춘추漢晉春秋』에서 이같이 평해 놓았다.

"예전에 관중은 백씨伯氏가 병읍騈邑에 가지고 있는 식읍 3백호를 빼앗았다. 그러나 백씨는 죽으면서도 관중에 대해 아무런 원망을 하지 않았다. 성현은 이것이 매우 어려운 일이라고 했다. 제갈량은 죽으면서 요립을 울게 했고, 이병을 발병하여 죽게 만들었다. 어찌 단지 원언怨言이 없는 것에 그쳤을 뿐이겠는가? 무릇 물이 지극히 고요하면 이를 통해 악한 사람이 뉘우치게 되고 거울이 지극히 맑으면 추한 사람이 화내는 것을 잊게 된다. 고요한 물과 맑은 거울인 수감水鑑이 능히 만물의 실체를 드러내고도 원한을 사지 않는 것은 오직 무사無私하기 때문이다. 수감은 사사로움이 없기에 가히 비난을 피할 수 있는 것이다. 하물며 대인군자가 중생을 널리 사랑하는 마음

제갈량처럼 앞서가라

을 품고 백성들을 긍휼히 여겨 용서하는 덕을 베풀 때야 더 이상 말해 무엇 하겠는가? 법은 부득이 할 때에 집행되었고 형은 스스로 범한 죄에만 더해졌으며 작상爵賞에는 사사로움이 없었고 주벌誅罰에 노여움이 없었으니 천하에 과연 복종하지 않을 자가 있었겠는가?"

대공무사大公無私의 삶을 살다 간 제갈량을 극찬한 것이다. 제갈량의 탄핵으로 인해 유배를 가 있던 요립과 이평이 제갈량의 죽음을 슬퍼한 것은 무덤의 크기를 관을 넣을 정도로 작게 만들 것을 당부한 제갈량의 '대공무사' 행보에 경의를 표한 것이다.

~~~~~~

니체는 "어떤 이들은 죽은 후에야 비로소 태어난다"고 했는데 제갈량의 죽음은 그에 해당한다고 할 수 있다. 제갈량이 죽은 지 2천 년이 다 되어 가지만 중국은 물론이고 아시아 전역에서 아직도 그를 흠모하고 존경한다. 제갈량은 살아서는 1인자를 보좌하는 2인자의 역할을 평생에 걸쳐 충실하게 수행했다. 그러나 이제는 위대한 2인자가 아니라 1인자보다도 뛰어난 지혜의 신이자 인간적 신의의 최고봉으로 평가받고 있는 것이다.

저자의 말

　『춘추좌전』과 쌍벽을 이루며 '춘추외전春秋外傳'으로 불리는 『국어
國語』에 대해 21세기 현재까지 최고의 주석을 단 것으로 칭송을 받고
있는 삼국시대 동오의 위소韋昭는 저서 『오서吳書』에서 제갈량의 집
안을 간략히 언급한 바 있다.

　이에 따르면 제갈량의 선조는 지금의 산동성 낭야 제현에 거주하
면서 단지 갈씨葛氏라고 불리고 있었는데 후에 양도로 이주하면서
현지의 갈씨와 구별하기 위해 제갈씨諸葛氏로 불리게 됐다고 한다.

　이후 제갈씨는 역사책에 이름을 남길 만한 인물을 배출하지 못했
다. 제갈씨가 역사에 등장하는 것은 제갈량이 등장한 이후이다. 위나
라와 오나라에서 벼슬하여 입신출세한 제갈씨가 많다는 것은 그의
집안이 당시 명망 있는 집안으로 여겨졌음을 반증하는 것이다.

　　　　　　　　　　　　　　　　　　　　제갈량처럼 앞서가라

제갈량의 소년시절은 그다지 행복했다고 할 수 없다. 어릴 때 잇따라 부모를 여의고 뒤를 돌봐주던 숙부 제갈현마저 세상을 뜨자 융중이라는 곳에 초막을 짓고 주경야독을 한 것이다. 제갈량의 부친 제갈규에 대해서는 그가 후한 말기에 태산군승이 되었다는 것 외에는 아무것도 알려져 있지 않다. 장남인 제갈근은 제갈량보다 7세 위였고 나중에 오나라에서 대장군과 주목의 자리까지 올라갔다. 차남이 바로 제갈량이다. 막내인 제갈균은 촉한에서 장수교위를 지냈다.

결정적으로는 소설 『삼국연의』의 영향으로 제갈량은 오랫동안 신비스런 인물로 여겨져 왔다. 그러나 이제는 신비스러움을 거두어내고 사실적인 모습으로 환원시켜 있는 그대로의 모습을 통해 경의를 표하는 게 옳다. 제갈량은 삼고초려와 융중대隆中對가 사실이라고 해서 더 높이 평가되는 것도 아니고, 그런 일이 없었다고 해서 폄훼될 인물도 아니다.

진수는 『삼국지』 「촉서, 제갈량전」에서 '삼고초려' 및 '융중대'를 역사적 사실로 받아들이면서도 이런 사평을 덧붙여 놓았다.

"제갈량의 무재武才는 군사를 정비하는 치융治戎에는 장점이 있었으나 기발한 모의인 기모奇謀에는 단점이 있었고, 백성을 다스리는 재간인 이민지간理民之幹이 장수로서의 지략인 장략將略보다 뛰어났다."

제갈량은 언제나 어려운 상황 속에서도 목숨을 걸고 올바른 대의를 실천해 나갔다. 27세에 유비를 만나 이듬해 손권과 연합해서 적벽대전을 승리로 이끌고 삼국정립의 기초를 만들었다. 그후 언제나 최적의 파트너 유비의 2인자로서 조직의 안정과 발전을 위해 노력하였다. 그리고 유비가 죽고 난 후에는 위나라를 공격하기 위한 '육출기산'을 단행하면서 척박하고 어려운 환경 속에서도 촉한의 군사와 자원을 활용해서 다섯 차례나 위나라 깊숙이 들어가는 전과를 올리기도 했다. 비록 실질적으로 위나라에 큰 타격을 주지는 못했지만 '목우유마'나 '연노'와 같은 창조적 발상을 하기고 했고, 어린 황제가 즉위한 촉한의 안정에 기여했다.

　때문에 제갈량은 죽은 지 1,700여년이 지났지만 그의 무덤은 지금도 잘 보존되고 있다. 100년도 이어가지 못했던 나라의 황제도 아니고 승상(재상)이었을 뿐인 제갈량이 당대의 그 누구보다도 지금까지 최고의 존경과 추앙을 받고 있는 것이다. 제갈량이 죽은 뒤 위나라가 촉한을 정복하고자 왔을 때 위나라의 장군조차 제갈량의 사당에 제사를 지내 예를 표했다.

　결국 제갈량은 당대는 물론 지금까지도 역사의 별로 떠서 사람들에게 지혜와 인간적 아름다움의 빛을 선사하고 있는 것이다. 당현종의 뒤를 좇아 성도로 피난 왔던 두보는 『고백행古柏行』과 『기주십절夔州十絶』,『팔진도八陣圖』등 제갈량을 기리는 많은 시편을 남겼다. 두보는 기울어져 가는 당나라를 부흥시킬 수 있는 제갈량과 같은 인물의 출현을 대망待望했다. 제갈량과 같은 인물의 출현을 바라는 것은 단지 두보만의 마음이 아닐 것이다.

제갈량처럼 앞서가라

본서는 기본적으로 진수의 『삼국지』 「촉서, 제갈량전」과 제갈량의 작품으로 알려진 『편의16책』의 내용을 토대로 제갈량의 인간적 면모와 리더십을 추적한 것이다. 학술이든 교양이든 역사를 통해 21세기에 부응하는 리더십 이론을 공부하고자 할 때는 사실史實에 초점을 맞추어 실체를 파악하는 게 필요하다. 그래야 해당 인물이 보여준 리더십의 실체를 제대로 파악할 수 있기 때문이다. 그런 점에서 기존의 책과 확연히 차별된다. 제갈량의 리더십을 터득해 통일시대를 앞당기고, 21세기 동북아시대를 주도적으로 열어나가고자 하는 모든 사람들에게 이 책이 도움이 되었으면 하는 바람이다.

　　　　　　　　　　　2016년 여름 학오재學吾齋에서 저자 쓰다

제갈량 연표

서기	나이	연호	연도	사건
181	1	광화	4년	제갈량 출생.
184	4	중평	1년	'황건적의 난' 발발.
188	8	중평	5년	부친 제갈규 사망.
189	9	중평	6년	9월, 동탁이 한헌제를 세움.
190	10	초평	1년	동탁이 낙양에서 장안으로 천도.
192	12	초평	3년	4월, 동탁 피살.
194	14	흥평	1년	숙부 제갈현 좇아 동생들과 함께 고향을 떠남.
195	15	흥평	2년	제갈현이 주호의 공격을 받고 쫓겨남.
197	17	건안	2년	제갈현 형주에서 병사. 융중으로 이사함.

199	19	건안	4년	유비의 조조 암살 음모 실패.
200	20	건안	5년	조조가 관도대전에서 승리함.
201	21	건안	6년	9월, 유비가 형주로 들어가 유표에게 의탁함.
207	27	건안	9년	유비가 '삼고초려'를 함. 유비의 아들 유선 출생.
208	28	건안	13년	유표 사망. 10월, 적벽대전에서 승리함.
209	29	건안	14년	유비의 군사중랑장이 됨.
211	31	건안	16년	유비가 익주로 들어가고 제갈량은 형주에 남음.
212	32	건안	17년	손권이 건업에 도읍함. 유비가 유장을 치기 위해 거병함.
213	33	건안	18년	5월, 조조가 위공이 됨. 방통 사망.
214	34	건안	19년	유비가 성도를 함락시킴. 제갈량이 군사장군이 됨.
215	35	건안	20년	제갈근이 형주 문제로 성도로 옴.
216	36	건안	21년	조조가 위왕이 됨.
218	38	건안	23년	유비가 한중으로 진격함.
219	39	건안	24년	유비가 한중왕에 즉위함. 관우가 전사함.
220	40	건안	25년	위왕 조조 사망. 10월, 조비가 위문제로 즉위함. 후한 멸망.
221	41	장무	1년	유비 제위에 즉위. 제갈량이 승상이 됨. 7월, 장비 피살됨.
222	42	장무	2년	이릉대전에서 패하고 백제성으로 후퇴해 와병함.
223	43	건흥	1년	4월, 유비 사망. 5월, 유선 즉위함.

224	44	건흥	2년	촉오의 결맹으로 위나라가 유수구에서 패함.
225	45	건흥	3년	3월, 남정을 떠났다가 12월에 개선함.
226	46	건흥	4년	위문제 조비 죽고 아들 조예가 위명제로 즉위함.
227	47	건흥	5년	〈전출사표〉를 올리고 북벌에 나섬. 아들 제갈첨 출생.
228	48	건흥	6년	가정전투 패배로 '읍참마속'을 함. 〈후출사표〉를 씀.
229	49	건흥	7년	조운 사망. 승상으로 복귀함.
231	51	건흥	9년	기산으로 출격했다 철수함.
234	54	건흥	12년	오장원에서 진몰해 정군산에 묻힘.
249		연희	12년	사마의가 위나라 정권을 장악함.
263		경요	6년	위나라가 촉한을 멸망시킴. 촉한 멸망.

제갈량처럼 앞서가라